SOMMAIRE

INFOS-BAC

SUJET COMPLET FM*, JUIN 2019

À refaire | Réussi

SUJETS D'HISTOIRE

Le rapport des sociétés à leur passé

Les mémoires : lecture historique

Annales 2020
SUJETS & CORRIGÉS

Histoire-Géographie
Term ES-L

Cécile Vidil (coordinatrice)

Laetitia Benbassat
Emmanuel Larroche
Servane Marzin
Alain Rajot
Lionel Ruffier
Lise De Terline
Professeurs en Terminale

Nathan

PRÉSENTATION

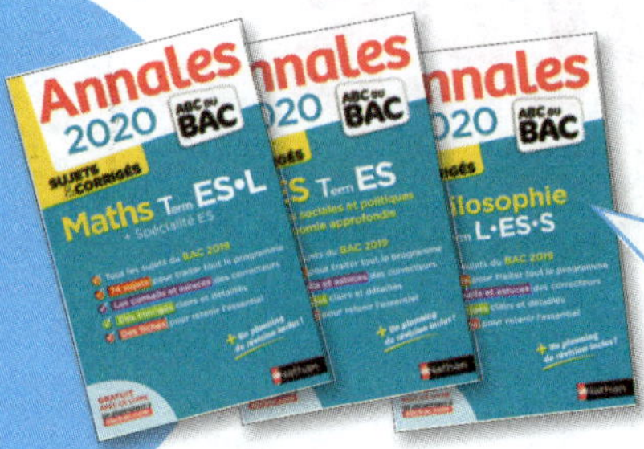

Ces ***Annales ABC du BAC*** ont été conçues pour vous aider à préparer efficacement l'épreuve d'Histoire-Géographie **du Bac 2020** des séries ES et L. Vous y trouverez les **sujets du Bac 2019** : celui de France métropolitaine mais aussi ceux des centres étrangers sur lesquels ont travaillé les élèves de lycées français résidant à l'étranger. Vous pourrez ainsi vous entraîner sur des sujets conformes au programme dans les conditions réelles de l'épreuve : c'est la clé du succès !

46 sujets corrigés

- Tous les types de sujets proposés au Bac sont traités : **composition, étude critique de document(s) et croquis**.
- 41 sujets pour préparer l'écrit.
- 5 sujets pour préparer l'oral de rattrapage.

Un classement thématique

- L'organisation de l'ouvrage suit la **progression du programme officiel** et couvre l'intégralité des thèmes.
- **Le sommaire détaillé** permet de choisir un exercice se rapportant à la notion à approfondir.
- **Un sujet complet**, représentatif de l'épreuve de Bac, est proposé en début d'ouvrage.

Une analyse détaillée de chaque sujet

- **Une rubrique *Les Clés pour réussir*** pour bien analyser et comprendre l'énoncé.
- **Un corrigé détaillé** et **entièrement rédigé**, conforme à ce que l'on attend de vous à l'examen.

Et en plus, des compléments indispensables et pratiques

- **L'Infos-Bac** : un dossier complet pour bien aborder la nouvelle épreuve à l'écrit et à l'oral de rattrapage.
- **Un mémento** pour retenir les points-clés.
- **Un lexique** des termes à connaître.

Couverture : Élise Launay – **Schémas** : COREDOC
Cartes : AFDEC – Légende cartographie – Hugo Map
Édition : Sophie Zeegers – Julie Bocquet – **Fabrication** : Camille Friquet
Mise en page : DESK (www.desk53.com.fr) – **Conception graphique intérieur** : Julie Lannes

Nathan 2019 – 25, avenue de Coubertin – 75013 Paris – ISBN 978-2-09-157440-0

À refaire | Réussi

Les échelles de gouvernement dans le monde de la fin de la Seconde Guerre mondiale à nos jours

L'échelle de l'État-nation

L'échelle continentale

L'échelle mondiale

SUJETS DE GÉOGRAPHIE

Clés de lecture d'un monde complexe

Des cartes pour comprendre le monde

Les dynamiques de la mondialisation

La mondialisation en fonctionnement

À refaire | Réussi

SUJETS D'ORAL

MÉMENTO

Fiches de révisions

Fiches méthode

Mon planning de révisions,

Ce planning propose une sélection de sujets de difficulté progressive et adaptés à différents besoins.

Choisissez votre parcours en fonction de vos objectifs de révisions

Parcours vert — Objectif : REPRENDRE CONFIANCE	**Parcours bleu** — Objectif : RÉUSSITE ASSURÉE

	BAC – 6 semaines	BAC – 5 semaines	BAC – 4 semaines
Lun	**n° 36 CROQUIS** Le continent africain : contrastes de développement et inégale intégration dans la mondialisation	**n° 32 COMPO** États-Unis/Brésil : rôle mondial, dynamiques territoriales	**n° 40 ÉTUDE DE DOCS** Japon/Chine : concurrences régionales, ambitions mondiales
Mar	**n° 22 COMPO** La gouvernance économique mondiale depuis 1944	**n° 36 CROQUIS** Le continent africain : contrastes de développement et inégale intégration dans la mondialisation	**n° 39 CROQUIS** Mumbai : dynamiques et contrastes d'une métropole du Sud
Mer		**n° 40 ÉTUDE DE DOCS** Japon/Chine : concurrences régionales, ambitions mondiales	
Jeu	**n° 22 COMPO** La gouvernance économique mondiale depuis 1944		**n° 27 ÉTUDE DE DOCS** L'intégration des territoires dans la mondialisation
Ven			
Sam	**n° 2 COMPO** L'histoire et les mémoires de la Seconde Guerre mondiale	**n° 6 COMPO** Socialisme, communisme et syndicalisme en Allemagne de 1875 à 1933	**n° 11 ÉTUDE DE DOCS** Les États-Unis depuis les « 14 points » du président Wilson
Dim		**n° 16 ÉTUDE DE DOCS** La domination européenne au Proche et au Moyen-Orient dans l'entre-deux-guerres	

6 semaines avant le BAC !

Pour choisir votre parcours, vous pouvez vous aider du QUIZ sur www.abcbac.com

Parcours rouge — **Objectif : EXCELLENCE**

BAC - 3 semaines

Lun	n° 27 ÉTUDE DE DOCS L'intégration des territoires dans la mondialisation
Mar	n° 40 ÉTUDE DE DOCS Japon/Chine : concurrences régionales, ambitions mondiales
Mer	n° 6 COMPO Socialisme, communisme et syndicalisme en Allemagne de 1875 à 1933
Jeu	
Ven	
Sam	n° 18 COMPO Gouverner la France depuis 1946. Héritages et évolutions
Dim	n° 11 ÉTUDE DE DOCS Les États-Unis depuis les « 14 points » du président Wilson

BAC - 2 semaines

Lun	n° 39 CROQUIS Mumbai : dynamiques et contrastes d'une métropole du Sud
Mar	n° 11 ÉTUDE DE DOCS Les États-Unis depuis les « 14 points » du président Wilson
Mer	
Jeu	n° 39 CROQUIS Mumbai : dynamiques et contrastes d'une métropole du Sud
Ven	
Sam	n° 22 COMPO La gouvernance économique mondiale depuis 1944
Dim	

BAC - 1 semaine

Lun	n° 12 ÉTUDE DE DOCS Les États-Unis et le monde
Mar	n° 1 SUJET COMPLET
Mer	n° 36 CROQUIS Le continent africain : contrastes de développement et inégale intégration dans la mondialisation
Jeu	
Ven	
Sam	n° 1 SUJET COMPLET
Dim	n° 1 SUJET COMPLET

Infos-Bac

Le programme

Quelles nouveautés dans ce programme ?

- **En histoire**, il reprend comme en classe de Première la logique thématique, cette fois-ci sur des études bien plus précises de la fin du XIXe siècle à nos jours.
- **En géographie**, le programme porte sur l'espace mondial. L'étude d'un chapitre est résolument menée sur plusieurs échelles, en insistant sur les enjeux locaux et régionaux.

Les thèmes au programme en histoire

Thèmes	Questions
Le rapport des sociétés à leur passé	**Les mémoires : lecture historique** une étude au choix parmi les deux suivantes : – L'historien et les mémoires de la Seconde Guerre mondiale en France – L'historien et les mémoires de la guerre d'Algérie
Idéologies et opinions en Europe de la fin du XIXe siècle à nos jours	**Socialisme, communisme et syndicalisme en Allemagne depuis 1875**
	Médias et opinion publique dans les grandes crises politiques en France depuis l'affaire Dreyfus
Puissances et tensions dans le monde de la fin de la Première Guerre mondiale à nos jours	**Les chemins de la puissance :** – Les États-Unis et le monde depuis les « 14 points » du président Wilson (1918) – La Chine et le monde depuis 1949
	Le Proche et le Moyen-Orient, un foyer de conflits depuis la fin de la Première Guerre mondiale
Les échelles de gouvernement dans le monde de la fin de la Seconde Guerre mondiale à nos jours	**L'échelle de l'État-nation :** Gouverner la France depuis 1946 : État, gouvernement et administration. Héritages et évolutions
	L'échelle continentale : Le projet d'une Europe politique depuis le congrès de La Haye (1948)
	L'échelle mondiale : La gouvernance économique mondiale depuis 1944

Les thèmes au programme en géographie

Thèmes	Questions
Clés de lecture d'un monde complexe	**Des cartes pour comprendre le monde**
Les dynamiques de la mondialisation	**La mondialisation en fonctionnement :** – Un produit mondialisé (étude de cas) – Processus, acteurs et débats – Mobilité, flux et réseaux
	Les territoires dans la mondialisation : – Une ville mondiale (étude de cas) – Des territoires inégalement intégrés à la mondialisation – Les espaces maritimes : approche géostratégique
Dynamiques géographiques de grandes aires continentales	**L'Amérique : puissance du Nord, affirmation du Sud :** – Le continent américain : entre tensions et intégrations régionales – États-Unis/Brésil : rôle mondial, dynamiques territoriales
	L'Afrique : les défis du développement : – Le Sahara : ressources, conflits (étude de cas) – Le continent africain face au développement et à la mondialisation
	L'Asie du Sud et de l'Est : les enjeux de la croissance : – Mumbai : modernité, inégalités (étude de cas) – L'Asie du Sud et de l'Est : les défis de la population et de la croissance – Japon-Chine : concurrences régionales, ambitions mondiales

L'épreuve en bref

Comment s'organise l'épreuve ?

- **Durée** : 4 heures
- **Coefficient** : 4 (série L) ou 5 (série ES)
- **Notation** : la note est globale, il n'y a pas de barème précis. Cependant, pour vous aider à calibrer correctement votre travail, on estime que la première partie est évaluée sur 12 points et la seconde sur 8 points.
- L'épreuve comporte deux parties obligatoires selon deux cas de figure :

Cas n° 1	**Partie 1 : Histoire** → Un sujet au choix parmi deux sujets de composition	**Partie 2 : Géographie** – Étude critique d'un ou deux documents en Géographie – Réalisation d'un croquis
Cas n° 2	**Partie 1 : Géographie** → Un sujet au choix parmi deux sujets de composition	**Partie 2 : Histoire** → Étude critique d'un ou deux documents en Histoire

Top chrono !

Les quatre heures imparties sont assez larges : on attend de vous des copies fournies !

- **Consacrez 2 h 30 à la composition :**

– 45 minutes au brouillon : plan détaillé, introduction et conclusion rédigées ;
– 1 h 30 de rédaction (environ 2 feuilles doubles) ;
– 15 minutes de relecture et corrections.

- **Consacrez 1 h 30 à la deuxième partie.**

Pour une étude critique :
– 15 minutes de brouillon : vocabulaire, dates ou chiffres-clés, exemples à développer…
– 1 h 10 de rédaction (environ une feuille double) ;
– 5 minutes de relecture.

Pour la réalisation du croquis :
– 45 minutes de brouillon : plan de la légende, choix des figurés, des couleurs…
– 45 minutes de réalisation.

Quels sont les critères d'évaluation ?

– La maîtrise des connaissances du programme ;
– La capacité à construire des réponses argumentées ;
– La maîtrise de la langue française ;
– La capacité à analyser de manière critique des documents en exploitant, organisant voire confrontant les informations qu'ils contiennent ;
– La maîtrise de différents langages graphiques utilisés en Géographie.

La méthode pour l'écrit

Conseils pratiques

- Pensez à votre **matériel de cartographie** (normographe).
- Prenez quelques minutes de réflexion pour bien choisir vos sujets. De manière générale, il vaut mieux perdre quelques minutes de réflexion au départ. Elles seront largement rentabilisées par la suite en évitant un mauvais choix de sujet et/ou une mauvaise compréhension.
- **Soignez votre méthode**, surtout si vous pensez ne pas avoir assez de connaissances.
- Dans un devoir écrit, toujours conclure, même s'il faut raccourcir la fin du développement.

L'astuce du prof

Le cas échéant, il faut commencer par la réalisation graphique et laisser pour la suite la composition. En effet, il est plus facile, en cas de manque de temps, d'accélérer voire de raccourcir un travail à l'écrit pour terminer qu'avec une réalisation graphique.

La composition

2 h 30

Comment aborder un sujet de composition ?

- **La formulation du sujet** peut prendre des formes diverses : reprise (partielle ou totale) d'un intitulé du programme, question ou affirmation, problématique explicite ou non. Le plus souvent, vous aurez le choix entre un sujet dont l'intitulé est la reprise de celui d'un chapitre et un autre qui proposera plus de réflexion.
- **Vous avez le choix du sujet** (entre deux compositions et entre deux études critiques de document(s) ou entre une étude critique et une production graphique) **mais vous n'avez pas le choix de la discipline** pour la première et la deuxième partie.
- **Les questions à se poser pour bien faire son choix** :

– Est-ce que je maîtrise bien les termes du sujet ?

– Ai-je suffisamment d'éléments précis pour traiter le sujet (vocabulaire, chiffres ou dates-clés, idées directrices) ?

- Votre composition doit comporter, et ce de manière visible, **une introduction, un développement en plusieurs parties et une conclusion**.

Le travail au brouillon 45 min

Comprendre et analyser le sujet

- **Repérez et définissez d'abord les termes** importants de l'énoncé.

- **Pour bien cerner le sujet, tentez de le reformuler d'une manière proche pour bien identifier les attentes.**
- Vous devez réfléchir, si le sujet ne les précise pas explicitement, à la délimitation du sujet : **bornes chronologiques** en Histoire, **cadre spatial** en histoire et géographie.
- Par exemple : un sujet sur la puissance américaine exige une réflexion sur le cadre géographique de cette puissance : son territoire, son continent, le monde, etc.

Comment analyser un sujet de composition ?

Mémorisez cette grille d'analyse. Elle vous aidera à organiser vos idées le jour de l'épreuve.

Les questions à se poser	Les éléments à mobiliser pour traiter le sujet	La partie du devoir dans laquelle les mobiliser
Quand ?	Les limites chronologiques	Introduction Développement
Où ?	Le cadre spatial	Introduction Développement
Qui ?	Les acteurs-clés	Introduction Développement
Quoi ?	Les termes-clés	Introduction Développement

Comment bien organiser son brouillon ?

Partagez votre feuille de brouillon en 4 parties (→ VOIR MÉMENTO FICHE 9) :
- une partie pour le **vocabulaire**,
- une partie pour les **événements-clés** ou **chiffres-clés**,
- une partie pour les **exemples à développer**,
- une partie pour les **idées**.

Votre devoir gagnera ainsi en précision.

Organiser un plan détaillé

- **Faites preuve de logique** pour répondre à la problématique définie.
- **Votre plan se composera le plus souvent de trois parties**, visibles sur la copie au premier coup d'œil car séparées par des lignes sautées, correspondant aux étapes principales de votre argumentation. **Chacune doit permettre de répondre à la problématique.** Ces parties seront à leur tour divisées en sous-parties : faites-les débuter par un alinéa pour que le correcteur les repère facilement (→ VOIR MÉMENTO FICHE 10).

L'astuce du prof

Vos titres de parties et sous-parties doivent être des phrases rédigées que vous utiliserez ensuite comme phrase d'introduction pour chaque partie et sous-partie.

→ **Les plans-types en histoire**

– Le plan **chronologique** pour les sujets longs qui montrent une évolution (pour le sujet sur la puissance américaine de 1941 à 1991).

– Le plan **analytique** lorsque l'on étudie causes, faits et conséquences.

– Le plan **comparatif** qui étudie dans chaque partie ressemblances et différences (pour un sujet sur la comparaison entre les puissances américaine et chinoise depuis 1918).

→ **Les plans-types en géographie**

– Le plan **analytique** (description, explication, typologie).

– Le plan **multiscalaire**, à différentes échelles.

– Le plan **comparatif**.

Dégager une problématique

• **La problématique constitue la question centrale du sujet** et le fil directeur de la composition, car chaque partie doit permettre d'y répondre.

• **C'est le plus souvent une question** mais ce peut être une phrase affirmative. **Elle se pose en une seule phrase**, sinon elle n'est qu'une annonce de plan formulée de manière interrogative.

→ **En histoire**, elle peut porter sur :

– la relation entre deux phénomènes ;

– les causes et conséquences du phénomène étudié (pourquoi ?) ;

– une évolution (comment ?).

→ **En géographie**, elle peut poser des questions du type :

– quel problème important le sujet soulève-t-il ?

– quels enjeux évoque-t-il ?

Soigner sa problématique

• Allez à la ligne pour la poser, elle se repérera plus facilement, même si elle est imparfaite.

• La problématique, qu'elle soit ou non sous forme de question, doit comporter **une idée issue du cours**. Privilégiez une réflexion spécifique au sujet et non une question vague que l'on pourrait reprendre partout. Par exemple, « Comment expliquer la puissance américaine ? » est une problématique creuse car elle pourrait s'appliquer à la puissance chinoise comme à n'importe quelle autre.

• N'hésitez pas à reprendre votre problématique si vous trouvez une formulation plus pertinente.

Élaborer son introduction et sa conclusion au brouillon

L'introduction et la conclusion sont la première et la dernière impression que le correcteur a du devoir. Pour éviter les propos non réfléchis, **rédigez-les entièrement au brouillon**.

- **L'introduction générale** comporte quatre moments :

– une accroche prise dans l'actualité pour la géographie, dans la période précédente pour l'histoire ;
– l'analyse du sujet : définition des termes, définition du cadre spatio-temporel, intérêt du sujet ;
– l'énoncé de votre problématique ;
– l'annonce de votre plan.

Une introduction compte ainsi une **dizaine de lignes**, elle est souvent un peu plus longue en histoire qu'en géographie.

- La **conclusion générale** comporte deux moments :

– Un résumé bref de votre propos ;
– la réponse à la problématique.

On peut éventuellement y ajouter une ouverture ; elle est rendue plus difficile avec les études précises du programme.

Une conclusion compte une **demi-douzaine de lignes**.

La rédaction sur la copie 1 h 30

Soigner sa copie

- **Soignez l'écriture.**
- **Aérez** votre devoir et faites apparaître clairement votre plan : sautez plusieurs lignes entre vos parties, faites un alinéa au début de chaque sous-partie.
- **Construisez des phrases simples** et assez courtes.
- **Faites attention à la syntaxe**, à la **grammaire** et à **l'orthographe** : pas de phrase sans verbe conjugué, sans sujet, etc.

→ **N'oubliez pas qu'une composition est aussi un exercice d'expression écrite.**

Être efficace

- Rappelez le sujet choisi au début du devoir.
- Mettez en valeur vos idées directrices en les plaçant au début de vos parties et sous-parties.
- **Soignez les transitions** qui montrent un fil directeur entre les parties.
- **Construisez des paragraphes argumentés** en utilisant des exemples précis.
- Expliquez, donnez un sens et un ordre aux événements. Évitez l'événementiel (simple récit d'événements).
- **Évitez de juxtaposer des événements** les uns après les autres, sans faire de lien entre eux au risque sinon de ne pas montrer votre réflexion.

L'astuce du prof

En géographie, vous valoriserez votre copie en y intégrant un ou deux schémas ou croquis simples au fil du développement, en remplacement d'une sous-partie. Attention, ces productions graphiques doivent être simples et introduites par une phrase expliquant leur place dans la démonstration.

La relecture 10 à 15 min

• Vous pouvez vous relire soit à la fin soit au fil de votre travail.

• Prenez toujours un temps assez long pour vous relire : **corrigez** l'orthographe et le style, **vérifiez** les dates et les faits.

Les étapes-clés de la composition

1. Bien comprendre les termes importants du sujet ;
2. Définir le fil conducteur de son travail : la problématique ;
3. Organiser un plan équilibré grâce à ses connaissances ;
4. Rédiger son introduction et sa conclusion au brouillon ;
5. Soigner son expression au moment de la rédaction sur la copie.

L'étude critique de document(s)

1 h 30

Qu'est-ce qu'une étude critique de document(s) ?

L'exercice comporte :

– **un sujet** clairement énoncé ;

– **un ou deux documents** qui peuvent être de nature diverse (photographie, affiche, texte, carte) ;

– **une consigne** visant à orienter l'analyse du ou des documents.

Le travail au brouillon 25 min

Analyser les documents

• **Dégagez le sens général du ou des document(s)** en relation avec la question historique ou le thème géographique à laquelle (auquel) il se rapporte.

• **Repérez l'intérêt et les limites** éventuelles des documents, c'est pour cela que l'épreuve s'intitule étude critique.

• **Mettez-les en relation** en repérant les éléments qui permettent de les associer ou de les confronter.

Analyser le sujet

Trois éléments importants :

• **Rassembler les connaissances :**

– **dans le ou les document(s)**, vous pouvez utiliser un jeu de couleurs pour les différents thèmes abordés dans un texte ;

– **dans vos connaissances personnelles**, car le document ne permet pas à lui seul de traiter le sujet. Vous pouvez être amené à soulever les contradictions avec la réalité historique.

• **Identifier une problématique :**

– elle peut être formulée de manière explicite dans l'intitulé du sujet ou non ;

– elle doit former le fil directeur de votre démonstration.

- **Élaborer un plan** en deux ou trois parties.

Le travail préparatoire du plan doit être moins précis que pour une composition, il faut déterminer ici seulement les grands axes de réflexion.

La rédaction 1 h

Construire l'introduction

Même si la consigne ne l'exige pas explicitement, vous devez présenter le(s) document(s) en précisant ces quatre éléments (NADI) :

– la **N**ature du document en étant le plus précis possible ;

– l'**A**uteur, dont vous devez détailler l'importance historique s'il est connu ;

– la **D**ate et le contexte, qui est bien plus précis que la seule date de parution : il faut montrer en quoi le document est lié aux événements proches ;

– l'**I**dée générale par laquelle vous identifiez l'apport du document, le propos qu'a voulu développer son auteur.

L'introduction est complétée par l'**annonce de votre problématique**.

> **Remarque**
> Attention, pour un document iconographique, la présentation n'est pas la description du document.

Construire l'étude critique de documents

Ne confondez pas étude de document(s) et composition.

- **Commencez par rédiger une phrase d'introduction**.
- **Faites référence au document**, soit une citation si c'est un texte, soit une description si c'est un document iconographique.
- **Puis, expliquez cette référence** à l'aide de connaissances précises issues de votre cours ou de votre manuel.
- Vos connaissances doivent constituer l'essentiel de votre travail.
- Évitez la paraphrase, le recopiage sans distance ni explication du document.
- **Faites une analyse critique** des informations tirées du ou des document(s) et de leurs limites avec vos connaissances. L'analyse de document(s) doit vous permettre de faire la preuve de votre **capacité à comprendre** le contenu, l'apport et la portée du ou des document(s) proposé(s).
- La fin de la consigne peut vous demander de **dégager la portée du document** : évoquez les conséquences des événements dont il est question, dites ce qui s'est passé ensuite.

La relecture 5 min

Prenez toujours le temps de vous relire : corrigez l'orthographe et le style, vérifiez si votre réponse correspond bien à la consigne, éliminez les répétitions.

> **Les clés de l'étude critique de document(s)**
> - Bien comprendre les termes du sujet et de la consigne.
> - Cerner les enjeux et les limites du ou des documents.
> - Expliquer le ou les documents grâce à vos connaissances.

Le croquis

1 h 30

En quoi consiste l'exercice ?

- Le croquis présente, **sur un fond de carte**, des informations sélectionnées, hiérarchisées, qui sont mises en relation avec un sujet précis.
- **L'échelle est nationale, régionale ou mondiale.**
- **Il s'agit de représenter un ensemble de phénomènes** à l'aide de figures simples et d'une légende ordonnée.
- Il y a une liste de **7 croquis exigibles** :

– Pôles et flux de la mondialisation ;
– Une inégale intégration des territoires dans la mondialisation ;
– Les espaces maritimes : approche géostratégique ;
– Les dynamiques territoriales des États-Unis ;
– Les dynamiques territoriales du Brésil ;
– Le continent africain : contrastes de développement et inégale intégration dans la mondialisation ;
– Mumbai : inégalités et dynamiques territoriales.

Le travail au brouillon 45 min

Analyser le sujet (5 min)

Il s'agit de définir les termes du sujet afin de bien les comprendre : délimiter le thème et l'espace concernés, reformuler le sujet afin de préciser la problématique comme vous savez le faire pour un sujet écrit.

Sélectionner les éléments à représenter (15 min)

- Faites d'abord un tri entre les éléments cartographiables et ceux qui ne le sont pas.
- Aucun document n'étant fourni lors de l'examen, il faut sélectionner les informations nécessaires **à partir de vos connaissances personnelles** et de votre réflexion sur la problématique.

Organiser la légende (10 min)

Construire un plan :

- **La légende d'un croquis ou d'un schéma est l'équivalent graphique d'un développement de composition**, les figurés et leur signification correspondant aux **arguments**.
- **Soignez particulièrement les titres et intitulés de figurés** et placez-y le plus de connaissances possible.
- La légende doit donc être organisée en **trois parties** le plus souvent, apportant chacune un élément de réponse au sujet.

Problématiser :

Chaque partie comporte un titre problématisé, par exemple : « Une population inégalement répartie », au lieu de « Répartition de la population ».

Choisir les figurés cartographiques (15 min)

- Chaque élément retenu doit être associé à un figuré soit ponctuel, soit linéaire, soit de surface (→ VOIR MÉMENTO FICHE 11).
- **N'oubliez pas, en choisissant vos couleurs, qu'il y a des codes à respecter** (par exemple, la puissance est cartographiée en rouge vif) et que **les phénomènes les plus importants doivent apparaître prioritairement** à la lecture.
- Utilisez une même couleur déclinée dans des figurés différents pour regrouper des éléments. Par exemple, les lieux de la puissance américaine peuvent être tous en rouge dans des figurés ponctuels différents.
- Les figurés choisis **doivent pouvoir se superposer** sans que cela nuise à la lisibilité du croquis.

Remarque

Le nombre de figurés attendus sur un croquis est d'une douzaine. Si vous réalisez un schéma dans une composition, il faudra seulement une demi-douzaine de figurés.

La réalisation du croquis ou du schéma 45 min

Il s'agit de mettre au propre la légende et de produire un croquis ou un schéma.

Les étapes à respecter

- **Rédigez le titre** de la production graphique.
- **Mettez au propre la légende**, sur une feuille à part.
- Pour un schéma, **dessinez le fond de carte** en traçant les contours simplifiés de l'espace concerné.
- **Complétez le fond de carte** du croquis ou du schéma en commençant par les figurés ponctuels, puis les figurés linéaires et enfin les figurés de surface. Les figurés doivent être les mêmes que ceux définis dans la légende.
- **Placez la nomenclature**, c'est-à-dire les noms de lieux importants pour la compréhension de la production graphique. Une production graphique muette, sans nom de lieux, est pénalisée.

Soigner la présentation

- **La production doit être soignée, claire et lisible**. Ce sont des éléments majeurs dans l'évaluation.
- Il faut utiliser des **crayons de couleur**. Les stylo-feutres sont à réserver aux figurés très petits, ponctuels ou linéaires. N'utilisez jamais de feutre épais.

Comment gagner des points en cartographie quand on est « fâché » avec le soin !

- Soignez votre légende avec des titres et des intitulés denses en connaissances pour compenser.
- Procurez-vous des **crayons de couleur de qualité** ni trop secs (les traits de crayon apparaissent) ni trop gras (le rendu est sale) et un **normographe**.

- Copiez votre légende à l'intérieur de la copie double afin qu'elle se voit d'un seul tenant, en même temps que le croquis.
- Écrivez votre nomenclature en noire et droite à l'aide d'une règle.
- Tracez vos figurés linéaires à l'aide d'une règle.

Les clés de la production graphique

- Rendre un travail et une production soignés.
- Élaborer un plan organisé et cohérent, en réponse au sujet.
- Choisir un titre problématisé.
- Proposer des choix graphiques pertinents.

La méthode pour l'oral

Quelle stratégie adopter ?

- Vous devez choisir deux matières et bien réfléchir à votre choix, de façon à rattraper un maximum de points. Faites votre choix en combinant plusieurs facteurs :

– **préférez des matières à fort coefficient** et des matières dans laquelle vous avez eu une note vraiment faible (sinon, vous n'allez pas obtenir le nombre de points nécessaires) ;

– **choisissez des matières pour lesquelles vous avez obtenu une note inférieure à votre note habituelle.**

- Pour valider votre choix, faites des simulations de points : calculez la note qu'il vous faut obtenir dans chacune des deux matières pour rattraper les points nécessaires et assurez-vous que c'est réaliste.

Présentation de l'épreuve

- **Durée totale** : 40 minutes

– Préparation : 20 minutes

– Oral : 20 minutes

- L'examinateur vous proposera **deux sujets au choix**. Chaque sujet comporte **une partie longue et une partie courte**, portant l'une sur l'Histoire l'autre sur la Géographie. Les sujets ressemblent à des sujets de **composition**, mais ils sont plus simples et plus précis.
- **L'examinateur peut vous demander de choisir immédiatement ou vous laisser partir avec les deux sujets pour faire votre choix pendant la préparation**.

Comment aborder l'épreuve ?

40 min

La préparation 20 min

- **Gérez bien votre temps de préparation.** Consacrez environ 12 minutes à la question longue, 6 minutes à la question courte.
- Vous êtes généralement installé **dans la salle d'examen** (donc à côté du candidat qui passe).
- **Organisez votre temps** comme vous le souhaitez.

• **Si le candidat précédent ne « tient » pas 20 minutes**, l'examinateur peut vous laisser finir ou vous interroger immédiatement, en tenant compte du temps qui vous a manqué pour préparer.

• **Choisissez rapidement votre sujet** (ne tergiversez pas).

• **Gardez du temps pour trier** vos feuilles et vous mettre en condition.

• **Procédez comme pour une composition**, en étant beaucoup plus rapide.

L'oral 20 min

• **On attend de vous une réponse organisée**, comme pour une composition, avec :

– une courte introduction ;

– un développement structuré en deux ou trois parties, elles-mêmes organisées en deux, trois ou quatre idées chacune, avec des transitions et un raisonnement argumenté ;

– une courte conclusion.

• **L'examinateur est là pour aider à faire valoir ce que vous savez et ce que vous savez faire.** Il peut vous laisser parler sans vous interrompre ou vous poser des questions, vous laisser finir ou vous arrêter, faire des remarques, vous poser des questions complémentaires ou se taire : cela ne présage en rien de son opinion.

• **Il organise sa notation** comme il l'entend, selon son propre barème (10/10, ou 12/8 ou 15/5, etc.). La note définitive est attribuée au moment de la réunion du jury. **La meilleure des deux notes obtenues à l'oral et à l'écrit est sélectionnée.**

Quelques conseils pratiques

Les révisions

• **Comme pour l'écrit, révisez vos cours.** Commencez toujours par le plan du chapitre : le connaître par cœur vous permettra de mobiliser vos connaissances le moment venu.

• **Commencez par les chapitres pour lesquels vos connaissances sont moyennes.** Ne commencez ni par les chapitres que vous connaissez le mieux ni par ceux sur lesquels vous avez fait une « impasse ».

• **Ne songez pas, à ce stade, à faire des fiches.** Vous n'en avez plus le temps.

L'entraînement

• **Si vous le pouvez, entraînez-vous.** Prenez des sujets au hasard et préparez-les en 20 minutes.

• **Demandez à un camarade de vous faire passer un oral.** Cela vous familiarisera avec l'épreuve et vous apprendra à vaincre le stress.

Le brouillon

- **Notez** les éléments de l'introduction, le plan de votre intervention, les éléments à ne pas oublier et les éléments de la conclusion.
- **Laissez de la place** pour ajouter une idée à la dernière minute.
- **Ne rédigez rien** : vous n'en avez pas le temps.
- **Soignez votre brouillon** : si le trac vient, vous pourrez vous raccrocher à des notes claires, concises, ordonnées. Numérotez vos feuilles pour ne pas vous tromper devant l'examinateur.

L'entretien

- **Annoncez le sujet choisi.**
- **Surveillez votre montre** pour respecter l'équilibre entre les deux parties de l'épreuve.
- **Ne donnez pas des réponses au hasard** si vous ne savez pas répondre à une question.

Votre attitude

- **Présentez-vous simplement.**
- **Ne prenez pas un air abattu**, ce qui risque de donner à l'examinateur l'impression que vous ne méritez pas votre baccalauréat.
- **Ne soyez pas non plus trop sûr de vous** : c'est irritant.
- **Parlez clairement**, posément, sans traîner.
- **Employez un langage correct**, évitez les chewing-gums et les familiarités.

Les sujets

Sujet 1 Sujet complet

20 pts 3 heures

France métropolitaine, juin 2019

Partie 1 HISTOIRE

Le candidat traitera l'un des deux sujets de composition proposés.

Composition 1

2 h 12 pts

› Le Proche et Moyen-Orient, un foyer de conflits depuis la fin de la Seconde Guerre mondiale.

Composition 2

2 h 12 pts

› Médias et opinion publique dans les grandes crises politiques en France depuis l'Affaire Dreyfus.

Partie 2 GÉOGRAPHIE

Le candidat traitera l'une des deux études critiques de documents proposées.

Étude critique de documents

1 h 8 pts

› Les opérations de maintien de la paix dans le monde, reflet de l'organisation géopolitique du monde ?

Que montrent ces deux cartes de l'organisation géopolitique du monde ? Quelles sont leurs limites pour en rendre compte ?

Doc.1 **Principaux États contributeurs au budget des missions de maintien de la paix de l'ONU (2017)**

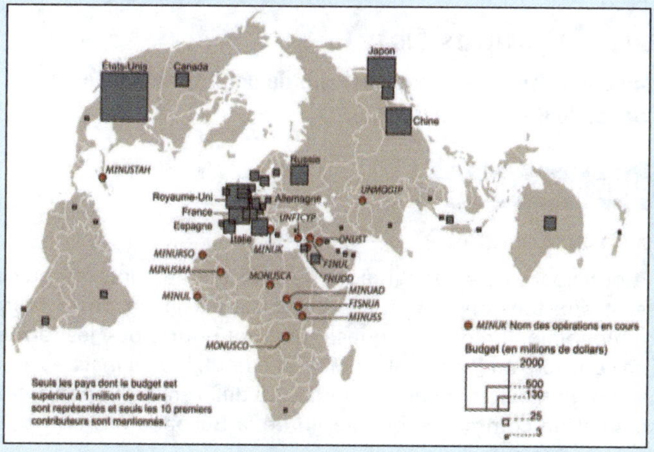

Source : d'après la cartothèque de S¬ences Po Paris, données des Nations-unies, Département des missions d'opérations de maintien de la paix (DOMP), *www.un.org/en/peacekeeping*

Doc.2 **Principaux États contributeurs en nombre de soldats aux missions de maintien de la paix de l'ONU (2017)**

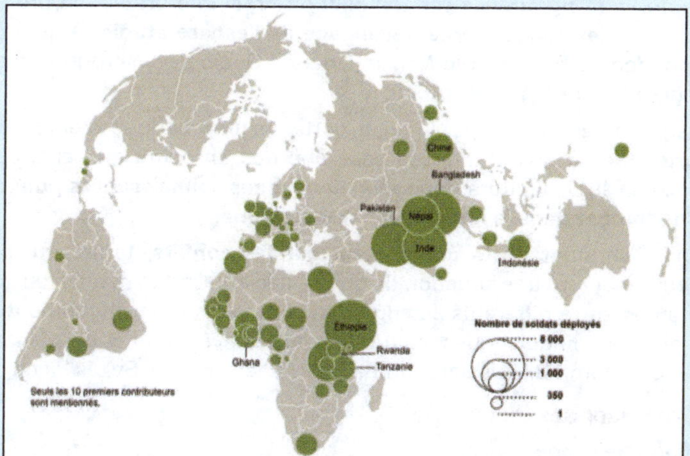

Source : d'après la cartothèque de S¬ences Po Paris, données des Nations-unies, Département des missions d'opérations de maintien de la paix (DOMP), *www.un.org/en/peacekeeping*

Sujet 1 Corrigé

Histoire – Composition 1

› Le Proche et le Moyen-Orient : un foyer de conflits depuis la fin de la Seconde Guerre mondiale

Les clés pour réussir

L'essentiel à connaître

Thème principal : ce sujet s'intègre dans le thème consacré aux puissances et aux tensions dans le monde depuis la fin de la Première Guerre mondiale. Il reprend – quasiment mot pour mot – les termes du chapitre consacré au Proche et au Moyen-Orient, lequel insiste sur le fait que cette région est un foyer de conflits. La différence – importante – est que ce sujet ne commence qu'à la fin de la Seconde et non pas de la Première Guerre mondiale.

Notions-clés : conflits, ingérence.

Mots-clés : conflit israélo-arabe, chiisme/sunnisme, guerres du Golfe, islamisme.

Analyser le sujet

- La formulation du sujet ne pose a priori aucun problème, mais sa lecture doit être rigoureuse car elle peut être mal interprétée. En premier lieu, vous devrez **justifier le découpage de l'espace étudié**. À quoi correspondent le Proche et le Moyen-Orient ? Quels pays seront exclus et intégrés à cette région ?
- Dans un second temps, le sujet porte sur une période d'étude plus courte (1945 à nos jours) que celle abordée en cours qui, elle, commence en 1917. Il faudra donc **sélectionner ses connaissances pour éviter de tomber dans le hors-sujet chronologique.**
- Enfin, **ce sujet porte uniquement sur les conflits**, terme qui peut recouvrir autant une situation de guerre déclarée qu'un état de tensions extrêmes entre différents acteurs. Inutile de s'attarder longuement sur les divisions linguistiques, culturelles ou les événements du début du XXe siècle comme la déclaration Balfour ou les accords Sykes/Picot.

Organiser ses idées

Définir une problématique

L'Orient apparaît souvent comme une région compliquée et difficilement compréhensible pour des regards extérieurs. Cette complexité peut expliquer en partie les conflits qui le déchirent depuis plusieurs

décennies. La problématique que vous pourrez développer devra s'articuler autour de cette interrogation et être formulée ainsi :
→ **Quels sont les facteurs qui font de cette région un espace conflictuel notamment depuis la fin de la Seconde Guerre mondiale ?**

Élaborer un plan

• Souvent les sujets qui portent sur une longue période se prêtent au **plan chronologique** qui doit s'articuler autour de dates charnières. Cette option est évidemment possible mais ici, **un plan thématique conviendrait sûrement mieux** en insistant sur les différences mais aussi les permanences de ces conflits, dont certains remontent aux premières années de l'islam (conflit chiisme/sunnisme) ou connaissent des pics de violence récurrents (Israël/pays arabes/Palestine).

• Par ailleurs, ces conflits ont des **origines multiples** (religieuses, territoriales...) qu'il serait pertinent d'aborder dès l'entame du devoir. L'ensemble de ces raisons incite donc à pencher vers un **plan thématique et spatial** (les sous-parties seront chronologiques) qui s'organisera autour de trois parties.

I – Un faisceau de causes à l'origine des conflits au Proche et Moyen-Orient
II – Les guerres israélo-arabes et la question palestinienne
III – Les guerres autour du golfe Persique

Attention

Le plan est rappelé pour vous aider, mais il ne doit en aucun cas figurer sur votre copie. À vous de guider le correcteur par l'annonce du plan dans l'introduction, les phrases d'attaque des paragraphes et des transitions.

Introduction

Définition du sujet : L'irruption de Daesh à partir de 2006, d'abord en Irak puis en Syrie, et les exactions dont il est responsable témoignent des conflits qui ensanglantent depuis plusieurs années le Proche et le Moyen-Orient. De l'Égypte à l'Iran, de la Turquie à la péninsule arabique en passant par Israël, cette région du monde est parcourue par de profondes fractures qui en font un foyer de conflits récurrents depuis plusieurs décennies. Si les causes de ces tensions sont parfois millénaires, les années qui ont suivi la fin de la Seconde Guerre mondiale ont vu ces conflits prendre une ampleur bien plus importante, en lien notamment avec la création de l'État d'Israël en 1948. Depuis cette date et jusqu'à aujourd'hui, le Proche et le Moyen-Orient ont connu et connaissent encore de nombreux conflits qui concernent prioritairement le golfe Persique (Irak, Iran) et le littoral méditerranéen (Israël, Palestine, Liban).

Problématique : Comment expliquer que le Proche et le Moyen-Orient connaissent tant de conflits ?

Annonce du plan : Nous aborderons d'abord les causes qui génèrent ces nombreux conflits avant d'analyser les guerres israélo-arabes et les récurrentes tensions entre l'État hébreu et les Palestiniens, pour terminer par l'étude des conflits entre les pays riverains du golfe Persique.

I – Un faisceau de causes à l'origine des conflits au Proche et Moyen-Orient

A. La division sunnite/chiite

Les tensions au Proche et Moyen-Orient remontent parfois à des temps immémoriaux. Une des principales causes d'affrontements réside dans la fracture originelle entre musulmans sunnites et chiites. Après la mort du prophète Mohamed en 632, la communauté musulmane (l'*oumma*) se déchire entre fidèles qui estiment que seul un descendant du prophète peut diriger les croyants, ce seront les chiites (les partisans d'Ali, gendre de Mohamed), et les fidèles qui pensent que le guide de la communauté doit seulement respecter la ligne de conduite dictée par Mohamed (la *sunna*), ce seront les sunnites. Ainsi, dès son origine, l'Islam est traversé de profondes fractures et les rancœurs restent tenaces jusqu'à nos jours. Cette division explique en partie la guerre Iran/Irak entre 1980 et 1988 mais aussi les tensions politiques parfois violentes, toujours indirectes, entre l'Arabie Saoudite et l'Iran. En 2015, le royaume saoudien intervient ainsi militairement au Yémen contre une milice chiite financée par Téhéran.

> **L'astuce du prof**
> Utilisez l'actualité la plus récente concernant cette région particulièrement sujette aux conflits.

B. Des conflits territoriaux : d'Israël à l'Irak

La création et l'existence d'Israël sont également une source de conflits très violents et récurrents depuis six décennies. Après plusieurs années d'immigration juive en Palestine, l'État d'Israël est créé en 1948. Dès sa création, l'État hébreu doit faire face à une attaque simultanée de quatre pays arabes qui refusent cette indépendance jugée spoliatrice. Depuis cette date, les conflits n'ont jamais réellement cessé et la politique voire l'existence même d'Israël sont la justification de nombreux conflits (voir les menaces de Daesh concernant l'État hébreu). Plus généralement, les problèmes territoriaux sont très importants au Proche et Moyen-Orient. Depuis l'éclatement de l'Empire ottoman et les traités qui ont suivi la fin de la Première Guerre mondiale, les frontières sont un sujet récurrent de tensions et de conflits. La première guerre du Golfe (1990-1991) repose en partie sur un différend territorial, l'Irak estimant que le Koweït lui avait été illégitimement arraché et que ce pays n'était qu'une province irakienne qu'il fallait reconquérir. Les revendications kurdes pour la création d'un État montrent également l'importance de ces contentieux frontaliers.

C. Hydrocarbures et passages stratégiques : l'arrière-plan des conflits

Les hydrocarbures, sans être une cause centrale de conflits, sont très souvent en arrière-plan des affrontements depuis 1945. Beaucoup d'observateurs estiment que les deux guerres du Golfe (1990-1991 et 2003) ont des liens évidents avec le pétrole et la sécurisation des approvisionnements énergétiques, américains en priorité. Déjà en 1953, le Premier ministre iranien, Mohammad Mossadegh, avait été renversé par un coup d'État financé par les États-Unis et la Grande-Bretagne à la suite de la nationalisation de la production iranienne. De même, le contrôle de passages stratégiques est un enjeu qui peut être un facteur de conflit. En 1956, lorsque Nasser nationalise le canal de Suez, la France, la Grande-Bretagne et Israël interviennent militairement et le canal est de nouveau au cœur des tensions 11 ans plus tard lors de la guerre des Six Jours.

Transition : Les conflits résultent donc d'un faisceau de causes et c'est le long du littoral méditerranéen entre Israël, la Palestine et certains pays arabes que les affrontements vont prendre une résonance mondiale.

II – Les guerres israélo-arabes et la question palestinienne

A. De 1948 à 1982 : Israël et les pays arabes en guerre

La création unilatérale d'Israël en 1948, après le refus du plan de partage de l'ONU de 1947, entraîne dans la foulée la première guerre israélo-arabe qui se solde par la victoire de l'État hébreu et l'exil de centaines de milliers de Palestiniens. Attaqué par le Liban, l'Égypte, la Syrie et la Transjordanie (Jordanie actuelle), Israël repousse ses assaillants et démontre ainsi sa force militaire. Plusieurs guerres israélo-arabes ensanglanteront le Proche-Orient lors des décennies suivantes avec de très importantes conséquences notamment territoriales. En 1956, Israël – allié à la France et à la Grande-Bretagne – intervient contre l'Égypte suite à la nationalisation du canal de Suez. En 1967, la guerre des Six Jours, écrasante victoire israélienne, débouche sur l'occupation de nombreux territoires dont certains sont encore sous domination israélienne (Cisjordanie, Jérusalem-Est, plateau du Golan) alors que d'autres ont depuis été évacués (Sinaï, bande de Gaza). Moins d'une décennie plus tard, la guerre du Kippour d'octobre 1973 se termine par un *statu quo ante bellum* ; enfin, en 1982, Israël intervient au Sud-Liban contre l'OLP (Organisation de libération de la Palestine) et cette opération reste, à ce jour, la dernière guerre israélo-arabe. Il est tout de même important de noter que l'Égypte est officiellement en paix avec Israël depuis la signature des accords de Camp David de 1978 qui précèdent le traité de paix de 1979.

> **Piège à éviter**
> Inutile de détailler à l'excès les guerres israélo-arabes. Indiquez uniquement les grandes dates et leurs conséquences.

B. Israël/Palestine : des conflits liés à l'occupation israélienne

La question palestinienne est également au cœur des conflits du Proche-Orient. Victimes d'un exil forcé massif lors de la création d'Israël, les Palestiniens voient également leur territoire être occupé par l'État hébreu à partir de 1967. Dès 1964, l'OLP est créée et mène pendant plusieurs décennies une politique d'attentats en Israël puis dans les territoires occupés (Cisjordanie, Gaza), avant de signer les accords d'Oslo en 1993. Deux périodes restent dans les esprits pour la violence de leurs affrontements, ce sont les deux Intifadas (1987-1993 et 2000-2004), ou guerre des pierres, qui voient la population palestinienne se révolter contre l'occupation israélienne. Les territoires palestiniens sont aussi le théâtre de réelles guerres lancées par Israël pour lutter contre les tirs de roquettes depuis la bande de Gaza ou affaiblir le Hamas, en 2008 puis 2012 et 2014.

C. La guerre du Liban (1975-1990)

Enfin, cette partie du Proche-Orient a également connu un autre conflit : la guerre du Liban de 1975 à 1990 ; guerre civile d'une complexité infinie qui a vu s'opposer des Libanais chrétiens et musulmans avec de nombreuses ingérences étrangères (Israël, Syrie, États-Unis, etc.).

Transition : Les pays du littoral méditerranéen concentrent une part importante des conflits mais c'est autour du golfe Persique que les guerres ont été les plus meurtrières et que la situation reste la plus conflictuelle.

III – Les guerres autour du golfe Persique

A. La guerre Iran/Irak 1980-1988

Après la fin de la Seconde Guerre mondiale, la situation autour du golfe Persique reste très instable pendant plusieurs décennies. L'Iran comme l'Irak connaissent plusieurs coups d'État et subissent l'ingérence des pays occidentaux, les États-Unis et la Grande-Bretagne en priorité. En 1980, l'Irak déclare la guerre à l'Iran sous le prétexte d'un désaccord frontalier et envahi le territoire iranien. Soutenu par l'Occident qui voit en Saddam Hussein un allié face au régime théocratique de Khomeiny, l'Irak dispose d'une armée puissante mais le conflit s'enlise et aucun pays n'arrive à prendre le dessus sur l'autre. Cette guerre se termine sur un *statu quo ante bellum* en 1988, mais son bilan est lourd avec plusieurs centaines de milliers de victimes. Ce fut surtout une tentative – avortée – de l'Irak d'affirmer son leadership sur la région sur fond d'affrontement religieux sunnite/chiite.

> **Vocabulaire**
>
> **Ingérence :** l'intervention – militaire, politique, etc. – d'un ou de plusieurs pays dans un autre État, dans le cadre ou non d'un mandat accordé par une autorité supranationale.

B. La première et la seconde guerre du Golfe 1990-1991/2003

En 1990, l'Irak est de nouveau au cœur d'une nouvelle guerre (la première guerre du Golfe) lorsque le régime de Saddam Hussein envahit le Koweït. Face à cette agression, la condamnation de l'Irak est quasi unanime et, au début de 1991, une coalition internationale menée par les États-Unis déclenche – avec l'aval de l'ONU – l'opération « Tempête du désert » qui libère le Koweït en moins de trois semaines sans cependant renverser le dictateur irakien. En 2003, sous le prétexte d'une menace liée à la possession par le régime irakien d'armes de destruction massive, une nouvelle coalition internationale se forme, toujours menée par les États-Unis. Cette seconde guerre du Golfe ne dispose cette fois-ci d'aucune légitimité internationale puisque l'ONU n'a pas donné son accord pour une intervention et que certains pays – la France en premier lieu – se sont fermement opposés à cette guerre. Ces opérations témoignent d'une ingérence de la communauté internationale que beaucoup ont jugé illégale et illégitime. En quelques semaines, le régime de Saddam Hussein est balayé, Bagdad est prise le 9 avril et la guerre est officiellement terminée le 1er mai. Présenté comme un moyen d'apporter la paix et la démocratie au Moyen-Orient, ce conflit a en fait totalement déstabilisé la région, faisant de l'Irak un véritable chaos et offrant toutes les conditions à la naissance du futur État islamique en 2006. Cette organisation islamiste mène depuis plusieurs années une guerre à cheval sur l'Irak et la Syrie pour rétablir le califat islamique et multiplie les exactions les plus violentes, alors qu'une coalition internationale tente de l'affaiblir par des frappes aériennes relativement peu efficaces.

Conclusion

Bilan : Le Proche et le Moyen-Orient ont connu depuis la fin de la Seconde Guerre mondiale de très nombreuses guerres et aujourd'hui encore les combats contre Daesh font de cette région l'une des plus conflictuelles au monde. Tensions mal éteintes au Liban, frontières disputées en Irak, rivalités confessionnelles en Égypte, haine fratricide, existence et politique d'Israël, etc., les causes de conflits ne manquent pas dans cette région qui est également l'un des espaces les plus stratégiques au monde avec ses détroits, ses canaux et son abondance énergétique.

Ouverture : Il est très hasardeux de déterminer quelles solutions pourraient faire du Proche et du Moyen-Orient une région apaisée, mais il semble évident qu'elles doivent venir des pays de cette espace et non d'une énième ingérence étrangère qui se sont quasiment toutes soldées par des échecs.

Histoire – Composition 2

› Médias et opinion publique dans les grandes crises politiques en France depuis l'Affaire Dreyfus

Les clés pour réussir

L'essentiel à connaître

Éléments pour l'introduction

Thème principal : ce sujet est un chapitre du thème intitulé « Idéologies et opinions en Europe de la fin du XIXe siècle à nos jours », et sa formulation ne pose aucune difficulté puisqu'il reprend mot pour mot celui du chapitre étudié au cours de l'année.

- Il s'agit d'étudier la relation qu'entretiennent les médias – presse, radio, télévision – et l'opinion publique seulement lors de grandes crises politiques, car le sujet ne porte pas sur les technologies actuelles de l'information ni sur les médias en général.

Notions-clés : médias, opinion publique, censure, propagande, crise.

Dates et événements-clés : loi de 1881, affaire Dreyfus 1894/1898-1906, crise du 6 février 1934, appel du 18 juin, crise de Mai 1968, élections présidentielles de 2002.

Acteurs-clés : *L'Aurore*, Zola, *L'Action Française*, de Gaulle, BBC, ORTF, RTL, Europe 1 (radios périphériques).

Analyser le sujet

- L'analyse du sujet ne pose, a priori, aucune difficulté, puisque sa formulation est celle du chapitre vu au cours de l'année. Il porte sur le rôle que les médias ont eu (ou non) sur la formation de l'opinion publique (le terme est difficile à définir et certains contestent même l'existence d'une opinion publique) en France au moment de quelques grandes crises politiques depuis l'affaire Dreyfus.
- Vous devez choisir les crises (le terme peut englober une période relativement longue) que vous allez aborder, mais quatre semblent incontournables : l'affaire Dreyfus évidemment (1894-1898), le 6 février 1934, l'année 1940 et Mai 1968. Vous pouvez rajouter certains événements (Première Guerre mondiale, mai 1958, 21 avril 2002...) mais ne visez surtout pas l'exhaustivité au risque de rendre votre devoir confus.
- Quant aux bornes chronologiques, la formulation du sujet incite à mener la réflexion jusqu'à nos jours.

Organiser ses idées

Définir une problématique

Le chapitre insiste sur l'interaction, c'est-à-dire les influences réciproques entre médias et opinion publique au moment des crises politiques en France. Les médias sont-ils le reflet « fidèle » de l'opinion publique ou façonnent-ils cette même opinion dans leur sens ? À partir de ces réflexions, vous pouvez formuler la problématique comme telle :

→ **Quelles sont les interactions entre médias et opinion publique durant les grandes crises politiques en France ?**

Élaborer un plan

Pour ce sujet, comme pour beaucoup d'autres, privilégiez un plan chronologique qui s'articulera autour de dates clés marquant une rupture. Ainsi votre composition pourra être organisée en trois parties, la première abordera l'âge d'or de la presse écrite de l'affaire Dreyfus aux années 1930, la seconde portera sur l'émergence de la radio durant les heures sombres de Vichy et de la guerre d'Algérie, enfin la dernière réfléchira au rôle joué par la télévision et à la défiance suscitée dans l'opinion publique par les médias.

I – L'âge d'or de la presse écrite de l'affaire Dreyfus à l'entre-deux-guerres

II – Radios et presse écrite : les deux médias dominants de 1940 aux débuts des années 1960

III – Une méfiance vis-à-vis des médias qui progresse

! Attention

Le plan est rappelé pour vous aider, mais il ne doit en aucun cas figurer sur votre copie. À vous de guider le correcteur par l'annonce du plan dans l'introduction, les phrases d'attaque des paragraphes et des transitions.

Introduction

Définition du sujet : Quelques jours seulement après le « J'accuse » de Zola, Félix Vallotton publie dans *Le Cri de Paris* une gravure nommée « L'âge du papier » où l'on voit plusieurs hommes lire avec empressement la presse qui relate l'affaire Dreyfus. Cette gravure témoigne, dès la fin du XIXe siècle, de l'importance des médias (moyen permettant la diffusion d'une information) dans la formation de l'opinion publique (terme difficile à définir, qui correspond plus ou moins à l'avis d'une société sur des questions politiques, économiques...). Lorsque l'affaire Dreyfus débute en 1894 (elle éclate réellement en 1898), les médias ont déjà conquis un large public et possèdent une réelle influence. Tout au long du XXe siècle, cette influence va perdurer notamment lors de graves crises (6 février 1934, Mai 1968...) alors que les médias eux-mêmes changent de forme, depuis l'âge d'or de la presse écrite à l'émergence de la radio, de la télévision jusqu'à la crise actuelle avec le développement d'Internet.

Problématique : Quelles sont les interactions entre médias et opinion publique durant les grandes crises politiques en France ?

Annonce du plan : Nous articulerons notre réflexion en trois points. Dans un premier temps nous aborderons l'âge d'or de la presse écrite au moment de l'Affaire Dreyfus et ce jusqu'en 1918, pour ensuite analyser l'émergence de la radio à partir de l'entre-deux-guerres sans exclure l'influence encore forte de la presse écrite. Dans un dernier point, nous réfléchirons à l'émergence de la télévision dans la formation de l'opinion publique et à la défiance actuelle face aux médias.

I – L'âge d'or de la presse écrite de l'affaire Dreyfus à l'entre-deux-guerres

A. L'affaire Dreyfus : une presse écrite déchirée et violemment antagoniste

En 1881 est adoptée une loi garantissant la liberté de la presse qui accompagne l'enracinement de la République et façonne l'opinion publique. La presse écrite est alors à son apogée et a une influence politique très importante, notamment lors de l'affaire Dreyfus. Cette affaire commence réellement en 1898 avec la publication de l'article « J'accuse » de Zola dans *L'Aurore* au lendemain de l'acquittement du « réel coupable » – Ferdinand Esterhazy – mais dès 1894 et la condamnation d'Alfred Dreyfus, les journaux s'étaient emparés de l'affaire, surtout pour rappeler les malheurs dus aux Juifs « voleurs, sans-patrie, cupides et traîtres par nature », ainsi qualifiés notamment dans les colonnes de *La Libre Parole*, violente publication antisémite, d'Édouard Drumont. Cette affaire judiciaire divise fortement l'opinion publique entre dreyfusards et anti-dreyfusards, les journaux se livrent une farouche bataille. La caricature devient une arme pour défendre ses idées (voir celle de Caran d'Ache dans *Le Figaro* intitulée « Un dîner en famille »). La presse anti-dreyfusarde se montre d'une grande violence, refuse de voir les mensonges de l'armée et véhicule les stéréotypes les plus grossiers sur les Juifs. À l'inverse, la presse dreyfusarde (*L'Aurore* par exemple), moins nombreuse, soutient l'idée d'une justice indépendante au service de l'État de droit et d'une République démocratique. Gracié en 1899 puis réhabilité en 1906, Alfred Dreyfus poursuit alors sa carrière dans l'anonymat le plus complet. Après cette sombre affaire, une crise d'une ampleur équivalente ébranle la République durant l'entre-deux-guerres.

B. Les années 1930 : une presse antisémite et violente

Les années 1930 sont marquées par une grande violence verbale qui est alimentée par une partie des médias. Les journaux d'extrême droite et de droite développent un antiparlementarisme violent, parfois antisémite, toujours anticommuniste, alimenté par de nombreuses affaires judiciaires, à l'image de celle mettant en cause le monde politique et un escroc notoire,

Serge Stavisky. Le 6 février 1934, cette presse appelle à une manifestation des ligues (groupes de citoyens marqués à l'extrême droite comme l'Action Française) à Paris devant l'Assemblée nationale en des termes clairement belliqueux (*L'Écho de Paris* écrit que « le pays est écœuré, dégoûté, prêt à la colère et aux violences »). Cette manifestation dégénère en émeute faisant 15 morts et 1 500 blessés. Le lendemain, la presse de gauche crie au coup d'État (« le coup d'État fasciste a échoué », titre *Le Populaire* – journal de la SFIO – le 7 février 1934), alors que celle d'extrême droite pleure les morts et dénonce les assassins (*L'Action Française* titre « Après les voleurs, les assassins »). Cette crise entraîne la démission du gouvernement et montre l'influence de la presse sur l'opinion publique.

> **Vocabulaire**
> **Antiparlementarisme** : mouvement d'opinion hostile au régime parlementaire qui dénonce la corruption, l'inefficacité des débats démocratiques.

Transition : Après Dreyfus et le 6 février 1934, la Seconde Guerre mondiale constitue une période d'intenses crises politiques.

II – Radios et presse écrite : les deux médias dominants de 1940 aux débuts des années 1960

A. La guerre des ondes durant la Seconde Guerre mondiale

Après la débâcle de 1940, c'est à la radio que Pétain et de Gaulle s'adressent aux Français, l'un le 17 juin pour justifier l'armistice, l'autre le 18 à Londres, sur les ondes de la BBC, pour appeler à la résistance. Au cours des quatre années d'occupation, la Résistance utilise massivement la radio notamment en provenance de Londres (Radio Londres), où l'émission *Honneur et Patrie* est la voix de de Gaulle (informations, messages codés…) alors que *Les Français parlent aux Français* est réalisé par le gouvernement britannique. À Vichy, Philippe Henriot (le « Goebbels français »), ministre de l'Information, répand sa haine des Juifs, de de Gaulle, des communistes, etc. sur Radio-Paris, radio à la solde des Allemands. C'est une véritable guerre des ondes qui fait rage durant quatre ans, les éditorialistes de chaque radio se répondant par tribune interposée. Vingt ans plus tard, la guerre d'Algérie ouvre une période difficile pour les médias.

B. La guerre d'Algérie : une presse divisée

Au moment des « événements » d'Algérie (le mot de « guerre » n'est jamais prononcé), les médias audiovisuels sont soumis au gouvernement à travers la RTF (qui deviendra l'ORTF en 1964) et la presse écrite subit une réelle pression qui s'apparente à de la censure. Face à la torture notamment, certains journaux comme *France Soir, Le Parisien Libéré* ou *Le Figaro* relaient l'information officielle alors que d'autres comme *L'Express, France Observateur* ou *Le Monde*

> **Vocabulaire**
> En 1945 est créée la Radiodiffusion Télévision Française qui devient l'**ORTF** (Office de Radio Télévision Française) en 1964 et impose un monopole sur les radios puis la télévision.

osent dénoncer ce qui se passe réellement en Algérie, et subissent fréquemment les foudres du pouvoir.

C. La frénésie médiatique de Mai 1968

Six ans après la fin de la guerre d'Algérie, la France est de nouveau secouée par une crise. Mai 68 est un grand moment de frénésie médiatique entre des médias officiels « aux ordres » et une liberté de parole qui s'affiche sur les murs et se diffuse sur les ondes des radios dites périphériques (RTL, Europe 1). Face aux discours officiels – contrôlés par l'ORTF qui insiste sur l'ordre –, certains médias critiquent de Gaulle, notamment *Le Nouvel Observateur*. Mais c'est surtout dans la rue que s'invente une nouvelle façon de communiquer : les murs se couvrent d'affiches et de slogans pour lutter contre la censure.

Transition : La crise de Mai 1968 a fortement ébranlé les médias et la situation ne sera plus jamais pareille, notamment au niveau de la liberté de ton.

III – Une méfiance vis-à-vis des médias qui progresse

A. La télévision : un média de plus en plus influent

Au cours des années 1960, la télévision se généralise au sein des foyers français (le premier journal télévisé a eu lieu dès 1949), mais son influence reste encore limitée notamment au moment de Mai 1968. Ce n'est qu'au cours des années 1970 que ce médium devient incontournable avec comme point d'orgue le premier débat présidentiel télévisé d'entre-deux-tours entre François Mitterrand et Valery Giscard d'Estaing. Depuis cette date, la télévision joue un rôle majeur dans la formation (ou le reflet) de l'opinion publique française mais son influence est, au cours des décennies suivantes, de plus en plus contrebalancée notamment par le développement des sondages.

> **Piège à éviter**
> Votre travail porte sur les crises, ne faites pas l'histoire des médias !

B. Le choc du 21 avril 2002 et la montée de la défiance vis-à-vis des médias

En 2002, la présence de Jean-Marie Le Pen au second tour de l'élection présidentielle est un véritable coup de tonnerre qui s'apparente à une réelle crise politique. Pour la première fois, un représentant d'un parti d'extrême droite est aux portes du pouvoir et les médias, notamment la télévision comme les instituts de sondages, sont mis en accusation. Entre faits divers anxiogènes, reportages récurrents sur la délinquance et sous-estimation du vote frontiste, un discrédit général est jeté sur les médias. Cette méfiance ne cesse de progresser jusqu'à aujourd'hui.

Conclusion

Bilan : Des médias libres sont nécessaires pour une société démocratique ; nécessaires pour informer et former une opinion publique ou pour en être le reflet. Depuis plus d'un siècle, les médias en France ont joué un rôle primordial dans les grandes crises mais, depuis plus d'une décennie, les critiques se multiplient face aux médias accusés autant à droite qu'à gauche d'être les serviteurs des intérêts d'une oligarchie.

Ouverture : Critiques qui touchent indirectement la vitalité de notre démocratie.

Géographie – Analyse de deux documents

› Les opérations de maintien de la paix dans le monde, reflet de l'organisation géopolitique du monde ?

Les clés pour réussir

L'essentiel à connaître

Thème principal : cette analyse critique de documents porte sur le chapitre inaugural de géographie « Des cartes pour comprendre le monde » et s'intéresse en particulier mais pas seulement à **l'organisation géopolitique du monde** c'est-à-dire les liens qui existent entre la politique et la géographie. **L'analyse géoéconomique du monde**, notamment la hiérarchie des puissances, doit évidemment être maîtrisée pour étudier ces deux documents. Le candidat peut également faire appel à d'autres chapitres de géographie (le continent africain, le Sahara) voire d'histoire (les États-Unis et le monde depuis 1918).

Notions-clés : géopolitique, géoéconomique.

Mots-clés : casques bleus, conseil de sécurité, Organisation des Nations unies.

Analyser le sujet

La consigne

Cette consigne invite à présenter l'organisation géopolitique du monde à travers l'exemple précis des opérations de paix menées par l'Organisation des Nations unies. Quelles sont les puissances mondiales, les initiatives de l'ONU, les zones de crise qui existent à échelle mondiale et qui sont évoquées par ces deux cartes ?

Le candidat doit également faire preuve de finesse d'analyse puisque la consigne insiste sur les limites de ces documents. Quelles sont les informations qui manquent pour réellement comprendre l'organisation géopolitique mondiale ? Le candidat devra donc réfléchir au-delà des documents.

Les documents

Les deux cartes sont classiques ; ce sont deux planisphères d'une projection habituelle centrée sur l'Europe (celle de Briemeister) et qui présentent chacun une ou deux informations. La source est la même pour les deux documents, le département des missions d'opérations de maintien de la paix de l'Organisation des Nations unies.

Document 1 : Le premier planisphère représente les principaux contributeurs – les pays qui versent plus de 1 million de dollars – au budget de l'ONU. Une seconde information porte sur le nom et la localisation des opérations de maintien de la paix en cours ; opérations qui évidemment se situent dans des pays qui connaissent des situations conflictuelles. (Exemple : la Monusco en République Démocratique du Congo).

Document 2 : Le second planisphère porte lui sur les principaux États contributeurs en nombre de soldats qui participent aux opérations de la paix évoquées dans le document précédent. Ainsi l'Éthiopie est le pays qui envoie le contingent le plus important avec plus de 8 000 soldats alors qu'à l'inverse les États-Unis ou la Russie n'en envoient aucun.

Organiser ses idées

Définir une problématique

Les deux cartes ne donnent que peu d'informations mais elles tissent un lien entre participation économico-financière et participation militaire. Les pays les plus riches sont aussi ceux qui – en grande partie – financent les opérations de maintien de la paix. Il est ainsi possible de formuler la problématique suivante :

➜ **Comment l'organisation géopolitique du monde dépend-elle essentiellement de l'organisation géoéconomique ?**

Élaborer un plan

Les deux documents sont à l'échelle mondiale et il est difficile de réellement les croiser c'est pourquoi il serait préférable d'adopter un plan très classique – en trois parties – mais qui aura le mérite de la clarté. La première partie s'appuierait sur le document 1 et porterait sur le financement de la paix dans le monde puis la deuxième partie analyserait le rôle des pays du Sud dans ces opérations et localiserait les principales opérations de maintien de la paix. Enfin une dernière partie relèverait les limites de ces deux documents.

I. Le financement de la paix par les pays du Nord et les émergents
II. Les pays du Sud : principaux acteurs des opérations de maintien de la paix
III. Des cartes trop parcellaires : les nombreuses limites

> **Attention**
> Le plan est rappelé pour vous aider, mais il ne doit en aucun cas figurer sur votre copie. À vous de guider le correcteur par l'annonce du plan dans l'introduction, les phrases d'attaque des paragraphes et des transitions.

Introduction

Les cartes – construites à partir de données statistiques – sont essentielles pour comprendre le monde actuel. Les deux documents proposés sont deux planisphères d'une projection classique qui portent sur les opérations de maintien de la paix de l'ONU en 2017. La première carte indique le montant des contributions par pays au budget de ces opérations. Cette carte localise et nomme également ces opérations. Quant au second document, il porte sur les contingents envoyés par chaque pays dans le cadre de ces opérations.

À travers l'analyse de ces deux documents, on peut s'interroger sur l'organisation géopolitique du monde et son lien avec la hiérarchie géoéconomique.

I – Les pays du Nord et les émergents financent les opérations de paix

> **Piège à éviter**
> L'organisation géoéconomique doit servir l'analyse géopolitique. Vous ne devez pas la détailler.

L'analyse de la première carte est révélatrice de l'organisation géoéconomique du monde. Elle montre une concentration des États contributeurs au budget des missions de la paix dans les principaux pôles de la mondialisation. Les pays les plus riches du Nord (États-Unis, France, Japon, l'ex-Triade en fait) et les principaux émergents (Chine, Russie) sont les principaux bailleurs de l'ONU.

Les États-Unis, à eux-seuls, versent deux milliards de dollars pour ces opérations de maintien de la paix alors que les contributeurs qui arrivent ensuite (Japon, France...) ne sont « qu'à » 500 millions. Le montant versé est évidemment lié à l'importance du PIB. L'Europe et l'Amérique du Nord contribuent ainsi à la majorité du budget de l'ONU.

La Chine, la Russie apparaissent également comme de gros contributeurs (environ 500 millions) et cette somme atteste de l'importance prise par ces deux pays dans l'organisation géopolitique mondiale. Les pétromonarchies du Golfe (Arabie saoudite...) sont également d'importants contributeurs (environ 25 millions). Les autres pays émergents sont très largement en retrait et financent peu ces opérations. Il y a donc une disparité importante dans la conduite des affaires mondiales ; le Brésil (25 millions de dollars) et plus encore l'Inde (3 millions) restent des acteurs secondaires.

Mais la hiérarchie des contributeurs n'est pas celle des contingents militaires.

II – Des opérations de paix dans les pays du Sud avec des contingents des pays du Sud

Le second planisphère montre une hiérarchie différente des contributeurs financiers. L'Asie est le continent qui fournit les plus grands contingents pour les opérations de maintien de la paix. L'Inde ou le Bengladesh participent à hauteur de 8 000 soldats. Si l'on rajoute la Chine, le Népal et l'Indonésie ce sont plusieurs dizaines de milliers de soldats asiatiques qui appartiennent aux casques bleus – appelés ainsi à cause de la couleur de leur casque. L'Afrique est le second continent le plus sollicité avec l'Éthiopie (8 000 soldats) ou encore le Rwanda (3 000). À l'inverse, l'Amérique et l'Océanie sont quasi absentes de ces opérations. Par exemple, les États-Unis – gros contributeur financier – n'envoient aucun soldat. Les pays riches financent ces opérations mais ce ne sont pas eux qui prennent les risques militaires.

Si l'on regarde la première carte, on peut voir que l'essentiel des opérations se déroule en Afrique (huit sur quinze dont la Minuss au Soudan du Sud) et dans un second temps au Proche-Orient avec quatre opérations (Onust). La localisation de ces opérations est un révélateur des zones de conflits actuelles et donc des tensions géopolitiques mondiales.

Ces deux cartes restent cependant très insuffisantes pour comprendre l'organisation géopolitique mondiale.

III – De nombreuses limites

Ces deux documents sont assez parcellaires pour vraiment comprendre l'organisation géopolitique du monde.

En premier lieu, la conception des documents donne une idée générale mais elle manque de précision. Quel est le poids réel de la contribution financière de l'Allemagne ou le nombre précis de soldats tanzaniens ? Il est très difficile d'y répondre. De même il n'y a aucune précision sur l'ampleur des opérations de maintien de la paix. Combien de soldats participent à la Monusco ?

> **L'astuce du prof**
> Vous devez vous appuyer sur vos connaissances sur ce chapitre pour relever les limites de ces documents.

Par ailleurs, il n'y a aucune indication sur le rôle du conseil de sécurité de l'ONU constitué de quinze membres dont cinq permanents (États-Unis, Russie, France, Chine, Royaume-Uni). Rien non plus sur les organisations militaires importantes comme l'Otan, sur les puissances nucléaires ou l'importance des forces militaires de chaque pays. Fournir 8 000 soldats pour le Bangladesh est sûrement un effort sans commune mesure par rapport aux 1 000 soldats indonésiens.

Conclusion

Ces deux documents témoignent d'une « répartition » des tâches pour l'organisation géopolitique du monde ; les pays du Nord financent des opérations localisées dans les pays du Sud et effectuées par des pays du Sud. Mais ces opérations ne sont qu'une infime partie de l'organisation géopolitique et de nombreux aspects manquent pour bien la cerner.

Sujet 2 — L'histoire et les mémoires de la Seconde Guerre mondiale

12 pts — 2 h 30

France métropolitaine, juin 2016

Composition

› **L'histoire et les mémoires de la Seconde Guerre mondiale**

Les clés pour réussir

L'essentiel à connaître

Éléments pour l'introduction : définition de « mémoire » ; chronologie de l'apparition des différentes mémoires : des années 1940 aux années 1960 pour la mémoire de la Résistance, des années 1970 jusqu'à nos jours pour les mémoires de la déportation juive et de la collaboration.

Mots-clés : mémoire, histoire, années noires, résistancialisme, négationnisme.

Dates-clés :

1964 : discours de Malraux au Panthéon, loi sur l'imprescribilité des crimes contre l'humanité ;

1995 : J. Chirac reconnaît la responsabilité de la France.

Personnages-clés : de Gaulle, Mitterrand, Chirac, Robert Aron, Robert Paxton, Henry Rousso.

Films et livres : *Nuit et Brouillard* d'A. Resnais, *Le Chagrin et la Pitié* de M. Ophuls, *Shoah* de Cl. Lanzmann, *La France de Vichy* de R. Paxton.

Analyser le sujet

- Le sujet, reprise presque exacte de l'intitulé du programme, invite à réfléchir aux **relations entre l'histoire, les historiens et la mémoire** concernant la Seconde Guerre mondiale. Ce sont **deux facettes** d'un même objet, **le rapport au passé.**
- L'une, l'histoire, est une **discipline scientifique** destinée à **connaître et comprendre le passé de manière objective, non partisane.**
- La mémoire a un rapport plus intime car elle se fonde sur **un vécu ou une approche affective des événements d'un passé récent**. Elle est portée par des groupes plus ou moins visibles selon le poids qu'ils ont dans l'opinion publique. Le pouvoir politique y est sensible et impose ce que les historiens qualifient de « mémoire officielle » ou de « lois mémorielles » contre lesquelles ils luttent.

HISTOIRE

- Histoire et mémoire sont donc parfois dans une relation conflictuelle. Il s'agit donc d'étudier cette émancipation de la science historique et des historiens par rapport aux différentes mémoires de la Seconde Guerre mondiale, officielles ou pas.

Organiser ses idées

Définir une problématique

Le programme insiste dans ce thème introductif sur les interrelations entre **l'histoire comme objet scientifique** et **l'histoire comme objet de notre intimité** – soit le fruit d'une expérience vécue avec la notion de mémoire, soit le fruit d'un intérêt culturel avec la notion de patrimoine. Il s'agit de bien dissocier les deux aspects, idée que vous pouvez reprendre dans votre problématique.

→ **Quel fut le rôle des historiens dans une lecture plus scientifique et moins mémorielle de la Seconde Guerre mondiale ?**

Élaborer un plan

Sur un sujet évolutif, la logique veut le plus souvent que l'on choisisse **un plan chronologique.** Il faut donc repérer **les ruptures.** Ici, il s'agit de la fin des années 1960 et du début des années 1970 qui voit le passage d'une mémoire officielle unique à des mémoires plurielles de la guerre.

I – De 1945 à 1970, la France est unie derrière de Gaulle dans le mythe résistancialiste

II – À partir des années 1970, la France se rapproche de la vérité historique et d'une pluralité des mémoires du conflit

Sujet 2 Corrigé

› L'histoire et les mémoires de la Seconde Guerre mondiale

! Attention

Le plan est rappelé pour vous aider, mais il ne doit en aucun cas figurer sur votre copie. À vous de guider le correcteur par l'annonce du plan dans l'introduction, les phrases d'attaque des paragraphes et des transitions.

Introduction

Définition du sujet : Dès la fin de la Seconde Guerre mondiale en 1945 commence une période de commémoration des vainqueurs et victimes du conflit, laquelle n'est pas prise en main prioritairement par les historiens, qui font œuvre de science, mais surtout par les acteurs – officiels ou anonymes – du conflit. La mémoire de la guerre, désignant l'ensemble des souvenirs issus de l'expérience vécue des protagonistes, occupe alors l'espace public. Compte tenu de la position ambiguë du pays pendant ces années noires, cette mémoire est complexe et surtout plurielle. Le travail des historiens est donc tributaire de cette relation intime, passionnelle et plurielle, de nombre de Français à cette guerre et ce à travers les générations, puisque la mémoire de la Seconde Guerre mondiale ne s'est apaisée que récemment.

Problématique : Quel fut le rôle des historiens dans une lecture plus scientifique et moins mémorielle de la Seconde Guerre mondiale ?

Annonce du plan : Dans un premier temps, selon le dogme gaulliste, la mémoire de la guerre se limite à la célébration d'une France majoritairement résistante. Cette vision mythique laisse ensuite place à une vision plus globale et plus historique avec la médiatisation de mémoires jusqu'alors occultées.

I – De 1945 à 1970, la France est unie derrière de Gaulle dans le mythe résistancialiste

Les besoins de reconstruire l'unité nationale après qu'elle fut brisée par l'opposition fratricide entre collaborateurs et résistants justifient, selon de Gaulle et ses successeurs, la construction d'une mémoire officielle écrasante.

A. Une confiscation des mémoires au profit des deux partis de la Résistance

Gaullistes et communistes s'affichant comme les héros de la Résistance, seul leur engagement est mis en avant juste après guerre. Dès la libération de Paris, le 26 août 1944, de Gaulle exalte l'image d'une France qui s'est libérée seule et qui a lutté toute entière contre l'occupant. Appuyée également par le PCF – qui se proclame le « parti des 75 000 fusillés » –, cette version, bien que fausse, permet de souder les Français, d'effacer leurs différends et de faire en sorte qu'ils se reconnaissent tous dans le gouvernement issu de la Résistance, le GPRF. Une mémoire officielle se construit peu à peu. Au mépris de la réalité historique, les divisions du passé, les années noires sont occultées et s'élabore **le mythe « résistancialiste »** (selon l'expression de l'historien français Henry Rousso) qui fait de la France un pays majoritairement résistant. De Gaulle s'emploie par la suite à confisquer la mémoire résistante au seul profit de son bord politique au détriment des résistants isolés et par-dessus tout des communistes, dans un contexte de guerre froide. La mémoire de la Seconde Guerre mondiale se conjugue alors au singulier.

> **Vocabulaire**
>
> **Résistancialisme :** mythe développé surtout par les gaullistes et communistes selon lequel les Français auraient unanimement et naturellement résisté depuis le début de la Seconde Guerre mondiale.

Cette mémoire officielle partielle et partiale apparaît clairement dans le célèbre discours d'A. Malraux lors du transfert des cendres de J. Moulin au Panthéon en décembre 1964 : il y assimile toute la Résistance à de Gaulle. Jean Moulin occulte alors les autres figures résistantes non-gaullistes : Pierre Brossolette, Rol-Tanguy (le communiste ayant organisé le soulèvement de Paris en août 1944)...

B. L'apparition d'une mémoire officielle

Par ailleurs, la mémoire gaullienne occulte volontairement les pages sombres des « années noires » – une expression là aussi d'H. Rousso. La collaboration et les responsabilités du régime de Vichy sont tues. Le processus d'épuration légale, mené par la justice, a un goût d'inachevé : l'administration a été peu touchée. Un haut-fonctionnaire comme Maurice Papon a pu poursuivre sans encombre sa brillante carrière alors qu'en poste à la préfecture de la Gironde, il a déporté à Auschwitz plusieurs centaines de Juifs. Des lois amnistient dès les années 1950 les faits de collaboration. Cette entreprise est secondée par un historien dont les travaux seront fortement contestés par ses pairs. Robert Aron dans son *Histoire de Vichy* publiée en 1954 défend la thèse du glaive et du bouclier selon laquelle Pétain aurait protégé la France tel un bouclier. La collaboration est donc niée, réduite à une nécessité face à la violence allemande. Encore au début des années 1960, sous Pompidou, cette mémoire de la collaboration est occultée : Paul Touvier, le milicien, est gracié par le président qui entend ainsi « tourner la page » et définitivement pacifier la société française. Dans le film d'Alain Resnais, *Nuit et Brouillard* (1956), la scène montrant un gendarme français surveiller un convoi de déportés est censurée. Dans un souci de concorde nationale, on juge donc que l'épuration menée de manière souvent sauvage au sortir de la guerre, les exécutions de Pierre Laval et Robert Brasillach par exemple, ont clos l'exigence de justice.

C. Les nombreux oubliés de la mémoire gaullienne

Sont rejetés également les souvenirs et paroles des principales victimes du conflit : les combattants et prisonniers de guerre et les déportés juifs. Leur image de vaincus en fait des antihéros. Si la déportation est évoquée c'est surtout pour mettre en valeur l'expérience inhumaine vécue par les résistants. La spécificité de la déportation des Juifs et du génocide est niée. Les témoins sont peu nombreux, leur présence et leurs propos dérangent. Ce déni entre en résonnance avec leur propre incapacité à faire le récit de l'expérience des camps.

Ces difficultés à entendre toutes les mémoires de la guerre s'illustrent dans le choix d'une journée nationale de commémoration de la victoire. Le 8 mai est, au gré des pouvoirs en place, férié ou non car il n'a jamais fait l'unanimité pour la France contrairement au jour du Débarquement ou de la Libération.

Transition : L'immédiate après-guerre, marquée par la figure gaullienne, est donc celle d'une amnésie collective pour permettre le retour de la concorde nationale. Ce n'est qu'après plus de deux décennies que la France accepte de confronter mémoire et histoire et d'avoir un regard plus juste sur la Seconde Guerre mondiale.

II. À partir des années 1970, la France s'ouvre à toutes les mémoires de la guerre

L'éloignement du conflit en offre une approche plus apaisée qui donne une visibilité aux différentes mémoires et au travail des historiens.

A. Un contexte plus favorable à une mémoire de la collaboration

Le contexte de la fin des années 1960 permet l'émergence des multiples mémoires de la guerre. De Gaulle, incarnation d'une Résistance glorieuse, a quitté le pouvoir en 1969 et décède en 1970. La génération de Mai 1968, parallèlement à une remise en cause de l'autoritarisme du pouvoir et des blocages de la société française, n'a pas connu la guerre. La mémoire du conflit devient moins conflictuelle et passionnelle. Les mémoires diverses occultées par le résistancialisme officiel vont pouvoir s'exprimer. Elles insistent sur l'attentisme des Français, leurs responsabilités voire leur culpabilité. Signe du retard scientifique français causé par les dénis de la conscience nationale sur la mémoire de la guerre, c'est un historien américain, Robert Paxton, qui initie les recherches sur Vichy. Dans son livre *La France de Vichy*, traduit en 1973, il dénonce la thèse d'un double jeu du régime : la collaboration officielle, mais en réalité réduite au minimum, aurait servi à protéger les Français. Il prouve la collaboration active et zélée de Vichy. Les années 1970 deviennent alors fécondes pour la recherche historique grâce aux travaux de Henry Rousso déjà cité qui démonte la mémoire gaulliste officielle. Le cinéma français a également joué un rôle important avec des films tels que *Le Chagrin et la Pitié* de M. Ophuls, qui retrace la vie d'une ville française pendant les années noires et qui sort en 1971.

Gagnez des points !

N'oubliez pas le rôle des différents acteurs de la société française : le pouvoir politique mais aussi les artistes, particulièrement les cinéastes, les historiens, les associations, entre autres.

B. L'éveil d'une mémoire juive de la déportation

La génération des enfants de déportés a beaucoup œuvré à la reconnaissance de la mémoire du génocide. *Shoah* de Claude Lanzmann, sorti en 1985, marque l'éveil d'une mémoire spécifiquement juive du conflit. C'est une réaction à la renaissance d'une extrême droite négationniste. Témoigner, qui était si difficile auparavant,

Vocabulaire

Négationnisme : théorie niant la réalité du génocide perpétré par les nazis contre les Juifs durant la Seconde Guerre mondiale.

mieux connaître et juger deviennent alors indispensables pour réfuter ces thèses. Débute alors « l'ère du témoin », selon l'expression de l'historienne Annette Wieviorka : la mémoire du déporté devient source historique. Dans le même temps, cette mémoire apparaît au grand jour avec le travail de recherches du tissu associatif juif pour la connaissance de la Shoah et la poursuite des anciens nazis (Association des Fils et Filles des Déportés Juifs de France de Serge et Beate Klarsfeld). Les procès sont l'expression judiciaire de cette nouvelle exigence morale de la société civile. La loi de 1964 rend imprescriptibles les crimes contre l'humanité et permet les arrestations et condamnations de P. Touvier, de M. Papon et de K. Barbie – chef de la Gestapo à Lyon et assassin de J. Moulin. Ils mettent en lumière la participation de Français à la Solution finale. La participation des historiens à ces procès a soulevé des questions en raison de la peur que leur travail soit instrumentalisé.

C. La reconnaissance tardive de la responsabilité de l'État français

Le début des années 1990 marque enfin un dernier tournant, le travail des historiens a permis une vision plus historiquement juste du conflit. L'État a été très en retard par rapport à la société et à l'opinion publique pour reconnaître sa responsabilité. À la suite de de Gaulle et de Pompidou, Mitterrand refuse de condamner au nom de la République française le régime de Vichy, considérant que celle-ci ne portait aucune responsabilité car elle avait été abolie par Pétain. L'État français de 1940 à 1944 serait donc une parenthèse dans l'histoire républicaine. Mitterrand est déstabilisé par ce refus et mis en cause pour son passé de fonctionnaire du régime de Vichy. Mais les avancées sont réelles à la fois avec la loi Gayssot (1990) punissant le négationnisme et la première visite d'un président à la commémoration de la rafle du Vel d'Hiv. C'est avec son successeur J. Chirac que toutes les ambiguïtés sont levées : en 1995, il reconnaît officiellement la responsabilité de l'État français dans la collaboration. S'ensuit une inflation de lois dites mémorielles contre lesquelles les historiens se sont élevés car elles participent d'une concurrence des mémoires.

Conclusion

La mémoire de la Seconde Guerre mondiale fut bien plus complexe que celle de la Première Guerre mondiale. La collaboration de la France et sa participation à la Solution finale ont retardé une reconnaissance globale des victimes du conflit. La recherche de l'unité nationale a d'abord primé et abouti à une amnésie confortable pour une majorité de Français. Le temps a permis une atténuation des enjeux de mémoire, la reconnaissance de tous et la mise en place d'un travail historique serein et impartial en ce qui concerne ce conflit. Mais les interventions de l'État dans le rapport au passé avec les lois mémorielles handicapent le travail des historiens en imposant un discours fondé non pas sur la recherche mais sur le vécu traumatisant des victimes ou de leurs descendants.

Sujet 3 L'historien et les mémoires de génocide des Juifs

8 pts 1 h 30

France métropolitaine, juin 2018

Étude critique de documents

› L'historien et les mémoires du génocide des Juifs

Montrez que les documents témoignent de l'évolution des mémoires du génocide des Juifs en France. En vous appuyant sur le document 1, vous expliquerez le lien entre cette évolution et celle de la recherche historique.

Doc.1 Interview de l'historienne Annette Wieviorka

Le 27 janvier, chefs d'État et de gouvernement commémoreront le 60e anniversaire de la découverte du camp par les troupes soviétiques [...]. Éternelle, inépuisable actualité d'Auschwitz. Notre monde demeure hanté par le souvenir de ce qui restera comme le plus grand crime de tous les temps. Et les historiens ne cessent d'interroger documents et témoins pour tenter de comprendre l'inconcevable. [...]

Le Nouvel Observateur (N.O.). [Au sortir de la guerre], quand on parle des déportés, on pense surtout aux résistants et aux politiques. [...] Pourquoi cette cécité[1] ?

A. Wieviorka. Les déportés de la Résistance qui reviennent sont infiniment plus nombreux (40000 environ, pour seulement 2500 Juifs). Certains sont des personnalités du monde politique d'avant-guerre ou font partie des élites de la République ; ils écrivent, interviennent dans la vie publique, créent des associations. [...] Les survivants juifs sont le plus souvent des petites gens, tailleurs, casquettiers, parfois très jeunes, et confrontés à une absolue détresse : leurs familles ont été décimées, leurs maigres biens pillés, leurs logements occupés. Ils n'ont guère de moyens de se faire entendre. Dans notre société moderne, la parole des victimes est sacrée, la souffrance individuelle doit s'exprimer. Ce n'était pas le cas en 1945. La parole appartenait aux représentants d'associations structurées. Et l'heure était à la célébration des héros de la Résistance. [...] Les rares travaux historiques menés jusque-là, grâce à la masse de documents rendus publics au moment de Nuremberg, ont eu peu d'écho.

1. Cécité : le fait d'être aveugle.

N.O. Vous voulez dire que les Juifs eux-mêmes avaient refoulé Auschwitz ?
A. Wieviorka. Refoulement n'est pas le mot. Le souvenir a toujours été présent dans les familles. Mais c'était une affaire privée. Dans l'après-guerre, la communauté juive elle-même ne met pas l'accent sur les temps de la persécution et de l'extermination. Les responsables communautaires s'occupent activement de la réintégration, de la restitution des biens. La mémoire n'est pas un enjeu. Cela explique le choc du procès Eichmann, qui se propage et va gagner la France. L'action de Serge Klarsfeld[2] est ici décisive, mais le temps rend aussi les choses audibles. La mémoire d'Auschwitz, portée par des acteurs juifs, pénètre dans l'espace public à la fin des années 1960. Quand Robert Paxton publie *La France de Vichy*, en 1973, les esprits ont changé : l'opinion publique est prête à l'accueillir.
N.O. Sur le silence des Juifs dans les années d'après-guerre, deux points de vue s'opposent. Les uns disent : ayant été mis à part dans les persécutions, ils refusaient d'être mis à part dans le deuil. D'autres, avec Simone Veil, soutiennent que si on n'a pas entendu la souffrance des Juifs, c'est qu'on ne voulait pas l'entendre.
A. Wieviorka. Les deux ne s'excluent pas. Dans la sphère privée, les familles endeuillées répugnent à entendre le récit des souffrances. Dans la sphère publique, les Juifs ne sont pas les « bons » déportés. Ils n'ont pas été des résistants. Mais il est vrai aussi que les Juifs de 1945 souhaitent majoritairement s'intégrer à nouveau dans la France républicaine, une France qu'ils ne mettent pas en accusation. Le silence sur la persécution est donc largement consensuel.

Interview d'Annette Wieviorka par Agathe Logeart et Claude Weill,
Le Nouvel Observateur, n° 2097, 13-19 janvier 2005.

---

2. Serge Klarsfeld, historien et avocat qui s'est consacré à la poursuite des criminels nazis.

Doc.2 **Simone Veil et Jacques Chirac à Auschwitz le 27 janvier 2005**

V. Mazuir et E. Beyeklian, « Simone Veil : son parcours en photos », publié le 30 juin 2017 sur *www.lesechos.fr*.
© AFP/Patrick Kovarik.

Les clés pour réussir

L'essentiel à connaître

Thème principal : l'analyse de documents porte sur un **aspect particulier, mais néanmoins central,** des mémoires de la Seconde Guerre mondiale : **le sort des Juifs nationaux ou étrangers réfugiés dans une France ayant collaboré avec l'Allemagne nazie.** La culpabilité nationale a longtemps occulté cette vérité au profit d'une mémoire officielle consensuelle niant la responsabilité de l'État français dans la collaboration au génocide des Juifs par l'Allemagne nazie. La **science historique a dû lutter pour déconstruire ce discours mémoriel** lénifiant et rétablir une lecture plus dérangeante mais plus fidèle à la réalité.

Notions-clés : mémoire, histoire, résistancialisme.

Analyser le sujet

La consigne

- Elle vise à vous aider à bâtir votre copie. Elle vous éclaire sur les axes de réflexion à aborder : d'une part **l'évolution des mémoires de la Seconde Guerre mondiale** en France et particulièrement celle de la participation au génocide des Juifs et d'autre part la **relation entre la recherche historique et les mémoires** traumatisantes et pesantes de cette guerre.
- Elle vous guide également en vous précisant presque comment utiliser les documents dans chacune des parties de votre analyse puisqu'il semble évident que votre deuxième axe de réflexion devra s'appuyer sur le document 1.

Les documents

Les documents sont de nature différente mais évoquent davantage les apports de la science historique que la mémoire du génocide des Juifs. Ils sont contemporains du 60e anniversaire de la libération du camp d'Auschwitz par l'armée rouge.

Document 1 : il s'agit d'une interview d'une historienne française spécialiste reconnue de la Shoah. On peut noter que si le journaliste aborde franchement la question de l'occultation de la mémoire du génocide, A. Wiewiorka est plus nuancée et ne pointe aucune responsabilité, notamment pas celle d'une mémoire officielle exclusive.

Document 2 : c'est une photographie de deux personnalités centrales de cette relation entre mémoire et histoire du génocide des Juifs : Simone Veil, ancienne déportée à Auschwitz, et Jacques Chirac, président de la République.

Organiser ses idées

Définir une problématique

Il est pertinent ici de gagner du temps en reprenant les axes de réflexion fournis par la consigne centrés autour d'une évolution de la mémoire du génocide des Juifs :

→ **Comment expliquer l'évolution des mémoires du génocide des Juifs en France depuis la fin de la Seconde Guerre mondiale ?**

Élaborer un plan

On peut gagner un temps précieux en s'inspirant du plan suivi par la plupart des enseignants et des manuels scolaires construit autour d'une rupture dans l'évolution des mémoires de la guerre autour de la fin des années 1960 et du début des années 1970.

I – Au sortir de la guerre, la mémoire du génocide des Juifs est occultée

II – À partir de la fin des années 1960, la recherche historique permet une reconnaissance de cette mémoire

Sujet 3 Corrigé

Attention

Le plan est rappelé pour vous aider, mais il ne doit en aucun cas figurer sur votre copie. À vous de guider le correcteur par l'annonce du plan dans l'introduction, les phrases d'attaque des paragraphes et des transitions.

Introduction

Enseignée à l'école, narrée sur nos écrans par le biais de films documentaires ou de fictions, la mémoire du génocide des Juifs en France apparaît comme une évidence mais cela n'a pas toujours été le cas puisqu'au sortir de la Seconde Guerre mondiale, ces aspects sombres de notre histoire sont occultés. Les deux documents à l'étude nous invitent à réfléchir aux processus et acteurs qui ont permis d'évoluer vers une lecture plus historique et moins mémorielle de la Shoah en France. Le document 1 est une interview parue en 2005 dans l'hebdomadaire *Le Nouvel Observateur* d'une historienne spécialiste de la question, Annette Wiewiorka. Elle analyse les causes de ce regard si différent entre les années d'après-guerre et aujourd'hui sur le sort des Juifs déportés. Le document 2 est une photographie également prise en 2005 lors de la 60e commémoration de la libération du camp d'Auschwitz par l'armée rouge. La présence du président de la République française Jacques Chirac est une reconnaissance de la responsabilité de la France. Comment expliquer l'évolution de ce regard en France sur le génocide des Juifs ?

Gagnez des points !

Veillez à bien présenter le ou les document(s) dans votre introduction, beaucoup de candidats le font de manière superficielle.

HISTOIRE

I – Au sortir de la Seconde Guerre mondiale, le génocide des Juifs est occulté

L'interview de l'historienne A. Wiewiorka revient sur l'oubli dont ont été victimes les Juifs déportés par l'Allemagne nazie avec l'aide de l'État français dirigé par le Maréchal Pétain.

Le journaliste déplore que « quand on parle des déportés, on pense surtout aux résistants et aux politiques ». En effet, de Gaulle impose une mémoire officielle de la guerre qui valorise la Résistance. Un historien français, Henri Rousso, a forgé un concept pour désigner cette instrumentalisation de la mémoire de la guerre par les gaullistes, c'est le mythe résistancialiste. Dans le même temps, on occulte les déportés, particulièrement ceux qui n'ont pas résisté : ils symbolisent la défaite, la domination par l'Allemagne nazie, ils « ne sont pas les "bons" déportés » comme l'affirme A. Wiewiorka. De plus, ceux-ci sont tous envisagés de manière globale, la spécificité de la déportation des Juifs est niée comme on le voit bien dans le film d'Alain Resnais, *Nuit et Brouillard* sorti en 1956 qui n'évoque à aucun moment le génocide des Juifs.

Par ailleurs, la recherche historique n'est pas plus apte à reconnaître les mémoires de ce génocide, elle se fond complètement dans le discours gaullien d'une France unanimement résistante et victorieuse. On peut citer l'ouvrage de Robert Aron, *Histoire de Vichy*, qui développe la thèse d'une France qui s'est protégée de l'Allemagne nazie par un glaive, Charles de Gaulle, et un bouclier, le Maréchal Pétain. Cette thèse évite à la société française de s'interroger sur son rôle pendant ces années sombres. Enfin, les déportés de retour, comme Simone Veil présente sur la photographie du document 2, taisent leur expérience concentrationnaire qui est indicible. Par ailleurs, ce que ne dit pas A. Wiewiorka, leurs propos et leur retour dérangent une France majoritairement attentiste face à la collaboration et qui a pu profiter matériellement de leur déportation, ils pourraient réclamer leurs biens spoliés.

Transition : Les anciens déportés juifs voient donc la mémoire de leur expérience concentrationnaire tue par la société française jusqu'à la fin des années 1960, date à laquelle un contexte plus favorable permet de faire coïncider mémoires de la guerre et vérité historique.

II – Le contexte favorable des années 1970 permet à la mémoire du génocide des Juifs d'exister

A. Wiewiorka identifie deux acteurs importants de cette rupture : « Serge Klarsfeld » et « Robert Paxton [qui] publie *La France de Vichy*, en 1973 ».

> **Gagnez des points !**
> Citez des historiens que vous avez vus en cours pour bien répondre à la consigne.

Cette fin des années 1960 est en effet propice à la recherche historique. D'abord, la mort du général de Gaulle fait disparaître le mythe résistancialiste en même temps que son principal artisan. Robert Paxton va ouvrir la recherche historique sur la France durant la Seconde Guerre mondiale avec *La France de Vichy* dans lequel il démonte la thèse du glaive et du bouclier et le discours gaullien. Le fait qu'il soit américain n'est pas anodin ; cela témoigne de la cécité des historiens français jusqu'alors et du fait qu'il n'est pas emprisonné dans des enjeux mémoriels qui l'empêchent de faire face à la vérité historique aussi culpabilisante soit-elle. D'autres historiens à sa suite travaillent sur la reconnaissance des mémoires plurielles de la guerre. Henri Rousso publie *Un passé qui ne passe pas* et *Le syndrome de Vichy* où la mémoire de la guerre est présentée comme une maladie qui empoisonne l'opinion publique.

D'autres acteurs ont eu un rôle important. Les cinéastes ont brisé des tabous : Marcel Ophuls avec *Le Chagrin et la Pitié* montre toutes les attitudes des Français durant la guerre, de la collaboration à la Résistance en passant par l'attentisme. Les associations juives sont également très

actives, A. Wiewiorka cite Serge Klarsfeld à la tête de l'association des fils et filles des déportés juifs de France qui a poursuivi inlassablement les criminels tels que Klaus Barbie, chef de la gestapo lyonnaise et Maurice Papon, sous-préfet de la Gironde ayant collaboré activement. Les deux ont affronté un procès pour crime contre l'humanité.
Ces progrès exercent une pression forte sur l'État, refusant jusqu'ici de reconnaître sa responsabilité. Jacques Chirac est le premier président de la République en 1995 à le faire publiquement. Sa présence à Auschwitz dix ans plus tard atteste encore de cette reconnaissance de l'action de l'État français dans la déportation et le génocide des Juifs.

Conclusion

Au sortir de la Seconde Guerre mondiale, une amnésie confortable pour tous a empêché la reconnaissance de toutes les mémoires de la guerre. Le temps a fait son œuvre et la mémoire du génocide des Juifs, à la fois la spécificité de leur déportation et le rôle de l'État français dans celle-ci, a pu s'exprimer totalement.

Sujet 4 — Lecture historique des mémoires de la guerre d'Algérie

12 pts — 2 h 30

Amérique du Sud, novembre 2018

Composition

› **Lecture historique des mémoires de la guerre d'Algérie**

Les clés pour réussir

L'essentiel à connaître

Notions-clés : mémoires, mémoire officielle, histoire, commémoration, Harkis, pieds-noirs.

Personnages et historiens à citer : Jacques Chirac, Henri Alleg, Pierre Vidal-Naquet, Benjamin Stora, Raphaëlle Branche.

Organisations à citer : FLN, OAS, FNACA.

Dates-clés : **1962** : indépendance de l'Algérie ; **1962-1982** : lois d'amnistie ; **1992** : ouverture des archives militaires de la guerre ; **1999** : la France reconnaît officiellement le caractère de « guerre » du conflit ; **2003** : le président Chirac décide de choisir une date de commémoration, inauguration du mémorial national aux morts militaires de la guerre le 5 décembre.

Analyser le sujet

- La formulation du sujet met en relation l'historien et les mémoires (au pluriel), c'est-à-dire les multiples mémoires concurrentielles et antagonistes issues des événements de la guerre d'Algérie. Il s'agit donc d'étudier **comment se sont constituées et ont évolué ces mémoires**, et **comment les historiens, par un travail de distanciation critique, en ont fait un objet d'histoire.**
- Il faut entendre la mémoire comme le souvenir, nécessairement partiel et sélectif, qu'un individu ou une communauté a d'un événement. Les mémoires renvoient donc aux souvenirs d'individus ou de groupes « porteurs de mémoire ». Ici, il s'agit des souvenirs des différents acteurs français et algériens de la guerre. **Leur mémoire de la guerre est nécessairement différente, c'est pourquoi il existe non pas une mais des mémoires, antagonistes.**
- Le travail des historiens est d'interroger ces mémoires, de les mettre à distance et en perspective. Ce travail a été lent, on parle de **processus d'historicisation des mémoires.**

• Il ne s'agit pas d'étudier la guerre d'Algérie, guerre de décolonisation sanglante qui a des répercussions lourdes dans l'histoire politique de la France, mais la mémoire de cette guerre. Celle-ci représente un moment de **division profonde de la société qui rompt l'idée sacrée d'unité de la nation** et provoque sur le long terme des tensions autour des enjeux de mémoires.

Organiser ses idées

Définir une problématique

• La problématique est ici double. Elle doit **poser la question de la mise en place des mémoires de part et d'autre de la Méditerranée** selon des chronologies et des enjeux différents. Mais elle doit aussi **interroger le rôle des historiens face à ces mémoires.**

• Comment **construire un discours historique, et donc neutre**, sur la guerre mais aussi sur les différentes mémoires des acteurs ? Comment faire face à cette « demande sociale d'histoire » de plus en plus pressante de la part de l'opinion publique et des acteurs de la guerre ?

→ **En quoi la guerre d'Algérie est-elle un enjeu de mémoires en France et en Algérie ? Comment le travail de l'historien peut-il en faire un objet d'histoire ?**

Élaborer un plan

La **difficulté du plan** est d'arriver à **concilier la chronologie** de la mise en place des différentes mémoires, en distinguant **les deux États concernés**, tout en analysant le **travail des historiens** face à la constitution de ces mémoires. Le plan chronologique ne s'impose pas. Vous pouvez faire apparaître l'évolution de la construction des mémoires dans le temps tout en faisant un plan thématique.

I – La constitution de mémoires plurielles et antagonistes de part et d'autre de la Méditerranée

II – La constitution de la mémoire des États avec des motivations différentes en France et en Algérie

III – Les historiens face aux différentes mémoires de la guerre d'Algérie

Sujet 4 Corrigé

Lecture historique des mémoires de la guerre d'Algérie

! Attention

Le plan est rappelé pour vous aider, mais il ne doit en aucun cas figurer sur votre copie. À vous de guider le correcteur par l'annonce du plan dans l'introduction, les phrases d'attaque des paragraphes et des transitions.

HISTOIRE

Introduction

Analyse du sujet : La guerre d'Algérie (1954-1962) reste un sujet brûlant, objet de nombreuses polémiques dans l'actualité française et algérienne, particulièrement quand resurgissent les différentes mémoires de ces événements. Au lendemain de l'armistice, en 1962, la construction de la mémoire officielle se met en place en Algérie alors qu'en France, « la mémoire est ensevelie », selon l'historien Benjamin Stora. Des deux côtés de la Méditerranée se mettent en place des mémoires, concurrentes et parfois antagonistes, qui sont devenues un objet d'étude pour les historiens qui travaillent sur leur apparition et leur évolution dans un rapport distancié. Si les mémoires peuvent être définies comme un rapport subjectif au passé, un souvenir partiel et sélectif qu'un individu ou une communauté a d'un événement, l'historien vise à construire un récit cohérent, objectif et nécessairement distancié de ces mémoires.

Problématique : En quoi la guerre d'Algérie est-elle un enjeu de mémoires en France et en Algérie ? Comment le travail de l'historien peut-il en faire un objet d'histoire ?

Annonce du plan : Nous présenterons dans une première partie les différentes mémoires de groupe qui émergent dès 1962 en France et en Algérie. Nous verrons ensuite que si l'État algérien instrumentalise l'histoire pour construire une mémoire, la France enfouit au contraire la mémoire de ce qui est encore considéré comme une « opération de maintien de l'ordre ». Enfin, nous nous intéresserons au travail des historiens face à la multiplicité de ces mémoires, qui a abouti à une relecture des événements dans les deux pays.

I – La guerre d'Algérie a fait naître des mémoires plurielles et antagonistes

Dans chaque pays sont nées des mémoires éclatées et antagonistes.

A. Des mémoires combattantes éclatées

On peut évoquer en premier lieu la mémoire des combattants, celle des appelés et rappelés du contingent français, condamnés depuis 1956 « à avoir 20 ans dans les Aurès », et celle qui s'est le plus exprimée dans l'espace public au lendemain du conflit. Benjamin Stora recense 2 500 livres de ces vaincus entre 1962 et 1982. C'est une mémoire des violences commises et non assumées dans une guerre subie. Ceux qui s'organisent au sein de la FNACA (Fédération Nationale des Anciens Combattants, créée en 1958), revendiquent la reconnaissance de cette guerre en tant que telle. C'est une mémoire de vaincus. Parmi les combattants, il faut aussi évoquer la mémoire des membres de l'OAS (Organisation de l'Armée Secrète, créée en 1961), les « ultras ». Pour ces derniers, la mémoire entretenue est celle de la défaite et d'une trahison des politiques qui ont abandonné l'Algérie française. Enfin, côté algérien, la mémoire des combattants est celle du

FLN, mouvement politique indépendantiste, devenu parti unique de l'Algérie indépendante. C'est la mémoire d'un gouvernement autoritaire qui tire sa légitimité du combat mené pour l'indépendance. Ainsi, le FLN entretient la mémoire de la victoire, de la fin de l'oppression, une mémoire victorieuse.

Vocabulaire

Front de Libération National (FLN) : parti né en 1954 pour obtenir l'indépendance. En 1962, il prend le pouvoir et devient le parti unique de l'Algérie indépendante, non sans luttes internes.

B. La mémoire du pays perdu

La fin de la guerre d'Algérie fait aussi naître pour certains la mémoire du pays perdu. Les pieds-noirs, ces 800 000 rapatriés qui ont vécu l'arrachement et l'exil en métropole, véhiculent aussi la mémoire des massacres d'Oran après l'indépendance. Enfin les Harkis, musulmans qui ont servi de supplétifs dans l'armée française en Algérie, ont vécu une véritable tragédie. Leur mémoire est complexe : abandonnés par l'armée française, condamnés dans leur pays d'origine, ils ont aussi été victimes de massacres au moment de l'indépendance. Ceux qui se sont installés en France sont souvent relégués socialement.

C. Refuser l'oubli

Dès les années 1970, ces différents groupes mémoriels refusent l'oubli qui s'organise en France. Les soldats veulent obtenir le statut d'ancien combattant, tandis que les Harkis se révoltent en 1975 pour dénoncer leurs conditions de vie déplorables dans les camps, combat repris 20 ans plus tard par leurs enfants. Dès les années 1970, les pieds-noirs réclament une indemnisation à l'État qui les dédommage à hauteur de 25 milliards de francs au total. Cette bataille de l'indemnisation est largement passée par la pression politique dont le groupe de pression RECOURS (Rassemblement et coordination unitaire des rapatriés et spoliés, créé en 1977) est un acteur majeur. Par ailleurs, les pieds-noirs ressentent douloureusement l'absence de lieu de mémoire qui leur serait propre, d'autant plus que les cimetières de leurs ancêtres sont sur le sol algérien. Ils ont le sentiment d'être placés à côté de l'histoire.

Transition : La guerre d'Algérie suscite ainsi des mémoires plurielles en France comme en Algérie, souvent antagonistes, voire conflictuelles. Cette concurrence mémorielle a retardé l'émergence d'une mémoire consensuelle du conflit, d'autant plus que dans chaque État se construit une mémoire officielle.

II – Les mémoires officielles se construisent différemment de part et d'autre de la Méditerranée

La mémoire officielle de la guerre d'Algérie revêt des implications politiques néfastes au travail historique.

Vocabulaire

Mémoire officielle : manière dont les pouvoirs politiques mettent en scène le passé dans le but de servir des intérêts du temps présent.

A. En Algérie, une mémoire d'État sélective qui instrumentalise l'histoire...

En Algérie, dès l'armistice, une mythologie nationale, une mémoire d'État est construite. On peut parler d'instrumentalisation de l'histoire. Le FLN choisit comme emblèmes d'État ceux de la lutte pour l'indépendance. Le drapeau du FLN devient celui de la République démocratique populaire d'Algérie dès 1962. Le chant du maquis est adopté en 1963 comme hymne national, et les fêtes nationales correspondent à des dates clés du conflit : le 1er novembre est la fête de la révolution, le 5 juillet la fête de l'indépendance. Enfin, le président algérien prête serment sur le sang des martyrs. Pour unifier la mémoire, l'État s'empare aussi de l'écriture de l'histoire officielle en créant le mythe des 1,5 million de martyrs (contre 300 000 morts pour les historiens), et celui d'un peuple entièrement soulevé. Mais les héros politiquement évincés durant et après le conflit, tel que Mohammed Boudiaf, sont exclus de ce panthéon officiel malgré leur rôle historique. Les épisodes troubles ou scandaleux du conflit sont minorés ou oubliés. Ainsi, les luttes fratricides qui ont fait plus de 10 000 morts sont passées sous silence.

B. ... mais remise en cause à partir des années 1980

C'est dans les années 1980 que ce récit national est remis en cause. L'unanimisme de la mémoire commence à s'atténuer : des opposants sont libérés ou autorisés à rentrer d'exil. Dans ce contexte éclate en 1980 le « Printemps berbère », considéré comme le premier mouvement populaire d'opposition aux autorités depuis 1962. Un débat se développe sur la guerre d'indépendance, d'autant plus que 60 % des Algériens ont alors moins de 20 ans, n'ont pas vécu la guerre et sont donc moins sensibles au discours du FLN qui fait référence à la « révolution ». Mais c'est seulement depuis 1992 que l'Algérie commence à faire face à son passé. Les Algériens s'interrogent sur les souvenirs enfouis des violences de guerre. En 1999, quand la paix est revenue (après 10 années de guerre civile entre les islamistes et l'armée), le président Bouteflika élargit l'effort de réhabilitation à l'ensemble des acteurs de la guerre, et fait réapparaître dans les discours officiels des nationalistes historiques. Il leur offre un hommage posthume. Par exemple, l'aéroport de Tlemcen reçoit le nom de Messali Hadj. Enfin, la libéralisation relative de l'édition et de la presse permet la diffusion de témoignages enfouis et de travaux d'historiens étrangers.

> **L'astuce du prof**
> Montrez que cette mémoire officielle et imposée n'est pas figée, et qu'elle évolue avec la société. Plus on s'éloigne de la guerre dans le temps, moins les acteurs de la société ont vécu les événements et plus ils acceptent la remise en cause du roman national.

C. En France, un oubli organisé

En France, entre 1954 et 1962, la « guerre sans nom » prépare le terrain à l'oubli officiel une fois l'indépendance accordée. La guerre est niée jusqu'aux années 1970. Les autorités mènent une politique de l'oubli afin de restaurer l'unité nationale mise à mal entre les Français de métropole et ceux d'Algérie. Les victimes de la guerre ne sont pas commémorées par le gouvernement à un moment où l'on assiste pourtant à un développement exponentiel de commémorations des deux guerres mondiales. Cet oubli est alors organisé par une série de lois d'amnistie entre 1962 et 1982, concernant aussi les actes de torture. Les généraux ayant participé à la tentative de coup d'État de 1961 sont amnistiés en 1968. Le but est d'effacer les traumatismes de la mémoire nationale. Par conséquent, la seule mémoire qui se fait entendre est celle de l'Algérie française.

Transition : La guerre d'Algérie faisant l'objet d'une construction mémorielle différente des deux côtés de la Méditerranée, elle représente un enjeu difficile à historiciser.

III – Les historiens face aux mémoires de la guerre d'Algérie

Le travail historique devient plus facile à partir des années 1990.

A. Les premiers pas de la recherche historique en France

Face à ces mémoires de groupes multiples, passionnées, partiales et sélectives, face aux mémoires officielles, les historiens ont un rôle complexe. Ils doivent écrire une histoire objective, distanciée et dépassionnée mais connaissent des difficultés pour accéder aux archives. Pourtant, les historiens sont de plus en plus sollicités. La « demande sociale d'histoire » est de plus en plus pressante de la part de l'opinion publique mais aussi des victimes ou de leurs descendants qui demandent une reconnaissance officielle. Malgré quelques livres sur la torture, comme *La question* d'Henri Alleg (1958) ou *La raison d'État de* Pierre Vidal-Naquet en 1962, jusqu'aux années 1990, l'histoire coloniale de la France reste peu travaillée car très polémique. La question de la mémoire de la guerre d'Algérie a été « invisible ». Le début du travail historique a lieu plus tardivement que dans les pays étrangers.

L'astuce du prof
Pour valoriser votre copie, faites référence à des historiens.

B. Une guerre reconnue de plus en plus présente dans la société

Avec l'ouverture des archives militaires en 1992, le contexte devient plus favorable au travail historique : Raphaëlle Branche rédige une thèse sur « la torture en Algérie » en 2001, et Sylvie Thénaud publie *Une drôle de justice, les magistrats dans la guerre d'Algérie*, démontrant que l'armée française a pratiqué la torture. À partir de là, la guerre devient très présente dans la société. Après la période de refoulement, la mémoire revient si fort qu'on peut parler d'hypermnésie et « d'accélération de la mémoire », toujours selon Benjamin Stora. Les publications comme les films de fiction ou les documentaires se multiplient. En 2001, le maire de Paris fait poser une plaque pour commémorer le 17 octobre 1961. En 2003, Jacques Chirac décide du 5 décembre, date neutre, pour la commémoration de la guerre et l'inauguration d'un mémorial national dédié aux morts militaires de la guerre. Pourtant, sous la pression des pieds-noirs, l'Assemblée nationale vote en 2005 une loi très controversée sur le rôle positif de la colonisation à enseigner à l'école. Après une mobilisation sans précédent des historiens, la loi est supprimée en 2005 par Jacques Chirac. En Algérie, le travail des historiens est également complexe. L'État rejette les responsabilités de la guerre sur la France et censure les archives et les historiens.

Conclusion

Bilan : Les historiens, par leur travail distancié et objectif, tentent de concilier les mémoires si ce n'est de les réconcilier. Les mémoires de la guerre d'Algérie sont éclatées et antagonistes. En France, la négation de l'existence d'une guerre de libération n'a toutefois pas empêché les groupes mémoriels de s'exprimer tandis qu'en Algérie, la mémoire officielle et glorieuse s'est imposée au détriment de toutes les autres.

Ouverture : Face à cette multitude de mémoires et à l'instrumentalisation de l'histoire, l'historien doit construire un discours objectif et distancié, rendu difficile par la limitation de l'accès aux sources notamment en Algérie encore à l'heure actuelle. Ces mémoires sont aussi un enjeu des relations diplomatiques entre les deux États.

Sujet 5 — L'historien et les mémoires de la guerre d'Algérie : la question des harkis

8 pts — 1 h 30

France métropolitaine, juin 2018

Étude critique de documents

› L'historien et les mémoires de la guerre d'Algérie

En confrontant les documents, montrez l'évolution des mémoires de la guerre d'Algérie, les débats à ce sujet et le travail de l'historien. Soulignez notamment comment le document 2 nuance le document 1.

HISTOIRE

Doc.1 L'histoire des harkis, une histoire en construction

L'histoire des harkis embarrasse politiquement autant la gauche que la droite. Les gaullistes peuvent difficilement intervenir dans le débat sachant la responsabilité du général de Gaulle. Et la gauche ne pouvait pas entendre cette histoire pendant longtemps : elle avait soutenu le FLN, comme une nécessité à l'évolution du Tiers-Monde […]. Mais on peut être optimiste aujourd'hui, cinquante ans après. Les choses changent ici et en Algérie. Ici parce que les archives s'ouvrent et qu'il y a une génération de nouveaux chercheurs qui continue. Petit à petit, on va savoir plus de choses. En Algérie, j'ai un peu plus de doutes tant que le FLN sera au pouvoir. Mais je crois honnêtement […] que, cinquante ans après, il est enfin possible d'analyser les faits avec plus de raison que de passion.

Il est enfin possible de passer de la mémoire blessée à une histoire apaisée, d'imaginer une sorte d'amnistie générale – mais une amnistie sans amnésie – et donc de dépasser ces silences, d'aller au-delà de tout ce que l'on nous a caché ou déformé sur la guerre d'Algérie en général et les harkis en particulier. En conclusion de mon livre, je reprenais la phrase de Nietzsche : « les vérités que l'on tait deviennent vénéneuses ». Il est temps d'arrêter d'empoisonner l'avenir des relations franco-algériennes, de rester vigilants, certes, face aux réécritures, mais de rester optimistes. La vérité est en marche et comme disait Zola, « quand la vérité est en marche, rien ne l'arrête ».

M. Hamoumou, « Silence et refoulements de l'histoire des harkis », *Actes du colloque du 29 et 30 novembre 2013 : Les harkis, des mémoires à l'histoire*, Riveneuve édition, 2014.

Doc.2 En 2016, une réaction à la commémoration du 19 mars 1962

Source : http://www.harkisdordogne.com/2016/05/dimanche-29-mai-2016-non-au-square-du-19-mars-1962-aupassage-d-agen-47-0.html. Droits réservés.

Les clés pour réussir

L'essentiel à connaître

Thème principal : cette étude s'inscrit dans le chapitre spécifique consacré à l'historien et les mémoires de la guerre d'Algérie. Ce chapitre concerne **une période de conflits qui a profondément divisé la société française** (divisions équivalentes à celles nées de la Seconde Guerre mondiale) et qui reste encore très sensible aujourd'hui. Les mémoires de cette guerre sont encore sujettes à polémiques plus de 50 ans après la fin de ce conflit et le travail des historiens est difficile.

Notions-clés : mémoire, harkis, pieds-noirs

Analyser le sujet

La consigne

La consigne est plus large que le sujet puisqu'elle porte sur l'évolution des mémoires de la guerre d'Algérie et les débats qui l'accompagnent et pas seulement sur la question des harkis. C'est pourquoi vous devez « déborder » des informations contenues dans les documents pour évoquer également les mémoires des autres acteurs de ce conflit (pieds-noirs ou soldats).

Les documents

Les deux documents sont récents et attestent du poids encore lourd des mémoires de la guerre d'Algérie en France 60 ans après la fin des événements.

Document 1 : c'est un extrait des actes d'un colloque tenu en 2013 et traitant de l'histoire des harkis. Son auteur insiste sur le fait qu'un contexte plus favorable à la recherche historique émerge. Il écrit qu'il est enfin possible de passer à une histoire apaisée et de mettre ainsi fin aux tensions liées aux harkis.

Document 2 : il nuance fortement le 1er. C'est une photographie – récente (novembre 2017) – d'une manifestation contestant la commémoration de la date du 19 mars 1962 qui marque officiellement la fin des hostilités en Algérie. Après cette date, les morts se sont cependant comptés par milliers, notamment les harkis, et c'est pourquoi la pancarte sur la photo indique « non à la paix qui a tué ».

Organiser ses idées

Définir une problématique

La problématique est clairement suscitée par la consigne mais il faudra l'articuler autour de la question des harkis. Cette problématique doit être précise, claire et pourra être formulée ainsi :

→ **Dans quelles mesures les évolutions des mémoires de la guerre d'Algérie, notamment celles concernant les harkis, tendent vers davantage d'apaisement ?**

Élaborer un plan

Le plan que vous devez suivre doit être guidé par les documents. À partir de leur analyse, il est possible d'élaborer le plan suivant :

I – Des mémoires multiples et polémiques

II – Une période apaisée qui cache des ressentiments profonds

HISTOIRE

Sujet 5 Corrigé

Attention

Le plan est rappelé pour vous aider, mais il ne doit en aucun cas figurer sur votre copie. À vous de guider le correcteur par l'annonce du plan dans l'introduction, les phrases d'attaque des paragraphes et des transitions.

Introduction

Plus de 50 ans après la fin de la guerre d'Algérie, les mémoires de ce conflit restent encore relativement conflictuelles notamment celles concernant les harkis. Le 1er document – un extrait d'une intervention dans un colloque en 2013 – porte sur la question de ces supplétifs algériens et insiste sur le fait qu'il est aujourd'hui possible d'écrire une histoire « dépassionnée » de ces soldats qui ont servi aux côtés de la France. Le second document est une photographie d'une manifestation contestant la commémoration du 19 mars 1962, date du cessez-le-feu en Algérie mais qui a été suivie de nombreux morts notamment harkis.

Ainsi ces deux documents permettent d'étudier les évolutions – vers davantage d'apaisement – des mémoires de la guerre d'Algérie notamment celle des harkis.

Vocabulaire

Harkis : Algériens qui ont secondé l'armée française.

I – Des mémoires multiples et polémiques

Lorsque la guerre d'Algérie se termine en 1962, les Français veulent oublier cette « sale guerre » qui a été une guerre sans nom puisque le gouvernement évoquait les « événements » d'Algérie et non la guerre d'Algérie. Le document 2 montre – en partie – la multiplicité des acteurs (et donc des mémoires) de ce conflit. Sur la pancarte que porte le manifestant, il est écrit « soldats, harkis, pieds-noirs ». Les soldats peuvent être divisés en 2 camps avec des mémoires plus ou moins antagonistes : les militaires de carrière et les soldats du contingent. Quant aux pieds-noirs – les Français installés en Algérie –, ils ressentent la douleur de l'exil et le sentiment d'avoir été abandonnés par la France tout comme les harkis (troupes algériennes engagées aux côtés de la France et massacrées par milliers après 1962). Les mémoires (les souvenirs forcément déformés qu'ils soient individuels ou collectifs d'un événement) de ces différents acteurs sont en grande partie ignorées. Dès 1962, le gouvernement français adopte des lois d'amnistie pour tous les combattants puis en 1968 ce sont les membres de l'OAS (Organisation de l'Armée Secrète) qui sont amnistiés. Au sein de ce conflit, les harkis occupent une place particulière. Ces supplétifs « indigènes » engagés aux côtés de l'armée française posent problème. L'auteur du document 1 écrit que « l'histoire des harkis embarrasse politiquement » et que leur mémoire est très polémique. Ces soldats qui combattaient avec l'armée française sont considérés comme des traîtres par le gouvernement algérien et sont globalement ignorés par les autorités françaises ; leur mémoire est donc gênante puisqu'elle rappelle les trahisons du gouvernement français. Ils se sentent trahis et abandonnés par le pays qu'ils avaient servi. Ils tentent de faire valoir leurs droits et dénoncent les conditions de

Gagnez des points !

Évoquez tous les acteurs de ces mémoires conflictuelles des deux pays et des deux camps pour montrer l'ensemble de vos connaissances et brosser le contexte.

leur accueil en France, dans des camps d'hébergement (Larzac, Rivesaltes...). Durant de longues années, leur histoire est « invisible » et leur mémoire ignorée.
Mais progressivement et grâce à l'ouverture récente des archives et au travail des historiens, leur histoire est mieux – en partie – connue et leur mémoire moins passionnée.

II – Une période apaisée qui cache des ressentiments profonds

Le document 1 insiste sur le fait « qu'il est enfin possible d'analyser les faits avec plus de raison que de passion » et l'auteur ajoute qu'il « est enfin possible de passer de la mémoire blessée à une histoire apaisée ». Les archives s'ouvrent progressivement surtout en France, très peu en Algérie et de nouveaux chercheurs en histoire permettent de mieux connaître les événements qui se sont déroulés en Algérie notamment en ce qui concerne les harkis. Ce travail pourra également permettre « d'arrêter d'empoisonner l'avenir des relations franco-algériennes ». Ces relations sont plus ou moins bonnes depuis 1962 même si des avancées ont eu lieu notamment de la part de la France qui a reconnu les atrocités commises durant la guerre (J. Chirac en 2003) ou l'injustice et la brutalité du colonialisme en Algérie et les « souffrances » du peuple algérien (F. Hollande en 2012). Cette histoire « en voie » d'apaisement masque tout de même de profondes divisions. En 2016, une manifestation à Agen organisée par un collectif de harkis (« Non au 19 mars 1962 ») mais qui parle également au nom des soldats et des pieds-noirs condamne la décision de nommer un square de la ville en l'honneur de cette date. Ce collectif estime que le 19 mars 1962 (cessez-le-feu officiel en Algérie) n'a en rien arrêté les morts et que de nombreux massacres notamment de harkis ont eu lieu après la « fin officielle » de la guerre, le nombre de victimes oscillant selon les dernières recherches entre 60 et 70 000.

Conclusion

Plus de 50 ans après la fin de la guerre d'Algérie, l'histoire de ce conflit reste polémique et les concurrences entre les mémoires sont encore vives. Mais le travail des historiens notamment en France permet progressivement d'apaiser les tensions.

Sujet 6

12 pts 2 h 30

Socialisme, communisme et syndicalisme en Allemagne de 1875 à 1933

Inde, avril 2013

Composition

› **Socialisme, communisme et syndicalisme en Allemagne de 1875 à 1933**

Les clés pour réussir

L'essentiel à connaître

Thème principal : la diversité voire les contradictions entre les mouvements politiques et syndicaux issus du socialisme et leur rôle dans la construction de la démocratie dans la nouvelle Allemagne au tournant des XIXe et XXe siècles.

Notions-clés : communisme, socialisme, révisionnisme, démocratie globale.

Dates-clés : **1875** : fondation d'un Parti socialiste unifié à l'échelle de la nouvelle Allemagne impériale ; **1890** : ce parti devient le SPD ; **novembre 1918** : révolution en Allemagne et division entre social-démocrates et communistes, dont la tentative révolutionnaire est écrasée l'année suivante ; **1933** : prise du pouvoir par les nazis.

Acteurs-clés : les **partis** (SPD, KPD ; attention, le NSDAP nazi n'est pas considéré comme parti socialiste) et leurs différents **leaders**, révisionnistes (Eduard Bernstein par exemple) ou révolutionnaires (Karl Liebknecht ou Rosa Luxemburg, le mouvement Spartakus) ainsi qu'Hitler.

Analyser le sujet

- Le thème reprend l'intitulé du programme dans l'étude des **relations entre partis politiques, mouvements syndicaux et leur rôle dans la mise en place d'une démocratie**. Le choix de l'Allemagne se fonde sur l'importance des penseurs, débats et organisations allemands dans le **développement de l'idéologie socialiste**.
- Mais **le sujet ne porte que sur le début de la période au programme**, c'est-à-dire le moment où l'Allemagne vient de se créer comme État unifié (1871) sous direction d'un empereur, puis où elle devient une République sur le modèle démocratique (1918).
- Il faut insister sur l'**affrontement entre les deux courants majoritaires** du socialisme allemand, avec **un courant réformateur** porté par le SPD d'un côté, et **un courant révolutionnaire** porté par le KPD de l'autre.

Organiser ses idées

Définir une problématique

Compte tenu de la périodisation proposée, le sujet consiste à réfléchir **au rôle** qu'ont pu jouer les **différents courants socialistes** et/ou syndicaux **dans la démocratisation de l'Allemagne**, interrompue par l'arrivée du nazisme en 1933.

→ Quelle est la responsabilité des mouvements politiques et syndicaux, issus du socialisme, dans la construction de la démocratie en Allemagne entre 1875 et 1933 ?

Élaborer un plan

Un **plan chronologique** est le plus pertinent ici d'autant que les deux périodes qui se dégagent se distinguent aussi d'un point de vue thématique entre époque impériale et démocratique.

I – Le mouvement ouvrier se structure dans le cadre de la nouvelle Allemagne impériale (1875-1918)

II – Le SPD construit la nouvelle Allemagne républicaine et démocratique (1891-1933)

III – Des divisions fatales à la démocratie et au socialisme (1918-1933)

HISTOIRE

Sujet 6 Corrigé

› Socialisme, communisme et syndicalisme en Allemagne de 1875 à 1933

! Attention

Le plan est rappelé pour vous aider mais il ne doit en aucun cas figurer sur votre copie. À vous de guider le correcteur par l'annonce du plan dans l'introduction, les phrases d'attaque des paragraphes et des transitions.

Introduction

Définition du sujet : À partir des Lumières et de la Révolution française, plusieurs courants de pensée politique ont émergé, jouant un rôle dans la mise en place d'une démocratie fondée sur les principes de liberté et d'égalité. Dans le contexte de la révolution industrielle du XIXe siècle, le socialisme s'est concentré sur la lutte contre les nouvelles inégalités sociales. À l'exemple de penseurs comme Karl Marx ou Ferdinand Lassalle, l'Allemagne du XIXe siècle a été l'un des grands foyers de la pensée socialiste. Un puissant Parti socialiste unifié voit ainsi le jour en 1875 dans le tout jeune empire allemand.

Problématique : Quelle est la responsabilité des mouvements politiques et syndicaux, issus du socialisme, dans la construction de la démocratie en Allemagne entre 1875 et 1933 ?

Annonce du plan : Le mouvement ouvrier doit se restructurer dans un empire allemand qui a fait son unité en 1871. Les mouvements socialistes jouent un rôle fondamental dans la démocratisation de l'Allemagne à partir de 1918. Mais ils se divisent profondément au point de ne pas pouvoir empêcher la montée du nazisme au début des années 1930.

I – Le mouvement ouvrier se structure dans le cadre de la nouvelle Allemagne impériale (1875-1918)

Malgré l'opposition du régime impérial et de Bismarck, socialisme et syndicalisme s'enracinent dans l'Allemagne de la fin du XIXe siècle.

A. L'unification politique des socialistes

L'unification des États allemands en 1871 en un empire amène une réorganisation complète des structures politiques, sociales et économiques allemandes y compris au sein du mouvement ouvrier. Dans le sillage des différents penseurs socialistes, des organisations politiques se sont créées dans les différents États allemands. Ces organisations sont essentiellement divisées entre le courant marxiste adhérant à la Ire Internationale, qui espère une révolution prolétarienne mondiale menant vers une démocratie égalitaire, et les courants lassalliens, qui cherchent plutôt à pousser les ouvriers à s'associer entre eux pour se défendre et prendre le contrôle de la production à l'échelle locale. Pourtant, ces différents courants et organisations parviennent à effectuer leur fusion lors du congrès de Gotha en 1875 et fondent un parti socialiste des Travailleurs (SAP) – qui change de nom et devient le SPD en 1891. La social-démocratie est née et veut, par la démocratisation de l'Allemagne, résoudre les inégalités sociales.

Vocabulaire

SPD : *Sozialdemokratische Partei Deutschlands,* Parti social-démocrate d'Allemagne.

B. Un syndicalisme résolument réformateur

Parallèlement, les syndicats, si eux aussi se structurent à l'échelle de toute l'Allemagne nouvelle, restent divisés entre une fédération de « syndicats libres » en fait très liés au SPD (son principal dirigeant, Karl Legien, est aussi dirigeant du SPD) mais tenant fermement à leur autonomie, et une mouvance catholique qui cherche à contrer l'influence des socialistes sur le monde ouvrier. Dans les deux cas, les syndicats jouent surtout un rôle d'entraide, de solidarité et mettent en place des structures de formation et d'éducation afin d'aider les ouvriers à s'organiser, à prendre en charge eux-mêmes leur destin et éventuellement leur permettre des évolutions par de meilleures qualifications. Même si l'arme de la grève est parfois utilisée, essentiellement localement, le syndicalisme cherche surtout à améliorer la condition ouvrière par la négociation. Le mouvement syndical s'enracine, passant de 200 000 adhérents au début des années 1890 à plus de deux millions à l'aube de la Première Guerre mondiale.

C. Les socialistes et l'État

Le discours du SAP est dominé par le courant marxiste qui pousse à préparer la révolution prolétarienne. Après la prise du pouvoir et une phase de dictature du prolétariat imposant des changements, en particulier le contrôle collectif des moyens de production, cette révolution permettrait d'établir une démocratie fondée sur l'égalité sociale, l'État assurant une meilleure redistribution des richesses produites. Le Premier ministre allemand Bismarck, artisan de l'unité allemande, identifie vite les socialistes comme « ennemis de l'intérieur » et, à partir de 1878, organise leur répression (dissolution du SAP, de syndicats, interdiction de leurs titres de presse, 2 000 militants en prison ou en exil). Mais il fait aussi voter des lois sociales pour éliminer leur influence et répondre aux causes. L'État, associé aux syndicats, se fait donc protecteur et essaye d'apporter une amélioration à la condition ouvrière (assurances accidents, maladie, vieillesse...) afin d'éteindre les ardeurs révolutionnaires. Par ailleurs, si le parti est interdit, les socialistes peuvent toujours se présenter individuellement aux élections au Reichstag (Parlement).
La chute de Bismarck en 1890 permet la refondation du Parti socialiste sous le nom de SPD. Mais l'ère bismarckienne a aussi renforcé la tendance révolutionnaire marxiste qui voit en l'État impérial un obstacle à la démocratisation réelle de l'Allemagne.

Transition : Ainsi le mouvement socialiste, malgré la répression initiale, a su s'installer et offrir une alternative démocratique au sein de l'empire autoritaire allemand. Comment a-t-il réussi à séduire une grande partie des Allemands ?

II – Le SPD construit la nouvelle Allemagne républicaine et démocratique (1891-1933)

La période voit le courant socialiste acquérir de plus en plus de légitimité jusqu'à son arrivée au pouvoir en 1918.

A. Le SPD, principale force d'opposition dans l'Allemagne impériale (1891-1918)

Lors du congrès d'Erfurt (1891) qui préside à la refondation du SPD, un débat s'instaure sur les moyens d'établir le socialisme en Allemagne. On y retrouve, à côté du discours révolutionnaire marxiste initial (incarné par Karl Kautsky), l'influence du « révisionnisme » porté par Eduard Bernstein. Celui-ci, inspiré par les lois sociales bismarckiennes, préconise des réformes législatives, actions concrètes permettant des améliorations immédiates de la condition ouvrière en attendant que la révolution éclate. On l'accuse

L'astuce du prof

Citez des personnages historiques incarnant les différents courants au sein du parti, les révolutionnaires et les révisionnistes, d'autant qu'on retrouvera ces débats et acteurs dans les évolutions à la fois de l'Allemagne et du socialisme.

alors de vouloir collaborer avec l'État impérial et autoritaire. Une troisième tendance, d'extrême-gauche, plus radicale (Rosa Luxemburg, Clara Zetkin, Karl Liebknecht) souhaite non plus attendre mais provoquer la révolution par une grève générale. Cette tendance, qui veut rester proche des ouvriers, n'est cependant pas suivie par les syndicats.
Progressivement, le SPD devient le premier parti d'Allemagne, passant de 2 députés en 1871 à 35 en 1890 puis 110 en 1912 (35 % des voix). Son électorat s'est élargi aux classes moyennes montantes (fonctionnaires, employés...), grâce au poids croissant de la tendance révisionniste dans le discours du parti, qui offre une image rassurante et attractive. Par ailleurs, en 1914, il fait le choix de l'unité nationale en soutenant l'effort de guerre et en votant les crédits militaires.

B. La social-démocratie au fondement de la République de Weimar (1918-1933)

Une révolution éclate début novembre 1918 dans l'empire. Elle amène à la sortie de la guerre. Le SPD, à la tête du mouvement, prend le pouvoir dans la nouvelle Allemagne, devenue une République démocratique suivant le modèle français (République de Weimar). Le premier président en est Friedrich Ebert, leader du SPD. Il a le soutien des syndicats qui espèrent des changements sociaux et économiques importants.
Mais une fois au pouvoir, le SPD doit résoudre ses contradictions idéologiques entre fondements marxistes et tendances révisionnistes : comment être au pouvoir et maintenir un discours révolutionnaire ? La réponse vient dans le projet de « démocratisation globale ». L'État désormais démocratique peut permettre de démocratiser aussi la sphère économique et donc de réduire les inégalités, il doit donc y avoir interpénétration entre État et économie sans que nécessairement l'un prenne le contrôle de l'autre. De plus, l'idée marxiste de la dictature du prolétariat préalable à tout changement est abandonnée (cette étape est devenue inutile, le SPD est au pouvoir).

C. Les réformes menées par le SPD au pouvoir

Les améliorations de la condition ouvrière passent par des réformes permettant d'augmenter les salaires et de diminuer le temps de travail (8 heures par jour dès 1919), grâce à un SPD qui reste au pouvoir entre 1919 et 1932 soit en coalition avec d'autres partis, plutôt au centre, soit directement (le chancelier est SPD jusqu'en 1920 puis entre 1928 et 1930). C'est aussi un âge d'or du syndicalisme, grand gagnant du nouveau régime. Il voit ses effectifs atteindre 4,5 millions d'adhérents et pèse désormais sur l'organisation du monde du travail.

Transition : Le SPD, soutenu par les syndicats, a réussi à démocratiser l'Allemagne tout en faisant évoluer son propre discours sur la façon de construire la démocratie. Toutefois, ces évolutions déchirent aussi les mouvements socialistes.

III – Des divisions fatales au socialisme et à la démocratie (1918-1933)

Parallèlement au triomphe du SPD par l'arrivée au pouvoir, le courant socialiste connaît un divorce entre ses différents courants.

A. La rupture entre social-démocratie et communisme à la fin de la guerre

Déjà, durant la guerre, le SPD avait connu quelques craquements. Malgré le discours internationaliste et pacifiste du socialisme, le soutien apporté par le SPD et les syndicats à l'effort de guerre avait déplu aux leaders importants du parti. Exclus, ceux-ci avaient en réponse fondé l'USPD en 1917 (Bernstein, Kautsky, Rosa Luxemburg, Liebknecht, Zetkin...).
Mais le mouvement social-démocrate se fracture définitivement dès 1918 sur la nature à donner à la nouvelle République démocratique. L'extrême-gauche veut imiter la Révolution russe de 1917 et commencer à construire le communisme. Elle organise le mouvement Spartakus qui veut appliquer le programme marxiste de contrôle de l'économie par l'État. Une insurrection communiste éclate alors dans les grandes villes, mais elle est réprimée (« semaine sanglante » à Berlin en janvier 1919) par les autorités social-démocrates au pouvoir. Rosa Luxemburg et Karl Liebknecht sont assassinés. Il en naît une haine féroce entre le SPD et le KPD, parti communiste issu des Spartakistes. Celui-ci accuse le premier de trahison pour avoir « pactisé » avec la bourgeoisie et abandonné le discours révolutionnaire (« social-démocrate » devient même une insulte, associée à l'idée de trahison des idéaux de Marx).

> **Vocabulaire**
> **KPD** : *Kommunistische Partei Deutschlands*, Parti communiste d'Allemagne.

B. Une fracture fatale

Le KPD, bolchévisé et épuré à partir de 1925, aux ordres de Moscou et ayant peu de prise sur le monde syndical, est en opposition constante au SPD, traité d'« avant-garde du fascisme ». En effet, avec la crise économique de 1929, le petit Parti nazi d'Hitler connaît une progression électorale fulgurante. Si ce parti dit « national-socialiste » affiche un discours à tendance socialiste, c'est surtout le programme nationaliste qui l'emporte. Il se différencie du mouvement socialiste par son rejet du SPD et du KPD et par sa conception inégalitaire et hiérarchisée de l'humanité. Le Parti nazi est ouvertement anti-démocratique.

> **Piège à éviter**
> Il ne faut pas se laisser abuser par l'intitulé du Parti « national-socialiste » hitlérien, et bien expliquer la différence avec le socialisme qui, s'il se divise, poursuit tout de même un objectif commun d'égalité sociale.

Pourtant, au lieu de s'allier au SPD, le KPD – qui avec le chômage de masse connaît aussi une poussée électorale (100 députés en 1932), joue un jeu ambigu : les militants communistes et nazis se heurtent souvent avec violence mais parfois s'allient pour déstabiliser le régime. Cependant, quand Hitler parvient au pouvoir en 1933, ses premières victimes immédiates sont le KPD (interdit après l'incendie du Reichstag de février) puis le SPD, qui incarne trop la République de Weimar honnie par Hitler. Leurs dirigeants sont exilés ou internés dans des camps de concentration dès le printemps 1933. Les syndicats sont réorganisés dans un « Front allemand du travail » (DAF) et mis au service des objectifs du régime nazi : reconstruire la puissance économique, industrielle et surtout militaire afin de préparer la revanche. Hitler lance l'Allemagne dans un plan de réarmement qui fait tourner les usines.

Conclusion

Bilan : Le SPD a joué un rôle indéniable dans la démocratisation de l'Allemagne. Principal opposant à l'Allemagne impériale, il propose un modèle démocratique qui cherche à construire une société plus égalitaire. Lorsqu'il prend le pouvoir en 1918, il maintient une pratique démocratique qui renforce les tendances réformistes modérées du parti mais conduit du coup à sa division, les radicaux révolutionnaires formant le KPD.
Ouverture : Cette fracture, fatale à la jeune démocratie allemande et aux deux partis eux-mêmes, est l'un des facteurs qui n'ont pu empêcher l'arrivée au pouvoir d'Hitler.

Sujet 7 La division entre socialistes et communistes allemands sous la République de Weimar

8 pts 1 h 30

Centres étrangers, juin 2018

Étude critique de documents

La division entre socialistes et communistes allemands sous la République de Weimar

Après avoir rappelé le contexte des documents, montrez qu'ils rendent compte de la division au sein du socialisme allemand pendant la République de Weimar (1928-1933).

Doc.1 Extrait de la proclamation de la République spartakiste par Karl Liebknecht au Palais royal de Berlin le 9 novembre 1918

« Camarades ! Voici l'aube de notre liberté. Jamais un Hohenzollern[1] ne mettra plus le pied ici [...]. Ce sont les esprits de millions de personnes qui ont donné leur vie pour la cause sacrée du prolétariat. Avec les crânes brisés, baignant dans leur sang, ces victimes de la tyrannie ont titubé, suivies par les esprits de millions de femmes et d'enfants morts de chagrin et de misère pour la cause du prolétariat.

Après eux sont venus les millions et millions de victimes sanglantes de cette guerre mondiale. Aujourd'hui, une multitude immense de prolétaires impassibles se tient sur la même place, rendant hommage à cette nouvelle liberté. Camarades, je proclame la République socialiste allemande libre, qui réunira tous les Allemands, dans laquelle il n'y aura plus de serviteurs, dans laquelle tout travailleur honnête recevra un salaire juste pour son travail. Le règne du capitalisme, qui a transformé l'Europe en un champ de cadavres, est brisé. »

Karl Liebknecht, *Gesammelte Reden und Schriften* (Recueil de textes et discours), éd. Dietz Verlag, 1971.

1. Famille impériale allemande régnante (1871-1918).

HISTOIRE

Doc.2 **Affiche du SPD d'octobre 1932 pour les élections au Reichstag du 6 novembre 1932**

Source : Dessin de K. Geiss, site des Archives fédérales allemandes.

Traduction du texte : « *Les deux sont coupables du gouvernement des élites, et de ce que le peuple des travailleurs allemands va chaque jour plus mal. Le 6 novembre doit être pour eux le jour du jugement ! Votez pour les sociaux-démocrates ! Liste 2* ».

Les clés pour réussir

L'essentiel à connaître

Thème principal : cette analyse de documents s'inscrit dans le chapitre traitant du socialisme et du syndicalisme en Allemagne depuis 1875. Elle porte sur l'une des périodes les plus importantes, **la République de Weimar (1918-1933)** au cours de laquelle le socialisme se divise de manière irrémédiable entre KPD et SPD.

Notions-clés : réformisme, spartakisme, KPD (parti communiste allemand), USPD (parti social-démocrate indépendant d'Allemagne), SPD (parti social-démocrate d'Allemagne), NSDAP (parti national-socialiste des travailleurs allemands).

Analyser le sujet

La consigne

La consigne est claire et ne pose a priori aucun problème. Deux points sont mis en avant (le contexte des documents et les divisions du socialisme) et devront être clairement développés dans l'analyse. Le contexte est primordial, il doit donc être bien maîtrisé et expliqué (révolution de novembre 1918 et victoires électorales du nazisme en 1932). Les **divisions qui fissurent le socialisme allemand** devront également être connues, en premier leurs causes et leurs manifestations.

Les documents

Les 2 documents présentent le point de vue des deux principaux courants du socialisme allemand au cours de la République de Weimar.

Document 1 : il est issu de la tendance révolutionnaire. Karl Liebknecht, dirigeant de la ligue spartakiste, appelle à mettre fin au capitalisme et proclame la république socialiste libre dans un contexte de révolution qui a chassé du pouvoir Guillaume II.

Document 2 : il représente la tendance réformiste. C'est une affiche éditée en 1932 par le SPD – elle aussi – dans un contexte particulier. Les nazis ont gagné les élections au Reichstag de juillet 1932 et les sociaux-démocrates ne comprennent pas le danger du NSDAP puisqu'ils accusent autant le KPD (reconnaissable à la faucille et au marteau du personnage de gauche) que les nazis (représentés par la croix gammée sur la caquette du personnage de droite) d'être néfastes pour le peuple.

Organiser ses idées

Définir une problématique

Il est ici pertinent de se faciliter la tâche et de reprendre la problématique suggérée par la consigne en insistant sur les divisions qui affaiblissent le socialisme en Allemagne. Elle pourra être formulée ainsi :

→ **Pourquoi peut-on affirmer que ces deux documents témoignent des divisions du socialisme durant la république de Weimar ?**

Élaborer un plan

Il faut s'appuyer sur les documents et sur ses connaissances pour élaborer un plan cohérent. La consigne rappelle l'importance du contexte qu'il faudra évoquer au mieux dès l'introduction. Les deux documents insistent eux sur deux périodes clés de la république de Weimar, sa création en 1918 et la volonté de Liebknecht de mettre en place une république socialiste et la lutte fratricide SPD/KPD en 1932 qui laisse le NSDAP prendre le pouvoir.

I – 1918, les divisions du socialisme allemand éclatent au grand jour

II – L'impossible alliance SPD/KPD face au NSDAP

HISTOIRE

Sujet 7 Corrigé

› La division entre socialistes et communistes allemands sous la République de Weimar

! Attention

Le plan est rappelé pour vous aider mais il ne doit en aucun cas figurer sur votre copie. À vous de guider le correcteur par l'annonce du plan dans l'introduction, les phrases d'attaque des paragraphes et des transitions.

Introduction

Au congrès de Gotha en 1875, les mouvements socialistes s'unissent en un parti unique – le SPD – qui reste cependant tiraillé entre plusieurs courants différents. Dès 1918 et durant toute la république de Weimar (1918-1933), les divisions du socialisme allemand vont éclater au grand jour.

Les 2 documents proposés évoquent ces divisions ; le 1er est un discours de Karl Liebknecht, dirigeant de la ligue spartakiste, proclamant la république socialiste allemande le 9 novembre 1918. L'empereur Guillaume II vient d'être renversé par une révolution et plusieurs tendances socialistes s'affrontent pour imposer leur vision de la République.

Quant au second document, c'est une affiche du SPD qui met dos-à-dos KPD (parti communiste d'Allemagne) et NSDAP, les accusant d'être contre le peuple. Cette affiche date de novembre 1932, une période marquée par la crise économique, l'ascension des partis nazi et communiste et quelques mois avant la nomination d'Adolf Hitler au poste de chancelier en janvier 1933.

Pourquoi peut-on affirmer que ces 2 documents témoignent des divisions du socialisme durant la république de Weimar ?

L'astuce du prof

Donnez le maximum d'éléments pour expliquer le contexte et ainsi rendre compréhensibles les documents.

I – 1918, les divisions du socialisme allemand éclatent au grand jour

Les différents partis socialistes allemands s'unissent en 1875 au sein du SPD mais dès l'origine ce parti est divisé entre deux tendances : l'une réformiste qui souhaite transformer progressivement le capitalisme ; l'autre révolutionnaire qui souhaite renverser la société capitaliste par une grève. En 1918, le socialisme en Allemagne est déjà divisé en 2 partis différents, le SPD (Parti social-démocrate d'Allemagne) et

Gagnez des points !

Donnez la signification des sigles (SPD, KPD, NSDAP) qui montre une bonne connaissance du cours.

l'USPD (parti social-démocrate indépendant d'Allemagne) qui a été créé en 1917 suite au refus d'une partie du SPD de voter les crédits de guerre. La ligue spartakiste (courant autonome au sein de l'USPD), menée par Rosa Luxemburg et Karl Liebknecht, souhaite instaurer un régime socialiste sur le modèle bolchevique. Le 9 novembre, Karl Liebknecht proclame « la république socialiste allemande libre » suite à l'abdication de Guillaume II. Ses idées sont résumées par ces mots : « Le règne du capitalisme, qui a transformé l'Europe en un champ de cadavres, est brisé ». Cette proclamation – même si cette république socialiste ne verra jamais le jour – est l'aboutissement des idées révolutionnaires au sein du socialisme allemand mais elle rentre en opposition avec la volonté plus réformiste du SPD. Au cours des mois suivants, le mouvement socialiste se divise encore avec la création du KPD (parti communiste d'Allemagne) le 1er janvier 1919 puis le déclenchement de la révolution spartakiste en janvier 1919 – écrasée par les dirigeants du SPD lors de la « semaine sanglante » – puis l'assassinat de Liebknecht et Luxemburg à la fin du mois.

Vocabulaire

Spartakisme : courant autonome de l'USPD, principal fondateur du KPD.

Réformisme : idéologie qui vise à aménager progressivement le capitalisme et souhaite une participation à la vie démocratique.

Cette période marque une rupture définitive entre socialisme réformiste et socialisme révolutionnaire qui resteront divisés face au péril nazi.

II – L'impossible alliance face au NSDAP

Cette division va perdurer tout au long de la République de Weimar et notamment face au parti nazi, le NSDAP (parti national-socialiste des travailleurs allemands). À la suite de la crise économique de 1929, le NSDAP connaît une ascension électorale fulgurante mais face à cet essor, le SPD et le KPD continuent de s'affronter. Les haines du passé liées notamment à la répression de la révolte spartakiste sont encore très présentes. De plus, Staline impose au KPD la stratégie « classe contre classe » qui interdit toute alliance avec les « traîtres » du SPD. L'affiche de novembre 1932 – alors que le NSDAP a largement gagné les élections au Reichstag de juillet – montre bien que le SPD considère le KPD à l'égal des nazis. Ils sont aussi néfastes l'un que l'autre. L'affiche proclame que « les deux sont coupables du gouvernement des élites, et de ce que le peuple des travailleurs allemands va chaque jour plus mal ». Ces divisions profitent évidemment aux nazis alors que les voix cumulées du SPD et du KPD étaient supérieures aux suffrages du NSDAP qui eux avaient légèrement chuté entre juillet et novembre 1932.

Conclusion

Dès 1875, le socialisme allemand connaît des divisions idéologiques profondes et la République de Weimar sera marquée par une opposition irrémédiable entre SPD (courant réformiste) et KPD (courant révolutionnaire). Incapable de faire front commun face au NSDAP, ils seront tous les deux interdits au cours des premiers mois de 1933.

Sujet 8

12 pts

2 h 30

Socialisme, communisme et syndicalisme en Allemagne des lendemains de la Seconde Guerre mondiale à nos jours

France métropolitaine, juin 2017

Composition

› **Socialisme, communisme et syndicalisme en Allemagne des lendemains de la Seconde Guerre mondiale à nos jours**

Les clés pour réussir

L'essentiel à connaître

Thème principal : ce sujet s'inscrit dans le thème consacré à l'idéologie socialiste en Allemagne depuis la fin du XIXe siècle. **C'est dans ce pays que le mouvement ouvrier trouve ses fondements idéologiques, se structure puis se divise entre réformateurs, qui se dénomment socialistes, et révolutionnaires, qualifiés de communistes** d'après le titre de l'ouvrage fondateur du philosophe allemand Karl Marx publié en 1848, *Manifeste du parti communiste*.

- Cette division sur les moyens d'atteindre une société plus égalitaire et plus juste pour la classe ouvrière marque l'histoire du socialisme allemand et aboutit à partir de 1945, dans un contexte de guerre froide, à une division territoriale entre la RFA, le plus souvent dirigée par le SPD social-démocrate, et la RDA, dirigée par le SED, parti d'obédience communiste successeur du KPD. **La fin du bloc de l'Est communiste ouvre alors une nouvelle ère dans le socialisme allemand et européen.**

Notions-clés : socialisme/communisme, économie sociale de marché, libéralisme.

Mots-clés : SPD, KPD, SED, *Die Linke*, réformes Harz.

Personnages/lieux-clés : Willy Brandt, Helmut Schmidt, Gerhardt Schröder, Bad Godesberg.

Analyser le sujet

La formulation du sujet ne pose *a priori* aucun problème, mais **la coupure chronologique peut éventuellement surprendre**, même si cette coupure est prévue par les instructions officielles. L'utilisation des termes « aux lendemains de la Seconde Guerre » laisse une certaine liberté quant à la date à laquelle vous voulez commencer votre composition. Le plus pertinent serait tout de même de débuter dès 1945 et la division de l'Allemagne.

HISTOIRE

Organiser ses idées

Définir une problématique

La problématique la plus pertinente – même si plusieurs problématiques sont toujours envisageables – pourrait porter sur la **perte d'influence idéologique du socialisme en Allemagne**. Largement discrédités, les communistes ne constituent plus qu'une force minoritaire après la réunification alors que le SPD, après avoir abandonné ses références marxistes, s'est converti au social-libéralisme plus proche du centre que de la gauche. La problématique pourrait donc être formulée ainsi :

→ **Dans quelle mesure l'opposition frontale entre socialisme et communisme, dans un contexte de guerre froide, a-t-elle remis en cause l'idéologie socialiste ?**

Élaborer un plan

- **La césure du chapitre en 1945 impose de fait un plan chronologique et bipartite.**
- **La première partie** porterait sur une comparaison RFA/RDA de 1945 à la réunification. À l'Ouest, un parti socialiste, au pouvoir de 1969 à 1982, qui s'accommode du capitalisme et abandonne ses références marxistes au congrès de Bad Godesberg. À l'Est, une République officiellement socialiste mais surtout dictatoriale.
- **La seconde partie**, de 1990 à nos jours, traiterait de la disparition des communistes est-allemands, de l'affadissement idéologique du principal parti socialiste allemand, le SPD, alors qu'émerge un parti de gauche plus radical, héritier du SED, *Die Linke*.

I – De la division à la réunification : l'opposition frontale entre social-démocratie en RFA et communisme en RDA

II – De la réunification à nos jours : l'effacement relatif du socialisme et la perte de repères idéologiques

Sujet 8 Corrigé

› Socialisme, communisme et syndicalisme en Allemagne des lendemains de la Seconde Guerre mondiale à nos jours

! Attention

Le plan est rappelé pour vous aider, mais il ne doit en aucun cas figurer sur votre copie. À vous de guider le correcteur par l'annonce du plan dans l'introduction, les phrases d'attaque des paragraphes et des transitions.

Introduction

Définition du sujet : Aux lendemains de la Seconde Guerre mondiale, l'effondrement du IIIe Reich permet aux partis socialistes (SPD et KPD interdits par le régime nazi en 1933) de renaître. Si, à l'origine, les termes de socialisme et de communisme étaient en grande partie synonymes et désignaient le souci de gérer la question sociale posée par la paupérisation de la classe ouvrière et la volonté de mettre en commun (de socialiser) les moyens de production, les événements de l'entre-deux-guerres ont divisé le mouvement socialiste en deux partis distincts, l'un révolutionnaire, l'autre réformiste. En 1945, dans une Allemagne divisée, le SPD, parti social-démocrate réformiste, se « fond » dans le capitalisme de la RFA alors que les communistes du KPD – fusionnés avec le SPD dans un nouveau parti unique, le SED – dominent la RDA. La fin de la guerre froide et la réunification de 1990 bouleversent encore le socialisme et le communisme en Allemagne dans un contexte de mondialisation libérale.

L'astuce du prof

Pensez à élaborer une nouvelle problématique liée à la coupure chronologique propre au sujet.

Problématique : Dans quelle mesure l'opposition frontale entre socialisme et communisme, dans un contexte de guerre froide, a-t-elle remis en cause l'idéologie socialiste ?

Annonce du plan : Dans un premier temps, nous aborderons les deux expériences socialistes antagonistes menées en Allemagne de l'Ouest et de l'Est de 1945 à 1990 : l'une préférant composer avec le capitalisme en souhaitant le réformer, l'autre appliquant un programme communiste de type soviétique. Puis, la période allant de la réunification en 1990 à nos jours fera l'objet de notre seconde partie qui voit l'effondrement des communistes de RDA – revigorés tout de même par l'émergence de *Die Linke* – et le positionnement de plus en plus centriste du SPD.

I – De la division à la réunification : l'opposition frontale entre social-démocratie en RFA et communisme en RDA

A. Aux origines de la division

En avril 1945, le SPD *(Sozialdemokratische Partei Deutschlands)* renaît de ses cendres, après son interdiction par le IIIe Reich en 1933, dans les quatre zones d'occupation. Son premier dirigeant, Kurt Schumacher, envisage même un programme socialiste dans une Allemagne unie, mais cette volonté est balayée par les prémisses de la guerre froide. En avril 1946, en zone soviétique, les dirigeants soviétiques obligent le SPD/KPD (*Kommunistische Partei Deutschlands)* à fusionner dans un nouveau parti, le SED (*Sozialistische Einheitspartei Deutschlands* – parti socialiste unifié d'Allemagne dont le premier secrétaire général est Walter Ulbricht), qui contrôle l'ensemble de la vie des Allemands de cette zone d'occupation. À l'inverse, en RFA, cette fusion est refusée, SPD et KPD restent deux partis distincts mais leur audience n'a plus rien à voir avec celle qu'ils avaient avant-guerre. Le KPD devient même un parti groupusculaire avant son interdiction en 1956.

B. L'avènement de l'économie sociale de marché en RFA

À partir des élections démocratiques de 1949 en RFA, le SPD est rejeté dans l'opposition et la division avec la RDA est consommée. Dans le même temps, l'Allemagne de l'Ouest, dirigée par la droite, s'oriente vers une économie sociale de marché inspirée en partie des idées sociales-démocrates. L'État intervient dans l'économie mais les règles restent libérales. Le SPD est alors le principal parti d'opposition et, dans l'optique de revenir au pouvoir, il fait son aggiornamento idéologique. En 1959, au congrès de Bad Godesberg, dans la banlieue de la capitale fédérale Bonn, il abandonne toute référence au marxisme, rappelle les racines humanistes et chrétiennes du socialisme, souhaite l'utilisation de moyens démocratiques pour la lutte politique, reconnaît la « libre concurrence et la libre initiative de l'entrepreneur »... Ce programme rompt ainsi avec les programmes antérieurs. Pour la première fois, le SPD renonce aux idées marxistes et reconnaît l'économie de marché. Il s'adresse à l'ensemble du peuple et plus seulement aux travailleurs.

> **Vocabulaire**
>
> **Économie sociale de marché** : système économique qui mêle capitalisme et préoccupations sociales.

Pour autant, le SPD devra patienter encore 10 ans avant d'accéder au pouvoir. En 1969, Willy Brandt devient chancelier jusqu'en 1974 avant d'être remplacé par Helmut Schmidt jusqu'en 1982. Ces deux membres du SPD mettent en place une politique économique d'inspiration keynésienne, vite entravée par la crise des années 1970 alors que, politiquement, le terrorisme d'extrême gauche réduit leur marge de manœuvre.

C. La RDA, un État socialiste ?

En 1949, à la création de la RDA, le SED met en place un régime dans lequel les ouvriers et les paysans sont, théoriquement, à la base du pouvoir. La RDA est alors un État officiellement socialiste sous le nom de République démocratique allemande. Elle devient une démocratie populaire calquée sur le modèle soviétique et offre de nombreux avantages à son peuple, notamment aux ouvriers (sécurité de l'emploi, droits sociaux, logements abordables...). Derrière ce paravent socialiste, la RDA est cependant une dictature à tendance totalitaire (contrôle de la jeunesse, collectivisation, plans quinquennaux, surveillance constante de la population notamment par la STASI évoquée dans le film *La Vie des autres*, censure, restriction des libertés...). Ce « paradis socialiste » est ainsi largement imaginaire. À plusieurs reprises, notamment en juin 1953, des manifestations ouvrières

> **Gagnez des points !**
>
> Faites des références culturelles avec des exemples cinématographiques par exemple pour valoriser votre copie.

éclatent contre l'augmentation du temps de travail sans augmentation de salaire. Le socialisme est-allemand apparaît comme contraire aux intérêts de la classe ouvrière. Ces manifestations sont réprimées violemment grâce à l'aide soviétique. Finalement, durant les 40 années d'existence de la RDA, de multiples comportements « déviants » illustrent la distance qu'ont les Allemands de l'Est face aux mensonges de l'État, notamment l'exode de millions d'entre eux vers l'Ouest qui obligera les autorités allemandes à construire le mur de Berlin en 1961.

Transition : Les années 1980 signent la fin de la RDA. En 1989, sous l'influence de la Perestroïka lancée en URSS, de gigantesques manifestations en Allemagne de l'Est, évoquées dans le film *Goodbye Lénine*, aboutissent à la chute du mur de Berlin en novembre 1989 puis à la réunification du pays en 1990.

II – De la réunification à nos jours : l'effacement relatif du socialisme et la perte de repères idéologiques

A. Un socialisme durablement discrédité au sein de l'Allemagne réunifiée

Depuis 1982 en RFA, le SPD est dans l'opposition, le pouvoir étant aux mains d'H. Kohl, favorable à la réunification, alors que la plupart des observateurs la pensent réalisable à échéance de 5 à 10 ans après la chute du Mur. La SPD y est d'ailleurs hostile. Sa mise en œuvre très rapide, dès 1990, entraîne une désaffection profonde des Allemands pour l'idéologie socialiste. Le SED est dissout en 1990 et remplacé par le PDS, qui conserve un poids électoral non négligeable à l'Est en faisant campagne sur l'Ostalgie. Le pouvoir est cependant définitivement perdu tout comme pour le SPD, qui est condamné à rester dans l'opposition pendant toute la décennie 1990. De surcroît, le contexte socio-économique a beaucoup changé. La classe ouvrière poursuit son érosion et la mondialisation, dans un contexte idéologique néolibéral anglo-saxon dominant, achève de discréditer le discours porté par le SPD. La ligne politique ne semble plus adaptée alors que le chômage progresse, que la réunification est très coûteuse. L'Allemagne apparaît comme « l'homme malade de l'Europe ». Finalement, les impasses du communisme est-allemand, flagrantes avec la chute du Mur, et les difficultés économiques considérables que traversent les Landër de l'Est poussent les Allemands à préférer une orientation politique libérale.

B. Le retour au pouvoir du SPD : un programme social-libéral

Le SPD, allié aux *Grünen* (les Verts), retrouve le pouvoir en 1998 et Gerhardt Schröder devient chancelier d'Allemagne, affirmant qu'il « veut faire un pont entre tradition et modernité ». Rapidement, ses choix économiques libéraux inspirés par l'idéologie sociale-libérale du « *Neue Mitte* » – « nouveau centre », donc loin des idéaux du socialisme – engendrent un malaise au sein du gouvernement SPD/verts. Le ministre des Finances Oskar Lafontaine, mécontent de ces choix, quitte avec fracas le gouvernement.

Réélu en 2002, G. Schröder doit affronter une morosité économique et un chômage persistants. Il décide alors la mise en œuvre de l'agenda 2010, un ensemble de mesures de réformes du marché du travail dont les fameuses mesures Hartz, du nom de Peter Hartz, ancien directeur du personnel de Volkswagen : réduction des dépenses publiques et de l'État-providence, conditions d'embauche plus favorables au patronat, réduction des indemnités pour les chômeurs de longue durée et possibilité de les payer 1 euro de l'heure... Ces réformes d'inspiration libérale n'empêchent toutefois pas le SPD d'être battu de justesse aux élections législatives de 2005 ; élections qui voient la percée électorale d'un parti socialiste de gauche radicale, *Die Linke*. Le SPD choisit alors de participer à une grande coalition avec les chrétiens-démocrates (parti de droite), ce qui brouille encore un peu plus le message du SPD. Depuis cette date, le parti social-démocrate allemand participe au gouvernement mais ce sont les chrétiens-démocrates de la CDU qui détiennent le pouvoir, derrière la chancelière Angela Merkel.

> **Vocabulaire**
>
> **Mesures Harz :** réformes, dans un sens beaucoup plus libéral, du marché du travail allemand dues à Peter Harz, directeur des ressources humaines de Volkswagen.

C. Un positionnement difficile face aux enjeux de la mondialisation

Le début du XXIe siècle est une période délicate pour les partis socialistes allemands. Ils doivent s'adapter, ainsi que les syndicats, aux transformations économiques nées de la mondialisation ainsi qu'aux évolutions de la société. Quels choix et quelles réponses « de gauche » adopter face à la concurrence des pays émergents, aux directives européennes libéralisant l'économie, face aux préoccupations environnementales, à l'immigration, etc. ? Autant de sujets sur lesquels les dirigeants du SPD ou de *Die Linke* peinent à trouver une position originale face aux partis du centre et de la droite.

Conclusion

Depuis la fin de la Seconde Guerre mondiale, le socialisme allemand a suivi deux chemins antagonistes ; d'un côté, à l'Ouest, l'abandon des idéaux marxistes et l'acceptation de l'économie de marché, de l'autre, à l'Est, un parti socialiste marxiste d'inspiration soviétique. La réunification mais aussi la mondialisation et la diffusion du capitalisme ont entraîné un réel affadissement des idéologies et, aujourd'hui, le socialisme allemand est, à l'image des autres partis socialistes européens en France, en Espagne ou au Royaume-Uni, dans une position difficile pour faire entendre une idéologie originale.

> **Gagnez des points !**
>
> Faites une ouverture comparative avec les autres partis socialistes européens.

Sujet 9 Le rôle des médias durant la Seconde Guerre mondiale

8 pts — 1 h 30

Antilles-Guyane, juin 2015

Étude critique de documents

› Médias et opinion publique en France durant la Seconde Guerre mondiale

Vous montrerez, à l'aide des documents, la diversité des médias et leurs rôles dans la France vaincue et divisée de la Seconde Guerre mondiale.

HISTOIRE

Doc.1 **« Le général Micro, fourrier[1] des Juifs ! », affiche de l'Institut d'études des questions juives, organisme de propagande contrôlé par les Allemands en France occupée, novembre 1941**

© BIS / Archives Nathan

Nicolas Beaupré, *Les grandes guerres 1914-1945* ; coll. Histoire de France, sous la direction de J. Cornette, Paris, 2012.

Transcription : Grand Rabin D. Wise, New York. Je prends l'engagement de réinstaller après la guerre les israélites dans tous leurs droits et situation en France. De Gaulle.

1. Fourrier : sous-officier, subalterne chargé d'assurer le cantonnement, l'installation des troupes, c'est-à-dire le logement, la nourriture, les vêtements, etc.

Doc.2 **Rapport de Jean Moulin aux services de renseignement britanniques et au général de Gaulle à Londres, 25 octobre 1941**

« Les trois groupements qui ont donné mandat à l'auteur de ces lignes de rédiger et de remettre aux autorités anglaises et au général de Gaulle le présent message sont :
– « Liberté »,
– « Libération nationale »,
– « Libération ».
Ces 3 groupements constituent, en France, les principales organisations de résistance à l'envahisseur. [...]
Ces trois mouvements sont nés, spontanément et isolément, de l'initiative de quelques patriotes français. [...] Dans les premiers temps, leur activité a consisté à répandre, sous le manteau et dans un cercle restreint, des feuilles de propagande dactylographiées à l'occasion des événements les plus marquants de l'actualité (discours de M. Churchill, du président Roosevelt, appels du général de Gaulle, actions militaires importantes, etc.), ou des faits justifiant une attitude de révolte de la part des patriotes français (prise de possession par Hitler de l'Alsace et de la Lorraine, violation des clauses de l'Armistice, accords de Montoire, réquisitions allemandes, etc.).
Ensuite, avec le développement des moyens matériels et l'accroissement des bonnes volontés, ils purent tirer à la « ronéo » de véritables journaux paraissant avec une périodicité assez régulière. Enfin, depuis plusieurs mois, chaque groupement publie, à date fixe, un ou plusieurs journaux imprimés, ainsi que des brochures et des tracts. [...]
Chacun des journaux des trois mouvements est imprimé, d'une part, en zone libre, d'autre part, en zone occupée, avec seulement des variantes dans le ton des articles pour une meilleure adaptation à l'état de l'opinion de chaque côté de la ligne de démarcation. Le tirage total de chacun de ces journaux (zone libre et zone occupée) varie entre 25 et 45 000 exemplaires, mais il faut multiplier ces chiffres au moins par 5, étant données les nombreuses reproductions dactylographiées ou manuscrites qui en sont faites. [...] »

Daniel Cordier, *Jean Moulin l'inconnu du Panthéon*, tome 3, nov. 1940-déc. 1941, Paris, 1993.

Les clés pour réussir

L'essentiel à connaître

Thème principal : cette étude porte sur le chapitre « Médias et opinion publique dans les grandes crises politiques en France depuis l'Affaire Dreyfus », qui s'intéresse aux relations de soumission ou d'indépendance entre l'opinion publique, les médias et le pouvoir politique. Cependant, comme cela arrive de plus en plus dans les études de documents, il faudra faire appel à vos connaissances de la classe de Première concernant la Seconde Guerre mondiale en France et la période de la Collaboration.

Notions-clés : propagande, opinion publique.

Dates-clés : **17 juin 1940**, Philippe Pétain annonce la capitulation à la radio ; **18 juin 1940**, Charles de Gaulle lance l'appel à la résistance depuis la BBC à Londres.

Analyser le sujet

La consigne

La consigne est simple à comprendre et peut même être utilisée pour construire le plan. Il s'agit d'abord de présenter la diversité des médias en France dans les années 1940 : aux tracts et libellés s'ajoutent la presse écrite, premier média de masse, et la radio qui intègre petit à petit les foyers français depuis une décennie. Ensuite, il faudra analyser leurs rôles, sous-entendu politiques, c'est-à-dire leur relation au régime de Vichy.

Les documents

Les deux documents se confrontent.

Document 1 : affiche de propagande de novembre 1941 produite par l'Institut d'étude des questions juives, organe antisémite mis en place par les Allemands. Le général de Gaulle serait l'instrument, le porte-parole d'organisations juives américaines dépeintes sous les traits de personnages riches au nez proéminent.

Document 2 : ce document a davantage de réalité historique. Il s'agit d'un extrait d'une biographie de Jean Moulin par son secrétaire Daniel Cordier – alias Caracalla dans la Résistance – dans lequel il cite un rapport fait au général de Gaulle sur l'essor de la presse clandestine de la Résistance.

Organiser ses idées

Définir une problématique

La crise de mai 1940 consécutive à l'invasion allemande et la débâcle ont mis en valeur le rôle très important de la radio comme média de masse accessible au plus grand nombre et permettant une relation plus

HISTOIRE

directe et rapide entre le pouvoir politique et l'opinion publique française. Parallèlement, l'apparition et l'essor d'une presse de résistance provoquent une lutte contre les médias contrôlés par l'occupant et le régime de Vichy.

→ Comment la période de la Seconde Guerre mondiale a-t-elle remodelé le paysage médiatique français ?

Élaborer un plan

Vous pouvez choisir de suivre le plan suggéré par la consigne en présentant les médias puis en identifiant leurs rôles – informer ou contrôler la population – dans un contexte d'affrontement politique entre collaboration et résistance. Vous pouvez aussi insister sur les changements majeurs introduits par cette crise dans les relations entre médias, pouvoir et opinion publique, comme le suggère le plan ci-dessous :

I – L'essor de la radio comme média de masse

II – Des médias au service d'un combat politique

Sujet 9 Corrigé

› Médias et opinion publique en France durant la Seconde Guerre mondiale

! Attention

Le plan est rappelé pour vous aider, mais il ne doit en aucun cas figurer sur votre copie. À vous de guider le correcteur par l'annonce du plan dans l'introduction, les phrases d'attaque des paragraphes et des transitions.

Introduction

Après les longs mois de la drôle de guerre, la France est brusquement envahie le 10 mai 1940. Après la débâcle, Philippe Pétain devenu chef de l'État annonce la capitulation le 17 juin. Comme le montrent les deux documents, ce moment de crise majeur de l'histoire de France exacerbe les relations entre les médias, l'opinion publique et le pouvoir dans un contexte d'affrontement politique entre collaboration et Résistance. Le premier est une affiche de propagande produite par l'Institut d'étude des questions juives, organe antisémite de Vichy, où de Gaulle est présenté pendant son appel du 18 juin non comme défenseur de la France mais comme l'instrument des

L'astuce du prof

Vous devez montrer que vous avez retenu vos leçons de Première sur la France pendant la Seconde Guerre mondiale.

groupes juifs américains. Le deuxième document est un extrait d'une biographie de Jean Moulin écrite par son secrétaire Daniel Cordier, décrivant l'essor d'une nouvelle presse, la presse de résistance.

Comment la période de la Seconde Guerre mondiale a-t-elle remodelé le paysage médiatique français ?

I – L'essor de la radio comme média de masse

Au début de la Seconde Guerre mondiale, la radio en France est devenue l'outil de communication majeur du pouvoir vers l'opinion publique. Le document 1 représente le général de Gaulle, reconnaissable à son képi, affublé d'un sobriquet, général Micro, qui rappelle son appel radiophonique du 18 juin dans lequel il incite les Français de métropole et des colonies à résister à l'Allemagne nazie.

Cet appel est une réponse à un autre discours radiodiffusé la veille, 17 juin, sur les ondes françaises : celui de Philippe Pétain informant les Français de la capitulation et de l'occupation allemande. La radio est donc le média choisi par la sphère politique pour toucher les Français. La moitié d'entre eux écoute en effet la radio, média plus instantané que la presse écrite. La radio française, la TSF, est contrôlée par l'État depuis 1926, il n'y a donc aucune radio privée mais des radios périphériques qui émettent de l'étranger, comme la BBC, sur les ondes de laquelle de Gaulle a lancé son appel depuis Londres. Notons que très peu de Français l'écoutent en 1940 et entendent l'appel du 18 juin, mais son audience va considérablement augmenter car elle est devenue un canal de communication entre la Résistance extérieure et intérieure. En effet, la radio comme la presse écrite sont utilisées non plus comme des médias d'information mais pour la propagande politique.

HISTOIRE

II – Des médias au service d'un combat politique

Le partage de la France entre une zone nord occupée et une zone sud dite libre ne change pas fondamentalement le sort de la presse, car l'occupant et le régime de Vichy exercent un contrôle très fort sur les médias. La presse n'est autorisée qu'à la condition de servir la propagande du régime de Vichy et de l'occupant, comme *Le Petit Parisien*. En zone nord, les Allemands mettent en place la *Propagandastaffel* et, en zone sud, Vichy instaure un Secrétariat de l'information et de la propagande dirigé par Philippe Henriot. Ces deux instances appliquent la censure et contrôlent strictement la distribution de papier pour empêcher, en vain, l'essor d'une presse clandestine. Tous les médias sont alors muselés, comme le dénonce le célèbre slogan « Radio Paris ment, Radio Paris ment, Radio Paris est allemand ».

> **Gagnez des points !**
> Citez des médias précis qui n'apparaissent pas volontairement dans les documents. Vous ferez la différence aux yeux du correcteur.

Les Juifs sont exclus des différents médias. Tout cela explique l'essor de la presse de résistance car l'opinion publique est en quête de véritables informations. Comme l'indique Daniel Cordier, la presse clandestine de la Résistance « consiste à répandre sous le manteau [...] des feuilles de propagande dactylographiées à l'occasion des événements les plus marquants ». Cette presse informelle répond à un véritable besoin car « le tirage total [...] varie entre 25 et 40 000 exemplaires ». Face à la presse officielle muselée par l'occupant et le régime de Vichy se développe une presse de résistance qui a donné des titres fameux qui ont continué de publier après-guerre, tels que *Combat*, *Témoignage chrétien*... Parallèlement, la Résistance occupe les ondes. La BBC diffuse deux fois par jour l'émission « Les Français parlent aux Français » avec les fameuses phrases codées destinées à la Résistance intérieure. Il est alors interdit et très dangereux d'écouter la chaîne anglaise mais, malgré la répression et la propagande du document 1 sur une manipulation de de Gaulle par les organisations juives mondiales, Vichy perd la guerre des ondes. Le contrôle quasi total sur les médias n'a pas réussi à dompter l'opinion publique française.

Conclusion

Le paysage médiatique français est réorganisé lors de la Seconde Guerre mondiale. De nouveaux titres issus de la Résistance apparaissent, remplaçant ceux qui ont collaboré. La Résistance a su utiliser les médias (presse écrite tout comme la radio) dans la guerre idéologique contre l'occupant nazi. La radio s'affirme comme le canal privilégié entre l'opinion et le pouvoir, comme le confirment les crises de la guerre d'Algérie pendant lesquelles le pouvoir n'a pas renoncé à contrôler les médias.

Sujet 10 — Médias et opinion publique dans les grandes crises politiques de la Ve République (1958-1968)

12 pts — 2 h 30

Asie-Océanie, juin 2014

Composition

Médias et opinion publique dans les grandes crises politiques de la Ve République (1958-1968)

Les clés pour réussir

L'essentiel à connaître

Thème principal : ce sujet reprend une partie de l'intitulé du chapitre. La période étant plus courte, il faut vous centrer sur la **chronologie des crises politiques de 1958 à 1968** en y associant systématiquement les notions « médias » et « opinion publique », et non réciter tout le cours portant sur le contexte général de la période.

Notions-clés : médias, opinion publique, crises politiques.

Mots-clés : médias de masse, RTF, ORTF, censure, liberté d'expression.

Analyser le sujet

- Ce titre, très dense, associe trois notions-clés que vous devez toujours interroger ensemble. Le terme « et » pose la question de la **participation des médias à la formation et à l'expression de l'opinion publique** dans le contexte historique précis des crises politiques de 1958 et 1968.
- Malgré le terme « Ve République », il est nécessaire de traiter le **13 mai 1958** car cette crise de la IVe République amène **de Gaulle au pouvoir** et lui permet de doter la France d'une nouvelle constitution. Son pouvoir est menacé par le **putsch des généraux à Alger en avril 1961**, qui constitue la **deuxième crise médiatique de la guerre d'Algérie.**
- C'est l'attitude face au pouvoir qui permet de **distinguer ces crises** et de comprendre le basculement d'une situation où les médias servent le pouvoir à une autre où ils le contestent bruyamment et en deviennent indépendants. C'est pourquoi **il est recommandé de travailler de manière chronologique** en traitant séparément les crises de la guerre d'Algérie et celle de Mai 68.
- À l'intérieur de chaque partie, **veillez à étudier la relation entre les médias et les crises pour ne pas réciter tout le cours.** Afin de rendre votre copie vivante, citez des **exemples précis d'articles de presse**

HISTOIRE

(« La France s'ennuie », éditorial du *Monde* en mars 1968), **d'intellectuels** (Jean-Paul Sartre), **d'hommes politiques** (Alain Peyrefitte) qui jouent un rôle décisif dans la formation ou l'expression de l'opinion.

- Pensez aussi à évoquer les **franges contestataires de l'opinion**, susceptibles de s'opposer au pouvoir, ou à l'opinion majoritaire, lorsque la censure ne l'en empêche pas. Cela vous permettra d'avoir une copie nuancée.
- Vous baser sur des **exemples précis et variés** vous évitera les jugements hâtifs ou moralisateurs : les médias ne sont ni bons ni mauvais, ils expriment différents avis, peuvent participer à l'évolution de l'opinion ou l'accompagner, avec ou sans le concours, voire le contrôle, du pouvoir.

Organiser ses idées

Définir une problématique

Ces deux crises de 1958 et 1968 constituent une contestation du pouvoir républicain. C'est d'abord, en 1958, une tentative de prise du pouvoir par des militaires lors du putsch d'Alger (13 mai 1958) qui amène de Gaulle au pouvoir. Dix ans plus tard, les contestations du pouvoir gaullien se cristallisent pendant l'épisode de mai 1968.

→ **Les médias sont-ils au service du pouvoir ou un relais de l'opinion pendant les crises politiques de 1958 et 1968 ?**

Élaborer un plan

Le plan est thématico-chronologique. Une première partie tableau présente l'évolution générale des médias et de l'opinion publique durant la période, les deuxième et troisième parties suivent une progression chronologique en traitant respectivement la guerre d'Algérie et Mai 68.

I – Médias et opinion : permanence et évolutions

II – Des médias au service du pouvoir pour contrôler l'opinion pendant la guerre d'Algérie

III – La revanche de l'opinion sur les médias : la crise politique et médiatique de 1968

Sujet 10 Corrigé

Médias et opinion publique dans les grandes crises politiques de la Ve République (1958-1968)

! Attention

Le plan est rappelé pour vous aider mais il ne doit en aucun cas figurer sur votre copie. À vous de guider le correcteur par l'annonce du plan dans l'introduction, les phrases d'attaque des paragraphes et des transitions.

Introduction

Définition du sujet : La République, qu'il s'agisse de la IVe République agonisante en mai 1958 ou de la Ve, se heurte à une double exigence, dont les contradictions éclatent lors des crises politiques. En tant que démocratie, elle doit défendre le pluralisme des médias, qui contribue à l'expression de l'opinion publique. En tant qu'État, elle doit encadrer l'opinion notamment par les médias, que ce soit pendant les crises de mai 1958, de la guerre d'Algérie et de Mai 68. Les crises politiques révèlent donc les tensions entre les médias, le pouvoir et l'opinion publique.

Problématique : Les médias sont-ils au service du pouvoir ou de l'opinion pendant les différentes crises politiques ?

Annonce du plan : Les médias, gouvernementaux ou non, tentent de s'adapter aux évolutions sociales et sociétales de l'opinion. Les médias sont néanmoins globalement au service du pouvoir pendant la guerre d'Algérie. La crise politique et médiatique de Mai 68 semble donc être une revanche de l'opinion sur les médias.

I – Médias et opinion : permanence et évolutions

A. Radio et télévision au service du pouvoir

Le pouvoir a le monopole sur les médias audiovisuels depuis la création de la RTF (Radiodiffusion Télévision Française) en 1949, remplacée par l'ORTF en 1964 (Office Radiodiffusion Télévision Française). La radio reste alors le média dominant grâce à l'innovation technique du transistor, présent chez 85 % des foyers en 1962, tandis que la télévision est un média de masse encore peu diffusé (5 % des ménages en 1958) mais en très forte progression (60 % en 1968). Ainsi, le journal télévisé est directement surveillé par le gouvernement dès sa création en 1949, ce qui montre à quel point ce média est supposé façonner l'opinion. Le rôle de ces médias relève donc davantage du service de l'État que du service public.

> **Vocabulaire**
> **Média de masse :** les médias de masse sont capables d'influencer et d'atteindre une large audience.

B. Des médias indépendants soucieux de séduire l'opinion

Attentifs aux mutations socio-économiques des années 1950 et 1960, ces médias tiennent compte des aspirations nouvelles des classes moyennes en plein essor. La presse voit l'apparition de magazines hebdomadaires, tels que *L'Express* en 1953 et *Le Nouvel Observateur* en 1964, qui s'ajoutent aux grands quotidiens anciens (*Le Figaro*) ou créés après-guerre (*Le Monde*). Les radios périphériques – installées à l'étranger et échappant donc à la surveillance étatique – connaissent un succès croissant notamment auprès des jeunes, visés par exemple par Europe 1. La jeunesse devient alors une catégorie sociale spécifique et un acteur politique majeur en rejoignant involontairement les rangs des conscrits de la guerre d'Algérie, et volontairement ceux des manifestants de Mai 68. Si la presse écrite bénéficie d'avantages fiscaux pour favoriser la diversité des médias, la publicité occupe toutefois une place croissante dans son financement. L'information se confond de plus en plus avec la communication.

C. Médias et opinions contestataires

Cette évolution est dénoncée par les groupes intellectuels et politiques contestataires. Les intellectuels engagés dans le débat public tel Sartre utilisent des revues avant-gardistes comme *Les Temps Modernes* pour dénoncer la guerre d'Algérie, puis l'hebdomadaire à plus large diffusion *Le Nouvel Observateur* en 1968. La contestation s'étend alors au-delà d'une poignée d'intellectuels souvent proches du parti communiste. Inversement, la force de conviction de *L'Humanité* peut se heurter, notamment lorsqu'il s'agit de dénoncer les exactions commises contre les « torturés d'Oran », à la méfiance de l'opinion publique à l'égard du communisme.

> **L'astuce du prof**
> Distinguez la presse d'opinion qui, comme l'indique le terme, interprète les faits selon une ligne politique, de la presse d'information, qui vise à informer sans parti pris au nom de l'intérêt général.

Transition : Pendant la guerre d'Algérie, les médias sont globalement au service du pouvoir pour contrôler l'opinion.

II – Des médias au service du pouvoir pour contrôler l'opinion pendant la guerre d'Algérie

A. Des médias instrumentalisés pendant la crise de 1958

Face à l'insurrection du 13 mai 1958 en Algérie française, les médias officiels défendent la IVe République agonisante. Si les actualités filmées, contrôlées par le pouvoir, ne la relaient pas dans un premier temps, la conférence de presse de de Gaulle du 19 mai où il déclare accepter le pouvoir marque un tournant. De Gaulle bénéficie ensuite du soutien de la télévision et de la radio. Celles-ci soulignent alors la continuité avec l'appel du 18 juin 1940 et la Libération. Désireux de s'adresser directement aux Français, le général utilise donc la télévision afin de rassurer l'opinion sur le maintien de la légalité républicaine et de la convaincre d'accepter une cinquième constitution.

B. La mainmise de l'État gaullien sur l'information

Cette mainmise de l'État sur les médias pendant la guerre d'Algérie est décisive en cas de crise majeure. En effet, le putsch mené le 23 avril 1961 par des généraux partisans de l'Algérie française prend fin avec l'intervention radiotélévisée de de Gaulle, président de la République, invitant les « 500 000 gaillards [les soldats] munis de transistors » à ne pas suivre leurs supérieurs. De Gaulle renforce la mainmise de l'État sur l'information audiovisuelle. Le fidèle gaulliste Alain Peyrefitte est ministre de l'Information de 1962 à 1966, la télévision relève de la prérogative du président de la République tandis que la radio doit être, selon la formule du Premier ministre Debré, « sereine, nationale, gaulliste ». Les exceptions sont rapidement punies. Ainsi, les signataires du manifeste des 121, justifiant l'insoumission en Algérie, sont interdits d'antenne si bien que le contrôle relève davantage de l'autocensure, de crainte d'être sanctionné, que de la censure. Les radios périphériques, malgré leur audience, ne constituent pas de contrepoids politique significatif car elles ont principalement vocation à divertir.

C. L'indépendance accrue de l'opinion publique et de la presse

De Gaulle est convaincu que la presse écrite lui est hostile. La réalité est plus nuancée. Les quotidiens soutiennent, avec des nuances, la politique en Algérie, au risque de perdre une partie de leurs lecteurs, comme *Le Figaro*. Mais le magazine *France-Observateur,* dénonçant la « sale guerre » et la torture, est saisi à l'automne 1960.

Toutefois, l'opinion publique, loin d'être malléable et uniforme, contourne la censure officielle des médias. En témoigne la diffusion clandestine du témoignage d'Henri Alleg, ancien directeur de *L'Alger Républicain* torturé, dont la publication est interdite un mois après sa parution en 1958. Malgré leur contrôle politique, les médias jouent le rôle de relais de l'opinion qui, à l'exception des activistes de l'OAS, approuve, soulagée, l'indépendance de l'Algérie consacrée par les accords d'Évian et un référendum algérien en juillet 1962.

Transition : Le maintien de ce contrôle politique les années suivantes est au cœur de la crise politique et médiatique de Mai 68, revanche inattendue de l'opinion sur les médias.

III – La revanche de l'opinion sur les médias : la crise politique et médiatique de 1968

A. La contestation du lien média-politique par l'opinion

L'éditorial du *Monde* « La France s'ennuie » en mars 1968 montre que ni les médias ni les hommes politiques n'ont prévu l'explosion étudiante du 2 au 13 mai, rejointe à partir du 14 par l'agitation sociale. Tous partagent leur critique des médias. L'ORTF est la principale cible. Sa rigidité amplifie à son tour la révolte. En effet, en refusant de relayer les déclarations de dirigeants politiques et syndicaux hostiles au pouvoir le 25 mai – alors que la crise devient sociale et politique – et en licenciant massivement, sa direction donne raison aux manifestants défendant la liberté d'expression.

> **L'astuce du prof**
>
> Cette critique des médias est alimentée par *La Société du spectacle* et *La Société de consommation,* respectivement dénoncées par Guy Debord et Jean Baudrillard. Les médias traditionnels sont considérés comme les complices d'un pouvoir autoritaire.

B. La révolte par l'explosion médiatique : « le pouvoir est à la parole »

Les déclarations des manifestants sont transmises par les radios périphériques qui deviennent « le cordon ombilical qui relie la France à sa révolution ». En insistant sur la répression policière, qu'ils subissent eux-mêmes pour couvrir les manifestations, les reporters suscitent la sympathie à l'égard des étudiants et influencent ainsi de façon déterminante l'opinion. Lorsque le pouvoir interdit aux journalistes l'usage des radios émettrices, ceux-ci utilisent les cabines téléphoniques et postes des particuliers pour maintenir les émissions en direct.

De nombreux titres de presse connaissent un « printemps de l'engagement » en soutenant la révolte d'abord estudiantine, comme *Le Nouvel Observateur*, puis sociale telle *L'Humanité*. Les médias deviennent eux-mêmes acteurs de Mai 1968 avec la grève générale des journalistes.

Les manifestants multiplient leurs propres journaux, abondamment illustrés – singularité de 1968 – de dessins tels que ceux de Siné, Cabu, Topor, Wolinski pour *L'Enragé*. L'image devient un média essentiel circulant lors des manifestations, reproduite en grand nombre, collée sur les murs. Plus radicalement, certains critiquent le principe-même de toute médiation et réclament l'expression directe de l'opinion comme les graffitis.

C. La radio d'État est l'instrument du retour au pouvoir du général de Gaulle

Face au discrédit de la télévision et à la rareté des journaux restés gaullistes comme *Le Figaro* ou *France-Soir*, de Gaulle renoue avec son média de prédilection, la radio, pour affirmer le 30 mai que « la République n'abdiquera pas ». Son appel mobilise le soir même 300 000 sympathisants sur les Champs-Élysées. Le 4 juin, l'armée occupe la quasi totalité des émetteurs de l'ORTF. L'entretien radiotélévisé du 7 juin de de Gaulle annonce une reprise en main.

Dès le 28 juin, les sanctions tombent, d'abord collectives puis individuelles. « Après la grève, l'épuration », écrit *Le Nouvel Observateur*. L'autocensure reprend. Dans l'immédiat, le pouvoir renforce donc son contrôle sur les médias audiovisuels publics.

Conclusion

Bilan : En définitive, les médias jouent une partition fort différente lors des deux crises politiques majeures de la guerre d'Algérie en 1958 et de Mai 68. En 1958 et 1961, les médias sont les relais du pouvoir. Inversement, la crise de Mai 68 est une crise médiatique. Les médias forment donc l'opinion et deviennent eux-mêmes acteurs de la révolte. Cette explosion médiatique contraste avec la reprise en main du pouvoir.

Ouverture : Toutefois, à plus long terme, Mai 68 transforme les médias en posant le principe de leur indépendance.

Sujet 11 Les États-Unis depuis les « 14 points » du président Wilson (1918)

12 pts 2 h 30

Liban, juin 2019

Étude critique de documents

Doc.1 Le siècle américain

Dans la pratique, Franklin Roosevelt a été pendant sept ans un isolationniste intégral. [...] Que Franklin Roosevelt ait récemment émergé comme un leader mondial de temps de crise ne doit pas occulter le fait que depuis sept ans sa politique a annihilé la possibilité de voir s'affirmer un leadership américain et une coopération internationale. […] Sous ses ordres et sous sa direction, nous pouvons rendre l'isolationnisme aussi archaïque que la question de l'esclavage, et nous pouvons faire d'un véritable internationalisme américain une chose aussi naturelle que l'avion ou la radio de nos jours. En 1919, nous avons eu une occasion en or, une opportunité sans précédent dans toute l'histoire, celle d'assumer un leadership mondial, une occasion qui nous était offerte sur un plateau d'argent. Nous n'avons pas saisi cette opportunité. Wilson l'a mal gérée. Nous l'avons rejetée. L'opportunité a persisté. Nous l'avons ratée dans les années 1920, et dans la confusion des années 1930, nous l'avons tuée. Conduire le monde n'a sans doute jamais été chose facile. Pour raviver l'espoir de cette opportunité perdue, la tâche sera infiniment plus dure qu'elle ne l'aurait été auparavant. Néanmoins, avec l'aide de nous tous, Roosevelt doit réussir là où Wilson a échoué. […] C'est à l'Amérique, et à elle seule, de déterminer si un système de libre entreprise, un système économique compatible avec la liberté et le progrès, doit ou ne doit pas prévaloir en ce siècle. […] Nous devons devenir le bon Samaritain[1] pour le monde entier. C'est le devoir manifeste de ce pays d'entreprendre de nourrir tous les peuples du monde qui, en raison du naufrage mondial de la civilisation, sont affamés et démunis. […] Pour chaque dollar que nous dépensons en armements, nous devrions verser au moins dix cents en faveur d'un gigantesque effort pour nourrir le monde, et le monde saurait

1. Dans la Bible, le « bon Samaritain » est un personnage venant charitablement en aide à un homme attaqué par des brigands.

HISTOIRE

que nous nous sommes attelés à cette mission. […] C'est dans cet esprit que tous nous sommes appelés, chacun dans la mesure de ses capacités et de son horizon le plus large, à donner le jour au premier grand siècle américain.

Source : « The American Century », éditorial de Henry LUCE (grand patron de presse), publié dans *Life Magazine*, 17 février 1941, p. 61-65.
http://langlois.blog.lemonde.fr/2013/01/14/le-siecle-americain-selon-henry-luce/ (consulté le 04-12-2018)

Doc.2

© Georges Rival – Imprimerie spéciale du PCF /Archives départementales de la Seine-Saint-Denis

Affiche du parti communiste français contre le plan Marshall, 1951. Coll. « Archives du PCF » d'après Lucie Fougeron, « Propagande et création picturale. L'exemple du PCF dans la guerre froide. », *Sociétés & Représentations* 2001/2 (n° 12), p. 269-284.

Les clés pour réussir

L'essentiel à connaître

Thème principal : cette étude critique de documents s'insère dans le chapitre consacré aux relations entre les États-Unis et le monde depuis les « 14 points » de Wilson en 1918. Elle ne porte que sur les trente premières années qui correspondent grossièrement à la première partie du cours. Attention à ne pas tomber dans le hors-sujet et dépasser de manière trop importante les bornes chronologiques.

Notions-clés : puissance, isolationnisme

Mots-clés, personnages-clés : isolationnisme, interventionnisme, impérialisme, Thomas Woodrow Wilson, Franklin Roosevelt, guerre froide, Pearl Harbor : 7 décembre 1941.

Analyser le sujet

La consigne

La consigne est très détaillée et doit guider le candidat pour construire son plan. Elle insiste d'abord sur le fait que les documents doivent être replacés dans leur contexte. Vous devrez donc insister sur ce point dans votre introduction. **Les deux documents doivent également être confrontés** et ainsi expliquer la montée en puissance des États-Unis au début du XXe siècle, puis les bases sur lesquelles repose cette puissance mais aussi ses limites, ses contestations notamment en France.

Les documents

Document 1 : Le premier document est un extrait d'un article de presse signé par Henry Luce, un patron de presse, et publié dans le magazine *Life* au début de l'année 1941. **La guerre en Europe a commencé depuis un an et demi et les États-Unis restent éloignés du conflit.** Ce n'est qu'en décembre 1941 que l'attaque de Pearl Harbor va contraindre les États-Unis à rentrer en guerre. **Henry Luce valorise dans ce contexte l'interventionnisme de l'oncle Sam.**

Document 2 : Ce document est une affiche du parti communiste français publiée en 1951 dans un contexte de guerre froide et qui **dénonce** la « colonisation » de la France par les États-Unis à travers le plan Marshall. **Cette affiche craint l'impérialisme américain** représenté par une pieuvre aux yeux de dollars qui attaque la France.

Organiser ses idées

Définir une problématique

Les documents invitent évidemment à réfléchir à l'affirmation de la puissance américaine mais l'article est plus riche pour élaborer une problématique puisqu'il insiste sur le nécessaire changement de la politique

HISTOIRE

étrangère des États-Unis vers plus d'interventionnisme. Ainsi, on peut formuler la problématique comme telle.

→ **Les États-Unis s'affirment progressivement comme une puissance mondiale en rupture avec leur isolationnisme du début du siècle.**

Élaborer un plan

La consigne invite à élaborer un plan qui ne serait pas seulement chronologique mais aussi thématique ce qui aurait l'avantage de croiser les documents et d'offrir une réelle analyse et pas seulement un récit de l'affirmation de la puissance des États-Unis. La réflexion peut donc s'articuler en trois parties.

I. De 1918 à la guerre froide : d'une puissance isolationniste à interventionniste

II. Une puissance complète

III. Une puissance contestée dans un contexte de guerre froide

Sujet 11 Corrigé

Attention

Le plan est rappelé pour vous aider, mais il ne doit en aucun cas figurer sur votre copie. À vous de guider le correcteur par l'annonce du plan dans l'introduction, les phrases d'attaque des paragraphes et des transitions.

Introduction

La puissance américaine, aujourd'hui incontestable, s'est mise en place avec la Seconde Guerre mondiale. Le premier document est un extrait d'un éditorial de Henry Luce publié dans *Life Magazine* en février 1941 alors que les États-Unis, farouchement isolationnistes, ne participent pas à la guerre. L'éditorial est antérieur à Pearl Harbor, le journaliste défend au contraire une politique interventionniste. Le second document — publié en 1950 au plus fort de la guerre froide — est une affiche du PCF qui dénonce l'impérialisme économique des États-Unis.

L'astuce du prof

Veillez à toujours bien présenter les documents dans l'introduction.

À travers ces deux documents, nous pouvons nous interroger sur le fait que les États-Unis s'affirment progressivement comme une puissance mondiale en rupture avec leur isolationnisme du début du siècle.

I – De 1918 à la guerre froide : d'une puissance isolationniste à interventionniste

Entrés en guerre tardivement, les États-Unis ont grandement contribué à la victoire des alliés en 1918. Avant même l'armistice, le président américain Woodrow Wilson avait prononcé son célèbre discours connu sous le nom des « 14 points » où il défendait sa vision pacifiste du monde. Mais pour Henry Luce, alors qu'« en 1919, nous avons eu une occasion en or (...) celle d'assumer un leadership mondial », l'opportunité n'a pas été saisie. L'isolationnisme (le fait de s'isoler face aux problèmes internationaux) de l'oncle Sam a été plus fort et les États-Unis l'ont rejetée. En effet en 1920, le Congrès états-unien refuse de ratifier le traité de Versailles et la création de la SDN (Société des Nations). Les États-Unis redeviennent isolationnistes durant vingt ans.

L'élection de Franklin Delano Roosevelt en 1933 avait infléchi un peu la tendance mais selon Henry Luce « Franklin Roosevelt a été pendant sept ans un isolationniste intégral » et il accuse « sa politique [d'avoir] annihilé la possibilité de voir s'affirmer un leadership américain. » L'accusation est sévère puisque Roosevelt a lancé des programmes de réarmement mais en février 1941, les États-Unis restent effectivement très éloignés de la guerre (la loi du prêt-bail ne sera adopté qu'en mars 1941). L'éditorialiste appelle de ses vœux une plus grande implication des États-Unis, il écrit que « c'est à l'Amérique, et à elle seule, de déterminer si un système de libre entreprise, un système économique compatible avec la liberté et le progrès, doit ou ne doit pas prévaloir en ce siècle ». Selon lui, les États-Unis se doivent de donner naissance au « premier grand siècle américain ».

> **L'astuce du prof**
> Vous pouvez mobiliser des événements historiques légèrement postérieurs au document lorsqu'ils permettent de l'expliquer.

L'attaque de Pearl Harbor, le 7 décembre 1941, change évidemment la donne. D'isolationnistes, les États-Unis deviennent interventionnistes (politique qui vise une intervention dans les relations internationales) et ils s'engagent alors pleinement dans le conflit autant au niveau militaire (débarquement de Normandie en 1944, bombardements nucléaires en 1945) que politique (charte de l'Atlantique de 1941 qui annonce la future ONU, conférences de Yalta et Potsdam en 1945).

Cette puissance américaine s'est lentement construite et repose sur plusieurs piliers.

II – Une puissance complète

Les États-Unis sont depuis la fin du XIXe siècle la première puissance économique mondiale mais les cinquante premières années du XXe siècle voient leur puissance s'étoffer. Henry Luce ne dit pas autre chose lorsqu'il écrit que l'Amérique doit imposer « un système de libre entreprise, un système économique compatible avec la liberté et le progrès ». Puissance économique, financière (le dollar devient la monnaie de référence en 1945), militaire et scientifique (la victoire de 1945 et le monopole de l'arme atomique) mais aussi puissance culturelle avec la diffusion de l'*American way of life*. L'Amérique de l'après-guerre est une puissance complète qui doit « devenir le bon Samaritain pour le monde entier » selon les mots de Henry Luce. Afin d'assumer ce rôle, les États-Unis lancent au sortir de la guerre le plan Marshall, un plan d'aide aux pays européens pour lutter contre l'expansion du communisme dans le cadre de la politique d'endiguement au début de la guerre froide. Henry Luce va même plus loin puisqu'il affirme que « c'est le devoir manifeste de ce pays d'entreprendre de nourrir tous les peuples du monde ».

Cette puissance états-unienne est cependant très largement contestée dès les premières années de l'après-guerre.

III – Une puissance contestée dans un contexte de guerre froide

Dès 1945, la méfiance entre les alliés grandit et en 1947, la rupture est définitive. La guerre froide marque la fin du rêve wilsonien des États-Unis de diffuser au monde entier leur modèle économique et politique. L'URSS se pose en adversaire résolu et les différents partis communistes notamment d'Europe de l'Ouest vont devenir de farouches adversaires des États-Unis. Le second document atteste de cette opposition, le PCF publie en 1951 cette affiche qui dénonce « la colonisation » de la France par la pieuvre étatsunienne aux yeux de dollars et donc l'impérialisme de l'oncle Sam. Dès 1949, le PCF utilise même le terme de « cocacolonisation » pour dénoncer la culture et l'impérialisme économique des États-Unis.

Conclusion

Les États-Unis deviennent ainsi avec la Seconde Guerre mondiale une puissance incontournable qui assume ses responsabilités en tant que telle. Elle a alors définitivement rompu avec un isolationnisme traditionnel et apparaît comme un acteur incontournable même dans la vie politique française, ce qui suscita beaucoup d'opposition.

Sujet 12 Les États-Unis et le monde

8 pts · 1 h 30

Centres étrangers, juin 2017

Étude critique de documents

› La présence américaine au Proche et Moyen-Orient en 1945 et 1991

Doc.1 Le rapprochement entre les États-Unis et l'Arabie saoudite en 1945

Sur le bateau américain « Quincy », le roi d'Arabie saoudite Abdoul Aziz Al-Saoud rencontre le président américain F. D. Roosevelt le 14 février 1945 sur le Grand Lac Amer (Égypte).

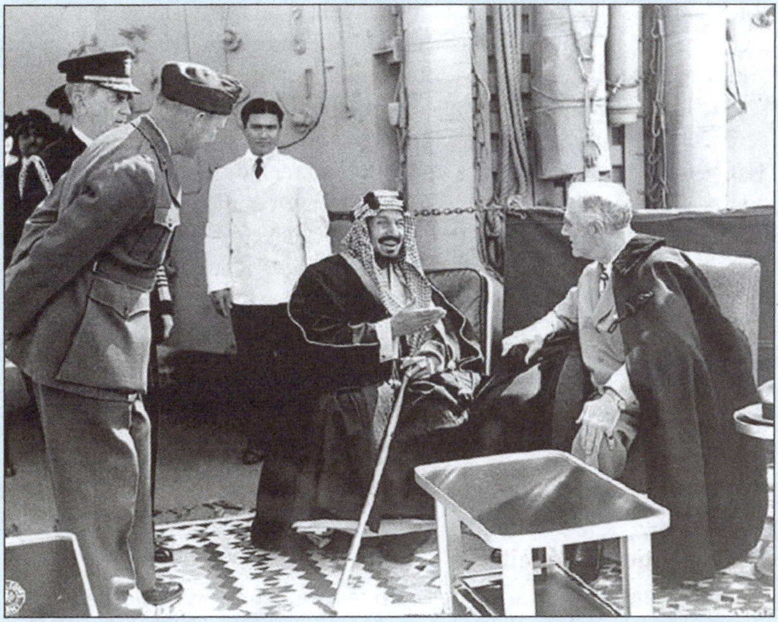

Source : Archives U.S. Navy.

HISTOIRE

Doc.2 **Extrait du discours de George Bush devant le Congrès, le 6 mars 1991, à la fin de la guerre du Golfe**

La guerre est finie. C'est une victoire pour tous les pays de la coalition, pour les Nations unies [...]. C'est une victoire de la loi et du droit [...]. Saddam Hussein était l'agresseur, le Koweït la victime. Sont venues à l'aide de ce petit pays des nations de l'Amérique du Nord et de l'Europe, de l'Asie et de l'Amérique du Sud, de l'Afrique et du monde arabe, tous unis face à cette agression. Notre coalition hors du commun doit travailler maintenant dans un même but : préparer l'avenir [...]. Ce soir, laissez-moi définir quatre objectifs clés.

Premièrement, nous devons travailler ensemble à mettre sur pied des accords de sécurité mutuelle dans la région. [...] Que nos amis et nos alliés sachent [...] que l'Amérique se tient prête à assurer la paix à leurs côtés. Cela ne signifie pas le stationnement de forces américaines terrestres dans la péninsule Arabique, mais la participation à des exercices conjoints, terrestres et aériens, et la présence d'une force navale conséquente dans la région, comme ce fut le cas depuis quarante ans. Que ce soit clair : nos intérêts nationaux dépendent d'un Golfe stable et sûr.

Deuxièmement, nous devons agir pour contrôler la prolifération des armes de destruction massive et les missiles utilisés pour les envoyer. [...] L'Irak requiert une vigilance particulière [...] et ne doit avoir aucun accès aux moyens de la guerre.

Troisièmement, nous devons travailler à créer de nouvelles occasions pour assurer la paix et la stabilité au Moyen-Orient [...].

Quatrièmement, nous devons favoriser le développement économique pour le bien de la paix et du progrès. Le golfe Persique et le Moyen-Orient forment une région riche en ressources naturelles avec un potentiel humain riche mais inexploité. [...] En atteignant ces quatre objectifs, nous pouvons bâtir un cadre pour la paix.

Bibliothèque présidentielle du Musée George-Bush,
College station, Texas.

Les clés pour réussir

L'essentiel à connaître

Thème principal : cette étude critique de documents mêle deux chapitres, comme cela est explicitement indiqué dans le titre : la relation des États-Unis avec le monde, spécifiquement avec une région étudiée dans la même séquence que « Puissances et conflits dans le monde » : le Proche et le Moyen-Orient.

- **Cette région stratégique, véritable Eldorado des hydrocarbures, est étroitement investie par les États-Unis, puissance mondiale dominante depuis la fin de la Seconde Guerre mondiale.** Il s'agit donc d'expliquer les liens forts de la puissance étatsunienne avec cette région. Les deux dates mises en avant sont importantes : elles marquent toutes deux la victoire des États-Unis dans un conflit d'échelle mondiale. Ainsi, il ne s'agit pas d'étudier en soi la présence de la première puissance mondiale dans cette région, mais plutôt les manifestations de sa puissance.

Événements-clés : pacte du Quincy (1945), guerre du Golfe (1991), accords d'Oslo (1993), guerre d'Irak (2003).

Analyser le sujet

La consigne

- La consigne concentre l'étude sur deux instants de la relation des États-Unis avec le Proche et Moyen-Orient et interdit donc toute étude chronologique exhaustive. Il ne faut pas évoquer les éléments entre 1945 et 1991 mais plutôt **s'interroger sur les similitudes et les différences que l'on peut observer entre ces deux dates.**
- Par ailleurs, la consigne demande de réfléchir à la portée du discours du président G. Bush à l'aide d'une **phrase soulignée**. Il est donc attendu que les candidats maîtrisent les événements postérieurs à ce discours, notamment la guerre déclenchée par les États-Unis en 2003 en Irak, pays plongé depuis dans un véritable chaos.

Les documents

- Ils sont classiques et connus, potentiellement déjà rencontrés par les candidats pendant leur année de préparation au baccalauréat.

Document 1 : il s'agit d'une photographie datée de 1945 représentant le pacte scellé entre les États-Unis et l'Arabie saoudite, allié solide et de longue date, à bord du navire le Quincy.

Document 2 : ce texte évoque un autre moment majeur de cette relation : la guerre du Golfe, qui apparaît dans le discours du président G. Bush comme le départ d'un nouvel ordre mondial pacifié sous l'égide des États-Unis victorieux de l'URSS.

- On observe que chaque document correspond à l'un des deux moments à étudier. Le risque pour les candidats est de traiter séparément chacun d'entre eux, au risque de produire un devoir très déséquilibré.

Organiser ses idées

Définir une problématique

Le sujet porte sur la présence des États-Unis au Proche et Moyen-Orient à deux dates très importantes. Les documents insistent sur l'intérêt (économique, politique) qu'a cette puissance pour cette région. La problématique de ce sujet peut donc insister sur l'importance de cet espace pour l'oncle Sam :

HISTOIRE

→ Comment l'intérêt des États-Unis se manifeste-t-il au Proche et Moyen-Orient en 1945 et 1991 ?

Élaborer un plan

Il n'est pas judicieux de construire son plan en associant une partie à un document : le document 1 sera ici trop peu riche pour permettre une telle opération. Il faut donc construire un plan thématique en réfléchissant aux relations qu'entretiennent les États-Unis avec le Proche et le Moyen-Orient.

I – En 1945 et 1991, l'intérêt stratégique des États-Unis au Proche et au Moyen-Orient

II – À partir de 1991, une présence de plus en plus contestée dans la région

Sujet 12 Corrigé

› La présence américaine au Proche et Moyen-Orient en 1945 et 1991

! Attention

Le plan est rappelé pour vous aider, mais il ne doit en aucun cas figurer sur votre copie. À vous de guider le correcteur par l'annonce du plan dans l'introduction, les phrases d'attaque des paragraphes et des transitions.

Introduction

La puissance américaine est très présente au Proche et Moyen-Orient, comme en témoigne la récente visite du président D. Trump en juin 2017 en Arabie saoudite, notamment pour y signer le plus gros contrat commercial de l'histoire des États-Unis. L'alliance entre les deux pays est ancienne, comme en témoigne le document 1 montrant l'alliance scellée sur le Quincy en 1945 entre le président F. D. Roosevelt et le roi Abdul Aziz Al-Saoud. En 1991, cette présence semble être renforcée, comme en témoigne le discours du président G. Bush qui se félicite de l'intervention internationale dirigée par les États-Unis dans la guerre du Golfe ayant permis de libérer le Koweït. Ce premier conflit d'après-guerre froide lui apparaît comme l'occasion d'instaurer un nouvel ordre mondial plus pacifique sous l'égide des États-Unis. Les États-Unis voient donc dans cette région un espace stratégique.
Comment l'intérêt des États-Unis se manifeste-t-il au Proche et Moyen-Orient en 1945 et 1991 ?

I – En 1945 et 1991, l'intérêt stratégique des États-Unis au Proche et au Moyen-Orient

Au retour de la conférence deYalta, le président des États-Unis d'Amérique Franklin Roosevelt rencontre en Égypte, sur le Grand Lac Amer, le roi d'Arabie saoudite Abdul Aziz Al-Saoud. Cette rencontre, prévue de longue date, est organisée sur le croiseur USS Quincy qui donnera son nom au futur pacte conclu entre les deux pays. Le Proche-Orient, riche en hydrocarbures, est un espace stratégique pour les États-Unis. La Seconde Guerre mondiale a été en partie gagnée grâce au pétrole moyen-oriental et l'Amérique triomphante veut sécuriser ses approvisionnements. Ainsi, un accord est conclu entre Roosevelt et Al-Saoud qui stipule que les États-Unis assureront la protection de l'Arabie saoudite, de la dynastie Saoud mais également la stabilité de la péninsule Arabique. En contrepartie de quoi, les États-Unis auront un accès privilégié au pétrole saoudien. Ce pacte du Quincy montre ainsi l'importance que les États-Unis confèrent au Moyen-Orient et à sa principale richesse, le pétrole. Ce pacte joue évidemment un rôle majeur dans le refus de l'Arabie saoudite d'utiliser, jusqu'en 1973, date du premier choc pétrolier, l'arme pétrolière dans le conflit israélo-arabe. Il est à noter que cet accord de 1945 a été renouvelé en 2005. Afin d'assurer la sécurité de la péninsule Arabique, les États-Unis multiplient ainsi les bases militaires dans la région (Bahreïn, Émirats arabes unis, Qatar, Arabie saoudite).

Cette région du monde reste, 45 ans plus tard, stratégique pour les États-Unis. En 1990, l'invasion du Koweït par l'Irak a, en partie, des causes liées à des différends pétroliers, et les États-Unis refusent l'augmentation des cours du pétrole du fait de conflits entre États producteurs. Une coalition internationale (Georges Bush évoque les « nations de l'Amérique du Nord et de l'Europe, de l'Asie et de l'Amérique du Sud, de l'Afrique et du monde arabe »), formée autour des États-Unis et avec l'aval de l'ONU, intervient ainsi au Koweït en février 1991 et libère le pays. Cette intervention est cependant entachée de nombreux soupçons quant à ses buts réels qui auraient été bien plus pétroliers que politiques.

> **L'astuce du prof**
> Ne faites pas le récit de la présence américaine dans la région, limitez-vous autant que possible aux deux dates de la consigne tout en montrant subtilement l'étendue de vos connaissances.

II – À partir de 1991, une présence de plus en plus contestée dans la région

À la suite de cette intervention militaire, le président américain Georges Bush exprime sa volonté de remodeler cette région et de « préparer l'avenir ». Il liste quatre objectifs : la sécurité, la stabilité, le développement économique et la lutte contre la proliféra-

> **L'astuce du prof**
> Veillez à ne pas confondre G. Bush père, président des États-Unis de 1989 à 1993 et auteur du discours, et George Bush fils, président de 2001 à 2009 qui a mené la guerre d'Irak en 2003.

tion des armes de destruction massive en ciblant précisément l'Irak : « L'Irak requiert une vigilance particulière. » Ces buts ont une visée régionale mais également nationale puisque le président déclare : « Nos intérêts nationaux dépendent d'un Golfe stable et sûr. » Georges Bush termine son discours par ces mots : « En atteignant ces quatre objectifs, nous pouvons bâtir un cadre pour la paix. » Durant les années qui suivent cette déclaration, les États-Unis tentent de mettre en place ce programme notamment en 1993 à travers les accords d'Oslo, qui marquent un tournant historique dans le conflit israélo-palestinien avec la reconnaissance d'Israël par l'OLP et la promesse de la création d'un État palestinien.

Cependant, ces louables intentions n'ont pas été réellement suivies d'effets et l'image des États-Unis s'est progressivement dégradée au Proche et Moyen-Orient. La politique étrangère américaine, très favorable à l'État d'Israël, allié de la guerre froide, ainsi que la guerre unilatérale en Irak en 2003, qui a créé le chaos que le pays subit aujourd'hui, expliquent cette défiance. D'ailleurs, les populations arabes du Proche et Moyen-Orient manifestent fréquemment leur opposition à la politique et à la présence étatsunienne dans la région. La création à l'ouest de l'Irak en 2006 de ce qui allait devenir l'État islamique, et dont le but premier est de lutter contre la présence américaine en Irak et plus généralement au Moyen-Orient, en témoigne. Conscient de ces critiques, le président Obama a prononcé en 2009 au Caire un discours, resté célèbre, dans lequel il appelait à « un nouveau départ » et promettait de ne plus interférer dans les affaires de la région sauf en cas de menaces graves sur leurs alliés ou de terrorisme. Depuis cette date, les États-Unis ne sont plus intervenus directement, même s'ils mènent depuis 2014 des frappes aériennes contre l'EI.

Gagnez des points !

Ici, les correcteurs attendent que vous montriez votre connaissance de l'actualité très importante de la région.

Conclusion

Ces deux documents témoignent de l'importance stratégique du Proche et Moyen-Orient pour les États-Unis, qui se traduit depuis 1945 par une présence et une ingérence américaine très importantes. Néanmoins depuis plusieurs années, les États-Unis adoptent une politique beaucoup plus prudente, comme en atteste le refus d'intervenir dans le conflit syrien.

Sujet 13 La Chine et le monde durant la guerre froide

8 pts — 1 h 30

Liban, mai 2015

Étude critique de documents

› La Chine et les deux grandes puissances pendant la guerre froide

En vous appuyant sur les deux documents et vos connaissances, présentez l'évolution des relations de la République populaire de Chine avec les deux Grands dans le contexte de la guerre froide.

HISTOIRE

Doc.1 **Timbre émis pour célébrer le pacte sino-soviétique du 14 février 1950**

Traduction :

Texte du haut : « En commémoration de la signature du pacte d'alliance, d'amitié et de soutien mutuel entre la Chine et l'URSS ».

Texte du bas : « 400 – Service postal du peuple chinois – Quatre cents yuans[1] »

La couleur du timbre est le rouge.

1. yuan : nom de la monnaie chinoise.

Doc.2

« L'annonce d'une prochaine visite du président Nixon à Pékin a étonné le monde et fait l'objet d'innombrables commentaires. Comment la Chine qui ne cesse de dénoncer la politique d'agression des États-Unis a-t-elle pu accepter le principe de cette rencontre ? Quelles raisons ont pu pousser le gouvernement de Washington à faire ce geste [...] ?
Certes, les facteurs qui ont dû pousser les États-Unis dans le sens de cette détente sont nombreux. [...] Parmi ceux qui peuvent être considérés comme prépondérants probablement faut-il retenir, dans l'ordre, l'espoir de faciliter le règlement du conflit vietnamien, la perspective de l'élection présidentielle de 1972, la question de l'entrée de la Chine à l'ONU et la volonté de faire pression sur l'URSS. Les raisons qui ont pu amener la Chine populaire à accepter le dialogue sont tout aussi importantes.
La première, qui est d'ordre très général, tient évidemment à la crainte qu'éprouve le gouvernement de Pékin de voir ceux de Washington et Moscou s'entendre contre lui sur un certain nombre de points. Quelle que soit l'idée que l'on se fasse de l'avenir de la détente sino-américaine, on ne peut nier la réalité actuelle et le danger qu'elle fait courir au gouvernement de Pékin. La Chine est un pays pauvre et le restera probablement encore pour un certain temps.
C'est dire que sa puissance, pour de nombreuses années encore, ne pourra être fondée sur sa capacité industrielle mais sur son dynamisme politique et son habileté diplomatique. Le seul moyen dont dispose le gouvernement chinois pour s'affirmer sur la scène internationale, c'est de faire échec à tout rapprochement entre les deux super-puissances. »

Extrait de l'article de François Joyaux, publié dans *Le Monde diplomatique*, septembre 1971.
Cité dans « Confucius, Mao, le marché... jusqu'où ira la Chine ? », *Manière de voir*, n° 85, février-mars 2006.

Les clés pour réussir

Thème principal : le sujet porte essentiellement sur la puissance de la Chine depuis 1949.
Notions-clés : communisme, guerre froide, déstalinisation.
Dates-clés : **1949** : proclamation de la République populaire de Chine. **1950** : traité d'amitié sino-soviétique. **1971** (octobre) : entrée de la RPC à l'ONU. **1972** : visite de Richard Nixon à Pékin.

Personnages et acteurs-clés : Mao Zedong, Joseph Staline, Richard Nixon.

Analyser le sujet

La consigne

La consigne est très simple à comprendre. Les deux éléments importants sont **« évolution », qui implique un changement** – en l'occurrence le passage de l'alliance naturelle avec l'URSS dans les années 1950 à un rapprochement avec l'adversaire capitaliste américain dans le cadre de la guerre froide – **et le terme de « guerre froide », dont il faudra définir les bornes.**

Les documents

- Les deux documents proposés sont contemporains des événements sur lesquels vous devez travailler. **Les dates sont importantes** : le premier, un timbre, a été édité pour saluer la signature du traité d'amitié sino-soviétique de 1950. Le second document est un article de presse publié en 1971 – soit un an avant la venue du président américain Richard Nixon en Chine – dans un journal français : *Le Monde diplomatique*.
- **Les deux documents vous guident mais ne contiennent pas les connaissances précises indispensables dans votre devoir.** Vous devrez vous appuyer sur eux pour bâtir votre devoir mais ce sont vos connaissances personnelles qui vont vous permettre de répondre à la consigne.

Organiser ses idées

Définir une problématique

Les documents illustrent parfaitement le **changement radical d'alliance de la Chine pendant la guerre froide.** Elle se rapproche dès 1949 de l'URSS communiste, avec laquelle les affinités politiques sont évidentes. Mais cette alliance est rapidement rompue et la Chine s'isole pendant une longue période. Au moment de sortir de cet isolement, ce n'est pas vers l'URSS mais vers l'ennemi américain que la Chine communiste se tourne.

→ **Comment expliquer le renversement d'alliance qu'a opéré la Chine durant la guerre froide ?**

Élaborer un plan

Le plan doit être **chronologique** pour montrer **l'évolution des relations de la Chine avec les deux Grands**. Chaque document correspond à une période et à une des deux superpuissances, vous devrez donc construire chacune de vos parties autour d'un des deux documents.

I – La Chine et l'URSS : deux grands pays communistes alliés au début de la guerre froide

II – La rupture sino-soviétique et le rapprochement sino-américain

HISTOIRE

Sujet 13 Corrigé

La Chine et les deux grandes puissances pendant la guerre froide

! Attention

Le plan est rappelé pour vous aider, mais il ne doit en aucun cas figurer sur votre copie. À vous de guider le correcteur par l'annonce du plan dans l'introduction, les phrases d'attaque des paragraphes et des transitions.

Introduction

Si la Chine est aujourd'hui un acteur incontournable des relations internationales, elle a longtemps pâti d'une puissance politique faible dans le contexte de la guerre froide. Les deux documents proposés évoquent cette dépendance de la Chine envers les deux superpuissances américaine et soviétique. Le premier est un timbre émis par la jeune République populaire de Chine en 1950 à l'occasion du traité d'amitié entre l'URSS et la Chine et entre leurs dirigeants respectifs. Le deuxième document, plus tardif, est un article d'un journal spécialiste des relations internationales français, *Le Monde diplomatique*, paru en septembre 1970. Il témoigne du rapprochement entre la Chine et les États-Unis dans un contexte de Détente entre les deux superpuissances de la guerre froide, les États-Unis et l'URSS.

Comment expliquer le renversement d'alliance qu'a opéré la Chine durant la Guerre froide ?

I – La Chine et l'URSS : deux grands pays communistes alliés au début de la Guerre froide

L'astuce du prof

Pour bien répondre au sujet, je veille à toujours présenter la situation de la Chine dans le contexte de la guerre froide.

La guerre froide désigne un affrontement idéologique, économique et militaire entre les deux superpuissances issues de la Seconde Guerre mondiale, les États-Unis et l'URSS, sans qu'elles ne s'affrontent directement.

La Chine communiste est naturellement amenée à s'allier à l'URSS, comme le montre le timbre qui commémore le traité d'amitié sino-soviétique de 1950. On reconnaît sur la gauche le secrétaire général du Parti communiste d'Union soviétique depuis les années 1920, Joseph Staline, les symboles du régime communiste, la faucille (pour les paysans) et le marteau (pour les ouvriers). Le palais du Kremlin se trouve devant les pays d'Europe de l'Est, libérés par l'Armée rouge puis intégrés au bloc de l'Est. Joseph Staline serre la main du leader chinois Mao Zedong qui a lutté contre l'invasion japonaise pendant la Seconde Guerre mondiale et a proclamé en 1949 la République populaire de Chine d'idéologie communiste. Cette poignée de main scelle l'alliance entre les deux grands pays communistes que sont l'URSS et la Chine.

Le parti communiste chinois (PCC) applique le modèle soviétique dans l'économie et la vie politique. L'économie est planifiée et privilégie l'industrie lourde, tandis que les campagnes connaissent une réforme agraire qui met en place la collectivisation des terres. Le PCC est un parti-État qui n'accepte aucune contestation. Sur le plan des relations internationales, la Chine défend les intérêts du bloc soviétique et devient un acteur majeur de la guerre froide : en 1950, elle intervient contre les Américains dans la guerre de Corée (1950-1953). Mais la mort de Staline en 1953 suivie de la déstalinisation menée par son successeur Nikita Khrouchtchev déplait à Mao, qui se perçoit désormais comme le seul vrai dirigeant communiste, l'URSS ayant abandonné la lutte contre les États-Unis dans le cadre de la coexistence pacifique. La Chine se ferme de plus en plus, comme en témoigne la politique économique désastreuse du Grand Bond en Avant de 1958 qui entraîne plus de 35 millions de morts à cause de la famine. Cette politique est ouvertement critiquée par Khrouchtchev, ce qui scelle la rupture sino-soviétique. Après ces échecs, Mao veut faciliter les relations avec les États-Unis.

> **Vocabulaire**
>
> **Déstalinisation** : politique menée en URSS dès la mort de Staline pour dénoncer ses crimes et mettre fin au culte de sa personnalité.

II – La rupture sino-soviétique et le rapprochement sino-américain

Le journaliste du *Monde diplomatique* évoque dans le document 2 « la crainte qu'éprouve le gouvernement de Pékin de voir ceux de Washington et Moscou s'entendre ». En effet, après la coexistence pacifique prônée par Khrouchtchev dès 1956, les deux superpuissances renforcent leur rapprochement avec la période qualifiée de Détente, qui s'étend de la crise des fusées à Cuba (1962) à la fin des années 1970. Elle consiste en des rencontres régulières et une politique de désarmement. Richard Nixon, malgré son anti-communisme certain, a mené une politique d'apaisement. Le document 2 évoque « l'espoir de faciliter le règlement du conflit vietnamien », dans lequel les États-Unis sont embourbés depuis 1965 et qui les oppose à la Chine. Le président américain organise le retrait des troupes américaines et plaide pour une « vietnamisation du conflit », c'est-à-dire le remplacement de ses troupes par des soldats vietnamiens. Dès 1971, date de l'article, est annoncé le projet d'une rencontre au som-

> **L'astuce du prof**
>
> Utilisez vos connaissances de Première pour évoquer la guerre du Vietnam.

HISTOIRE

met entre les deux chefs d'État pour l'année suivante. Cette reconnaissance *de facto* de la République populaire de Chine par les États-Unis ouvre la voie à une même reconnaissance à l'ONU, où la RPC est admise en octobre 1971 à la place de Taïwan. Ces deux événements concomitants ont permis à la Chine de rompre son isolement bien qu'il faille le relativiser car, en tant que leader du tiers-monde et des pays non alignés, elle a beaucoup d'alliés. Elle entre dans le cercle très fermé des grandes puissances disposant du droit de veto au Conseil de sécurité de l'ONU.

Cette puissance politique qui s'affirme n'inquiète pas outre mesure les puissances occidentales car « la Chine est un pays pauvre et le restera probablement encore pour un certain temps », selon le document 2. On peut pourtant observer que la politique d'ouverture de Deng Xiaoping des quatre modernisations est mise en place dès 1979 afin de développer la « capacité industrielle » du pays. On connaît aujourd'hui le succès rapide et massif de cette ambition.

L'astuce du prof

Dans les séries L et ES, on attend toujours que vous ayez un regard critique sur le document.

Conclusion

Dans son chemin vers la puissance, la Chine communiste a finalement préféré l'alliance avec l'ennemi américain pour rejoindre le concert des nations à l'ONU et s'intégrer dans l'économie mondiale. Depuis la chute de l'URSS en 1991, la Chine reste le plus grand pays communiste et dispute la place de première puissance mondiale aux États-unis.

Sujet 14 La Chine et le monde depuis 1949

12 pts — 2 h 30

France métropolitaine, juin 2017

Composition

› **La Chine et le monde depuis 1949**

Les clés pour réussir

L'essentiel à connaître

Notions-clés : République Populaire de Chine, parti communiste chinois, maoïsme, non-alignement, « développement pacifique », mondialisation, zones économiques spéciales (ZES), « usine du monde », superpuissance.

Personnages-clés : Mao Zedong, Zhou Enlai, Deng Xiaoping.

Dates-clés : **1949** : victoire du parti communiste dans la guerre civile ; **1955** : conférence de Bandung ; **1960** : rupture sino-soviétique ; **1976** : mort de Mao ; **1979** : réformes de Deng Xiaoping ; **1984** : premières ZES ; **2001** : entrée de la Chine dans l'OMC.

Analyser le sujet

- Le sujet s'inscrit dans l'étude de la reconstruction de la puissance chinoise au XXe siècle. Après une longue période de déclin, la République de Chine, qui succède en 1912 à l'Empire, suit d'abord la voie nationaliste (Guomindang) pour réaffirmer sa puissance. **La victoire du parti communiste à l'issue de la guerre civile en 1949 marque un tournant** : la Chine ouvre alors une voie originale, le maoïsme, à l'initiative de Mao Zedong, avant **un revirement vers la mondialisation libérale** sous Deng Xiaoping.
- Le sujet commence en 1949 : ne mentionnez donc la période nationaliste qu'en introduction. Votre composition doit être consacrée à **la période où le parti communiste est au pouvoir**. Vous devez donc examiner et expliquer les choix qu'il effectue.
- Toutefois, faites attention à la formulation de l'énoncé : « La Chine et le monde » implique de se pencher sur **la politique mondiale de la Chine**, aussi bien sur le plan diplomatique qu'économique. Il faudra donc éviter les longs développements sur les évolutions chinoises internes, en particulier de l'époque maoïste (Grand Bond en avant, etc.).
- Vous pouvez aussi vous appuyer sur **les éléments vus en cours de géographie** sur la place de la Chine dans la mondialisation.

HISTOIRE

Organiser ses idées

Définir une problématique

- La problématique découle de l'analyse du sujet : parler de la façon dont la Chine communiste se positionne dans le monde ne doit pas donner lieu à une description, mais à **une explication** de la politique étrangère chinoise.
- L'objectif chinois après 1914 est de redevenir une grande puissance mondiale : c'est ce que démontre tout le chapitre consacré à la Chine dans le programme. Votre problématique doit donc lier les deux éléments.

→ **De quelle façon, à partir de Mao, la Chine devenue communiste se positionne-t-elle à l'international pour redevenir une puissance mondiale ?**

Élaborer un plan

Le **plan chronologique** est tout indiqué, car la période que recouvre le sujet comprend une rupture majeure, celle de la fin des années 1970, avec le tournant économique libéral et le choix de la mondialisation. L'époque strictement communiste qui précède connaît aussi une rupture dans le conflit avec l'URSS, mais faire deux parties sur la période 1949-1979 risquerait de déséquilibrer le plan. Deux parties peuvent donc suffire pour traiter le sujet.

I – La Chine maoïste, une nouvelle voie vers la reconquête de la puissance ? (1949-fin des années 1970)

II – La montée en puissance d'une Chine ouverte sur le monde depuis les années 1980

Sujet 14 Corrigé

› La Chine et le monde depuis 1949

! Attention

Le plan est rappelé pour vous aider, mais il ne doit en aucun cas figurer sur votre copie. À vous de guider le correcteur par l'annonce du plan dans l'introduction, les phrases d'attaque des paragraphes et des transitions.

Introduction

Définition du sujet : Après une longue période de déclin, l'Empire chinois, qui eut une influence politique et culturelle majeure en Asie orientale, s'effondre avec la Révolution de 1911. Le gouvernement nationaliste qui proclame la République en 1912 essaye d'affirmer la place de la Chine, notamment en contestant la domination occidentale et japonaise, mais rencontre de nombreux obstacles, extérieurs avec la conquête japonaise des années 1930, et intérieurs avec une guerre civile récurrente. En 1949, c'est le parti communiste chinois, dirigé par Mao Zedong, qui conquiert finalement le pouvoir et contrôle la Chine continentale, le gouvernement nationaliste se réfugiant sur l'île de Taïwan. La nouvelle Chine communiste ouvre une voie originale pour se redresser et affirmer sa place sur l'échiquier international.

> **L'astuce du prof**
> Comme le sujet commence au milieu du chapitre, vous pouvez résumer la période précédente dans l'introduction et ainsi mieux justifier la coupure chronologique proposée.

Problématique : De quelle façon, à partir de Mao, la Chine devenue communiste se positionne-t-elle pour redevenir une puissance mondiale ?

Annonce du plan : Après s'être inséré dans le bloc soviétique, Mao s'en détache pour appliquer en Chine un modèle communiste spécifique, le maoïsme. Après la mort de Mao, à partir de la fin des années 1970, la Chine fait le choix de s'insérer dans la mondialisation libérale.

I – La Chine maoïste, une nouvelle voie vers la reconquête de la puissance ? (1949-fin des années 1970)

Faible puissance économique, la Chine s'affirme à l'échelle mondiale comme puissance politique.

A. Une reconstruction sous influence soviétique

Après des années de guerre contre les Japonais puis de guerre civile, la Chine apparaît encore plus affaiblie qu'avant la Révolution de 1911 : en 1949, elle est un des pays les plus pauvres au monde, menacé par la famine. Dès son arrivée au pouvoir en octobre 1949, Mao s'allie à l'URSS et adopte le modèle stalinien. Selon lui, « l'URSS d'aujourd'hui, c'est la Chine de demain ». Le parti communiste chinois (PCC) est le parti unique. Il mène une politique totalitaire fondée sur la propagande et la terreur.

Sur le plan économique, la Chine s'engage dans une réforme agraire suivie d'une collectivisation des terres, tout en adoptant un plan quinquennal qui donne priorité à l'industrie lourde. La Chine recherche l'indépendance du pays pour les produits de base. Les premiers résultats, une forte croissance industrielle et l'urbanisation, sont encourageants.

Sur le plan politique, le PCC maintient des exigences nationalistes (protectorat sur le Tibet, « région autonome » envahie en 1950, front pionnier et colonisation Han dans le Xinjiang). Les tensions sont fortes avec Taïwan : le gouvernement nationaliste, protégé par les États-Unis, a conservé son siège permanent au Conseil de Sécurité de l'ONU attribué en 1945, la République Populaire de Chine (RPC) n'ayant pas encore obtenu de reconnaissance internationale.

B. Une voie originale vers l'indépendance

À partir de 1960, mécontent de la politique de déstalinisation menée par Khrouchtchev, Mao rompt progressivement ses relations avec l'URSS et initie le maoïsme. Il veut faire de la Chine le nouveau centre d'une « révolution communiste véritable », proposer un modèle original et spécifique d'un pays encore assimilable au Tiers-Monde, qui s'appuie non plus sur le prolétariat ouvrier urbain mais sur une vaste paysannerie. Les tensions se multiplient avec les Soviétiques et des traités sont rompus avec l'URSS.

> **L'astuce du prof**
> N'oubliez pas de développer chaque acronyme une première fois avant de les utiliser dans la copie (PCC, RPC...)

Mais la politique du Grand Bond en avant tourne à la catastrophe : elle désorganise les campagnes à force de vouloir les restructurer. La famine tue environ 20 millions de personnes et la RPC doit importer des grains d'Australie et du Canada. Mao renforce la terreur à travers la Révolution culturelle, ce qui accentue les difficultés économiques et sociales de la Chine. Isolée sur le plan diplomatique depuis sa rupture avec l'URSS, la Chine doit changer sa politique étrangère.

C. Une puissance surtout géopolitique mais limitée

La priorité de Mao est d'abord d'imposer sa puissance en Asie, en particulier dans sa zone millénaire d'influence. À la demande de l'URSS, elle était déjà intervenue dans la guerre de Corée en soutenant – jusqu'à aujourd'hui encore – la Corée du Nord. Dans les années 1970, elle essaie d'intervenir en soutien du Vietnam communiste, mais comme celui-ci choisit l'URSS, elle se tourne vers le Cambodge des Khmers rouges.

À l'échelle mondiale, elle développe l'arme nucléaire pour renforcer son indépendance géopolitique. Dans le contexte de la décolonisation, elle réussit à établir des liens forts avec l'Inde et l'Indonésie. Par la voix de Zhou Enlai, elle rejoint et anime le mouvement des non-alignés issu des conférences de Bandung (1955) et de Belgrade (1961). La Chine se présente en leader du Tiers-Monde face aux puissances du Nord, États-Unis et URSS. En 1974, Mao énonce sa théorie des « trois mondes » : deux hégémonismes – le premier de la part des États-Unis et de l'URSS, le second composé de l'Europe, du Japon et du Canada – dominent le Tiers-Monde, que la Chine veut aider à s'émanciper. Elle multiplie en ce sens les aides et les coopérations en direction de l'Afrique et de l'Amérique du Sud.

> **Vocabulaire**
> **Mouvement de neutralisme/des non-alignés :** anciens pays décolonisés qui ne souhaitent pas choisir un bloc ou un autre de la guerre froide afin de préserver leur toute récente indépendance.

La Chine essaie aussi de diffuser son modèle communiste spécifique, le maoïsme, appuyé sur la paysannerie. Elle réussit ainsi à inspirer dans le Tiers-Monde de nombreux mouvements révolutionnaires africains ou latino-américains, mais aussi des franges révolutionnaires de la jeunesse occidentale (Mai 68 en France). La Chine communiste obtient ainsi progressivement sa reconnaissance internationale : la France en 1964, les États-Unis de Nixon en 1971. La même année, elle récupère sur Taïwan le poste permanent au Conseil de sécurité de l'ONU, qui devient une tribune pour sa politique étrangère.

Transition : À la mort de Mao, ses partisans se partagent le pouvoir avec des réformateurs regroupés autour de Zhou Enlai et Deng Xiaoping. Ces derniers s'imposent en 1978 et mènent une politique de réforme et d'ouverture, cherchant à s'intégrer à la mondialisation.

II – La montée en puissance d'une Chine ouverte au monde depuis les années 1980

Sous l'impulsion de Deng Xiaoping, compagnon et successeur de Mao, la Chine s'ouvre à l'économie de marché.

A. Un changement de cap économique : le tournant vers la mondialisation libérale

À partir de 1979, la Chine se lance dans une série de réformes qui ne touchent pas à la suprématie politique du PCC, mais cherchent à intégrer le pays au monde par son ouverture économique à la mondialisation libérale. Quatre zones économiques spéciales (ZES) sont ouvertes en 1984 sur le littoral, dont la ville de Shenzhen. Les ZES gagnent ensuite tout le littoral, l'intérieur du pays (années 2000). Elles transforment progressivement en « usine du monde » la Chine qui devient premier producteur d'acier et de textile, et quatrième pour l'automobile. La Chine atteint ainsi des taux de croissance annuelle de 10 % depuis 20 ans, et est devenue aujourd'hui par son PIB la 2e puissance économique mondiale, derrière les États-Unis mais devant son éternel rival japonais. Cependant, le PIB/habitant reste médiocre et l'économie chinoise n'est pas décisionnelle dans la division internationale du travail (DIT) : elle assure les activités de base et d'assemblage et ses produits sont exportés vers les pays de consommation du Nord. Le PCC se tourne donc aujourd'hui vers la recherche, y compris celle axée sur le développement durable, ainsi que vers le développement de son marché intérieur.

> **Vocabulaire**
>
> **ZES** : espaces fortement contrôlés où l'économie capitaliste libérale est autorisée. Les FTN étrangères s'y implantent, venant chercher une main d'œuvre abondante et bon marché.

Cette ouverture a contribué à la mondialisation, d'une part en ouvrant le pays le plus peuplé du monde aux investissements étrangers, d'autre part en réorganisant l'économie mondiale multipolaire, qui n'est plus centrée sur le Nord. La Chine, par son poids, apparaît comme un leader de la mondialisation. Elle se fait le porte-parole du Sud et défend ses intérêts dans l'OMC, qu'elle a intégrée en 2001. Elle est aussi au cœur des échanges énergétiques (15 % de l'énergie mondiale) et traite et investit avec l'Afrique, le Moyen-Orient et l'Amérique latine. Les FTN chinoises font leur apparition et prennent le contrôle d'entreprises occidentales ou japonaises (rachat d'IBM par Lenovo). Enfin, elle possède une grande part des bons du Trésor américain, finançant ainsi la dette des États-Unis.

L'astuce du prof

Dans cette partie, vous pouvez croiser le programme d'Histoire et de Géographie (Asie, mondialisation...). Mais attention, le sujet reste un sujet d'Histoire !

B. Une puissance dans les relations internationales

Depuis 1979, la politique étrangère de « développement pacifique » de la Chine prône un monde multipolaire lui permettant de prendre une place sur l'échiquier mondial, notamment au sein des grandes organisations internationales comme l'ONU ou l'OMC. La création du G20 a été pour elle comme pour les pays du Sud un succès diplomatique. Elle constitue par ailleurs un pilier des BRICS. Cependant, la Chine est peu impliquée dans les divers conflits du monde et ne pratique pas l'interventionnisme occidental – sauf quand ses intérêts sont menacés, comme dans la guerre civile du Soudan, l'un de ses fournisseurs de pétrole.

La Chine a par ailleurs restauré son influence en Asie orientale, un objectif que poursuivait Mao. En 1997, la rétrocession de Hong Kong puis, l'année suivante, du protectorat portugais de Macao lui a redonné son intégralité territoriale, effaçant les traités inégaux. Seul subsiste le conflit avec Taïwan, malgré un accord de libre-échange en 2010. La Chine reste un acteur incontournable du dossier coréen, apaisant les tensions mais bloquant la réunification. Elle a été à l'initiative d'organisations internationales, comme l'organisation de Shanghai avec la Russie et l'Asie centrale, destinée à se donner les moyens d'assurer la stabilité de cette partie du continent, notamment face à l'islamisme, tout en évitant une trop forte immixtion des États-Unis depuis leur intervention en Afghanistan. La crainte d'une trop forte domination chinoise en Asie du Sud et de l'Est, ses manœuvres et revendications maritimes contre le Japon ou sur les îles Spratley, poussent ses voisins à renforcer l'alliance américaine et pèsent sur les négociations d'élargissement de l'ASEAN : le Japon soutient en effet l'entrée de démocraties comme l'Inde voire l'Australie pour faire contrepoids à l'adhésion de la Chine.

C. Une nouvelle superpuissance ?

Devenue une nouvelle puissance économique mondiale, avec des moyens géopolitiques, la Chine est de plus en plus obligée de participer activement aux décisions aussi bien géoéconomiques que géopolitiques, et participe ainsi à des opérations de maintien de la paix de l'ONU. Elle ajoute à ces éléments de puissance un regain d'influence culturelle. La diaspora chinoise, avec ses 30 millions d'expatriés, en est un vecteur non négligeable servant de réseau économique mais aussi de vitrine de la culture chinoise :

toutes les grandes métropoles mondialisées ont leur « Chinatown ». L'État chinois s'est aussi récemment lancé dans la mise en place d'un réseau mondial d'instituts culturels, les instituts Confucius. Le pays a en outre obtenu l'organisation de grandes manifestations, comme les Jeux olympiques de Pékin en 2008 ou l'exposition universelle de Shanghai en 2010. La Chine possède ainsi tous les atouts pour être une nouvelle superpuissance mondiale.

Mais de nombreux facteurs fragilisent encore son ascension : tensions sociales (grèves de plus en plus fréquentes) qui pourraient dégénérer en tensions politiques (contradiction entre doctrine communiste officielle et libéralisation économique), atteintes aux droits de l'Homme, IDH médiocre...

Conclusion

Bilan : Le PCC semble avoir réussi le pari de refaire de la Chine une puissance dont l'influence se manifeste à nouveau dans plusieurs domaines et à plusieurs échelles, en Asie d'abord, mais aussi dans le monde. Pour cela, le parti a connu de nombreuses évolutions idéologiques et a dû adapter sa doctrine avec la réalité de la mondialisation. La Chine apparaît désormais comme une future superpuissance mondiale comparable aux États-Unis.

Ouverture : Pour autant, de nombreux obstacles et fragilités l'empêchent de prétendre pour l'instant à devenir un modèle attractif à l'échelle internationale.

Sujet 15 La France et la guerre du Golfe (1991)

8 pts — 1 h 30

France métropolitaine, septembre 2013

Étude critique d'un document

› Le Proche et Moyen-Orient : un foyer de conflits depuis la fin de la Première Guerre mondiale

À partir des propos de l'auteur, montrez en quoi le Proche et Moyen-Orient est un foyer de conflits et indiquez quels autres facteurs de tensions troublent cette région. Dans quelle mesure la solution pour établir la paix que propose l'auteur dans le dernier paragraphe a-t-elle été mise en œuvre ?

Document Allocution télévisée de François Mitterrand, président de la République, le 3 mars 1991

« Mes chers compatriotes,

[...]

Le Conseil de sécurité a décidé aujourd'hui même que l'Irak devait renoncer publiquement à ses visées, libérer les prisonniers, aider à identifier les champs de mine et d'explosifs et les lieux où sont dissimulées les armes chimiques et biologiques. Réparer enfin le dommage causé au Koweït[1].

[...] Quant à la recherche d'une paix juste, répétons aujourd'hui comme hier que la libération du Koweït n'a réglé qu'un problème parmi d'autres.

[...] Comment réconcilier des peuples qui ne se parlent pas ? Sauf à souscrire à la loi du plus fort ? C'est ainsi qu'Israël doit réellement disposer de frontières sûres et reconnues et des moyens de sa sécurité, les Palestiniens posséder en tant que peuple leur identité, leur patrie, leur État, le Liban exercer librement sa souveraineté et je n'oublie ni l'intégrité de l'Irak, ni les aspirations de son peuple.

Est-ce trop demander ? Cela ne vaudrait-il pas mieux que la guerre perpétuelle, la mort aux aguets, l'angoisse des jours et des nuits, le risque permanent d'une conflagration générale ? Il me semble que le rôle joué par les Nations unies durant cette crise justifie qu'on leur fasse confiance et qu'elles sauront restaurer ou plutôt instaurer les mécanismes de conciliation et d'arbitrage qui s'imposent pour la prévention et la solution des conflits. D'autres problèmes au demeurant subsisteront dans la région. Droits des minorités, comme celle des Kurdes, protection de l'environnement, partage des ressources, contrôle mutuel des armements, et ce dernier point concerne aussi bien les pays qui vendent des armes que ceux qui les achètent. […] »

Source : *www.monde-diplomatique.fr*

1. La guerre du Golfe ou du Koweït oppose l'Irak, dirigé par Saddam Hussein, à une coalition internationale conduite par les États-Unis qui réunit trente-quatre pays, dont la France. L'Irak a envahi puis annexé le Koweït en août 1990. Les Nations unies exigent son retrait et autorisent le recours à la force pour l'imposer. Les opérations militaires de la coalition (17 janvier-28 février 1991) se terminent par la libération du Koweït, la défaite de l'Irak et un cessez-le-feu qui permet à Saddam Hussein de conserver provisoirement le pouvoir. Le président François Mitterrand s'adresse aux Français trois jours après le cessez-le-feu.

Les clés pour réussir

L'essentiel à connaître

Thème principal : ce commentaire d'un document correspond à la deuxième entrée du troisième thème du programme d'histoire, et porte sur l'analyse d'un « foyer de conflits, le Proche et le Moyen-Orient ».

Notions-clés : multilatéralisme, sécurité collective, armes de destruction massive, conflit, tensions.

Analyser le sujet

La consigne

- La consigne doit guider et encadrer votre commentaire. Il faut éviter, par exemple, de s'étendre sur certaines thématiques abordées telles que le droit des minorités ou le rôle de l'ONU. Votre analyse doit rester circonscrite au Proche et au Moyen-Orient.
- Cette consigne comporte deux parties distinctes. Dans un premier temps il s'agit, à partir de l'exemple de la première guerre du Golfe, objet du discours à commenter, de montrer que le Moyen-Orient est un foyer de conflits et donc d'**identifier les causes de cette guerre** et de **citer d'autres exemples** de conflits survenus dans la région, mais sans exhaustivité.
- La deuxième partie de la consigne invite à identifier la solution préconisée par François Mitterrand pour maintenir la paix dans la région, et l'échec ou la réussite de sa proposition. Il s'agit donc là de **mobiliser des faits postérieurs au document et de les mettre en perspective.**

Le document

- Ce discours a été prononcé le 3 mars 1991 par François Mitterrand, le président de la République française depuis 1981. Il prend place après le cessez-le-feu qui a mis fin à la première guerre du Golfe. Cette guerre a

HISTOIRE

été menée par une coalition de 34 États, dont la France, et a reçu l'aval du Conseil de sécurité de l'ONU, ce qui donne à l'intervention une légalité internationale.

- Jusque-là, **l'ONU avait été impuissante à résoudre les conflits** du Moyen-Orient, terrain d'affrontements, pendant la guerre froide, entre l'URSS et les États-Unis tous deux détenteurs d'un droit de veto au Conseil de sécurité. Dans ce discours, le président français insiste pour que ce **nouveau rôle de l'ONU** soit conforté.

Organiser ses idées

Définir une problématique

- Il s'agit de montrer que cette première guerre du Golfe est une **illustration des conflits et tensions qui règnent dans la région.**
- Mais il faut aussi montrer que cette intervention constitue une rupture, un moment nouveau, dans les mécanismes géopolitiques à l'œuvre au Moyen-Orient. Les États-Unis, qui conduisent la coalition, entament là une politique plus interventionniste. Dans le même temps, l'ONU s'affirme, ce dont se félicite François Mitterrand dans ce discours.

La problématique peut donc être formulée ainsi :

→ **En quoi ce discours de François Mitterrand est-il un plaidoyer pour l'implication de l'ONU dans le règlement des conflits au Moyen-Orient ?**

Élaborer un plan

Le plan doit correspondre à la problématique et permettre de traiter la totalité des points abordés dans la consigne. Il s'agit donc à la fois d'évoquer, à travers la guerre du Golfe, la **conflictualité au Moyen-Orient**, le **rôle des États-Unis et de l'ONU dans la région** et enfin la portée **du discours de François Mitterrand.**

I – La guerre du Golfe, témoignage de la conflictualité au Proche et Moyen-Orient.

II – Un appel à l'affirmation de la communauté internationale pour maintenir la paix au Proche et Moyen-Orient.

Sujet 15 Corrigé

› Le Proche et Moyen-Orient : un foyer de conflits depuis la fin de la Première Guerre mondiale

! Attention

Le plan est rappelé pour vous aider, mais il ne doit en aucun cas figurer sur votre copie. À vous de guider le correcteur par l'annonce du plan dans l'introduction, les phrases d'attaque des paragraphes et des transitions.

Introduction

Au début de l'année 1991, une coalition internationale libère le Koweït, envahi par l'Irak de Saddam Hussein en août 1991. C'est la première guerre du Golfe, qui témoigne des multiples tensions qui parcourent la région : contestation des frontières, convoitise de la ressource pétrolière, tensions idéologiques et religieuses. Le président de la République française, François Mitterrand, dans un discours prononcé trois jours seulement après le cessez-le-feu mettant fin aux combats dans cette première guerre du Golfe, défend la position de la France intervenue aux côtés de l'ONU contre l'invasion irakienne.

En quoi ce discours de François Mitterrand est-il un plaidoyer pour l'implication de l'ONU dans le règlement de ce conflit-ci et plus généralement des tensions au Moyen-Orient ?

I – La guerre du Golfe de 1991, un exemple de la conflictualité au Proche et Moyen-Orient

L'Irak de Saddam Hussein envahit le Koweït en août 1990. Ses « visées », comme les évoque l'auteur, sont doubles : élargir l'accès à la mer de l'Irak et mettre la main sur de nouvelles ressources pétrolières. L'intervention de l'ONU et de la coalition armée a mis un terme à ce projet expansionniste qui témoigne de la contestation des frontières issues du démantèlement des mandats de la SDN dans la région. Cet enjeu est porteur de nombreuses tensions. François Mitterrand rappelle d'ailleurs que la « libération du Koweït n'a réglé qu'un problème parmi d'autres », notamment le conflit israélo-palestinien, le plus déstabilisant – l'exil des Palestiniens est une des causes de la guerre au Liban (1975-1990). Depuis la guerre de 1967 qui a opposé Israël à ses voisins, Israël occupe la Cisjordanie. Depuis 1987, ces territoires sont secoués par une révolte, la première Intifada. C'est pourquoi François Mitterrand appelle à la création d'un État souverain pour les Palestiniens, ce qui garantirait la sécurité d'Israël et mettrait fin au conflit. Il s'inscrit ici dans la lignée de ses prédécesseurs qui ont affiché leur proximité avec les pays arabes, à la différence des États-Unis.

L'astuce du prof

Il est indispensable d'évoquer le conflit israélo-palestinien, cité dans le texte, mais il faut privilégier sa situation, à la date du texte.

D'autres tensions déclenchent des conflits. François Mitterrand évoque le problème du partage des ressources, à savoir le pétrole bien sûr, mais aussi l'eau, ressource rare, dont le partage est source de tensions. Enfin, il aborde la question des armes qui alimentent les conflits et notamment les armes « chimiques », que le régime de Saddam Hussein n'a pas hésité à utiliser contre les Kurdes en 1988, dans le Nord de l'Irak. La question kurde, évoquée par l'auteur, renvoie d'ailleurs à un autre facteur de tensions, celui du respect des « droits des minorités », ethniques ou religieuses, par les États de la région. Le Proche et le Moyen-Orient regroupent en effet une mosaïque de peuples et de religions dont la cohabitation n'est pas toujours aisée. Dans le cas des Kurdes, présents en Irak, Syrie, Iran et Turquie, François Mitterrand ne va pas jusqu'à soutenir leur indépendance, puisqu'il défend « l'intégrité de l'Irak ». Les grandes puissances et l'ONU entendent préserver les frontières pour ne pas déstabiliser la région.

II – Un appel à l'affirmation de la communauté internationale pour maintenir la paix au Proche et Moyen-Orient

L'emboîtement des sources de tensions et le jeu des puissances dans la région font peser ce que François Mitterrand nomme un « risque permanent d'une conflagration générale ». Pour sécuriser le Moyen-Orient, il appelle à un investissement de la communauté internationale et à l'arbitrage des conflits par l'ONU, qui peut y jouer un nouveau rôle, notamment dans le conflit israélo-palestinien. François Mitterrand défend ici une approche multilatérale de la géopolitique dans la région. Mais progressivement, c'est davantage l'interventionnisme des États-Unis qui s'impose plutôt que l'arbitrage de l'ONU. C'est le président américain Bill Clinton qui préside la signature des accords d'Oslo en 1993, premier espoir de paix sérieux entre Palestiniens et Israéliens, mais qui échoue après l'assassinat du Premier ministre israélien Yitzhak Rabin en 1995 et le début de la seconde Intifada en 2000. Après les attentats du 11 septembre 2001, les États-Unis mènent une politique plus agressive et lancent la seconde guerre du Golfe contre l'Irak, en 2003, sans l'accord du Conseil de sécurité de l'ONU. L'organisation internationale est alors marginalisée, contrairement aux vœux de François Mitterrand en 1991. Jacques Chirac, dans la continuité des idées développées par F. Mitterrand, s'oppose à l'intervention de l'ONU dans ce nouveau conflit et pose le veto de la France. Depuis, tensions et conflits se multiplient sans que l'ONU soit en mesure de les régler, à l'instar de la guerre civile en Syrie, commencée en 2011 et qui divise les grandes puissances et notamment les membres permanents du Conseil de sécurité de l'ONU.

Gagnez des points !

Utilisez votre connaissance de l'actualité pour enrichir votre copie.

Conclusion

Dans ce discours, François Mitterrand justifie la participation de la France à la première guerre du Golfe en insistant sur les nombreuses sources de conflits dans la région du Proche et du Moyen-Orient et sur la nécessaire intervention de la communauté internationale pour les régler. Les décennies qui suivent ont montré l'impuissance de l'ONU, écartelée entre les grandes puissances, à promouvoir la paix dans cette région malgré les efforts de la France.

Sujet 16 La domination européenne au Proche et au Moyen-Orient dans l'entre-deux-guerres

8 pts 1 h 30

Amérique du Nord, mai 2016

Étude critique de documents

› Le Proche et le Moyen-Orient, un foyer de conflits depuis la fin de la Première Guerre mondiale

En confrontant les documents, décrivez la situation géopolitique complexe du Proche et du Moyen-Orient dans l'entre-deux-guerres, les solutions envisagées par le pays mandataire et les conséquences qui en découlent.

Doc.1 Proche et Moyen-Orient entre les deux guerres mondiales

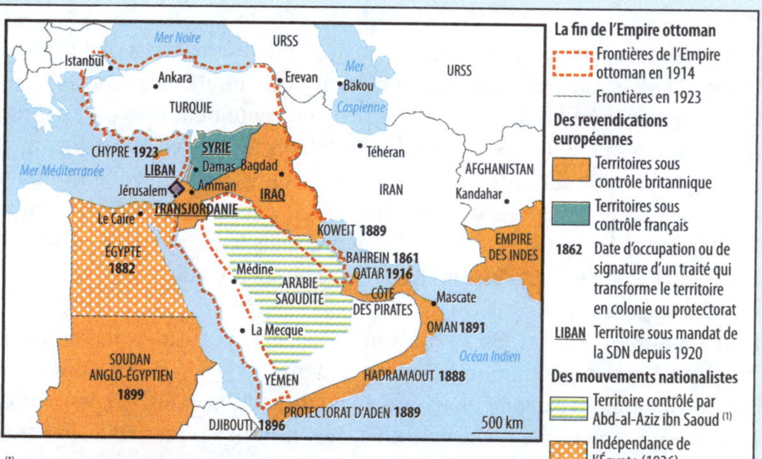

(1) Abd-al-Aziz ibn Saoud (vers 1880-1953) fondateur de l'État saoudien moderne et premier roi d'Arabie saoudite de 1932 à 1953.
(2) Organisation sioniste créée en 1929. Elle favorise l'immigration juive en Palestine.

D'après Georges Duby (sous la direction de), *Grand Atlas historique*, 2006.

HISTOIRE

Doc.2 Extraits du « Livre blanc[1] » de la Palestine sous tutelle britannique (1939)

À la suite d'une conférence anglo-judéo-arabe qui se tient à Londres en février 1939, un Livre blanc est publié en mai 1939 dans le but d'apaiser les tensions entre Arabes et Juifs, et de détourner les pays arabes des puissances de l'Axe dans un contexte de marche à la guerre. Le Royaume-Uni, puissance mandataire de la Palestine, revient sur les promesses faites au mouvement sioniste pendant la Grande Guerre.

I – Constitution

[...] Le gouvernement de Sa Majesté est convaincu qu'intégrée au cadre du mandat comme elle l'a été, la déclaration Balfour ne pouvait en aucune façon signifier que la Palestine serait transformée en un État juif, contre la volonté de la population arabe du pays.

[...] Le gouvernement de Sa Majesté déclare aujourd'hui sans équivoque qu'il n'est nullement dans ses intentions de transformer la Palestine en un État juif. [...] Depuis la déclaration de 1922[1], plus de 300 000 Juifs ont immigré en Palestine, et la population du foyer national (juif) s'est élevée à quelque 450 000 âmes, soit environ un tiers de la population entière du pays.

[...] Il serait contraire à tout l'esprit du système des mandats que la population de Palestine demeure indéfiniment sous tutelle mandataire [...]. Le gouvernement de Sa Majesté ne peut présentement prévoir la forme constitutionnelle exacte que prendra le gouvernement en Palestine, mais son objectif est le *self-government*, et son désir est de voir s'établir finalement un État de Palestine indépendant. Ce devra être un État dans lequel les Arabes et les Juifs partageront l'autorité dans le gouvernement de telle manière que les intérêts essentiels de chacun soient sauvegardés.

II – Immigration

[...] La crainte qu'ont les Arabes que ce flot se poursuive indéfiniment jusqu'à ce que la population juive soit à même de les dominer a provoqué des conséquences extrêmement graves pour les Juifs et les Arabes et pour la paix et la prospérité de la Palestine. Les troubles regrettables des trois années écoulées ne sont que la plus récente et la plus persistante manifestation de cette grave appréhension arabe. Les méthodes utilisées par les terroristes arabes contre des frères arabes et contre des Juifs méritent la plus sévère condamnation. Mais on ne peut nier que la peur d'une immigration juive indéfinie est largement répandue dans les rangs de la population arabe et que cette peur a rendu possibles ces troubles[2].

[...] En conséquence, l'immigration sera maintenue au cours des cinq prochaines années pour autant que la capacité économique d'absorption du pays le permettra, à un taux qui portera la population juive à environ le tiers de la population totale. […] Au terme de la période de cinq ans, aucune immigration juive ne sera plus autorisée, à moins que les Arabes de Palestine ne soient disposés à y consentir.

Oliver Carré, *Le Mouvement national palestinien*, Paris, 1977.

1. Connu sous le nom de « Livre blanc de Churchill », alors secrétaire aux colonies ; il modère les points énoncés dans la déclaration Balfour, restreignant par exemple le territoire dédié au foyer national juif et relevant les conditions financières d'immigration des Juifs.
2. troubles : le texte évoque les manifestations palestiniennes violentes antijuives de 1936-1938.

Les clés pour réussir

L'essentiel à connaître

Thème principal : le sujet est spécifique au chapitre sur le Proche et le Moyen-Orient, un foyer de conflits depuis la fin de la Première Guerre mondiale. Il concerne une période rapidement traitée, l'entre-deux-guerres, alors que les programmes insistent davantage sur l'après Seconde Guerre mondiale. Ces années charnières permettent pourtant **de comprendre une bonne part des conflictualités qui secouent la région et le monde depuis le milieu du xxe siècle.**

Contexte : le sujet aborde ici **la question de la Palestine et de l'immigration juive d'avant la Seconde Guerre mondiale, qui sont à l'origine des tensions et conflits entre l'État d'Israël et les États arabes voisins.**

Éléments-clés : mandat, Déclaration Balfour (1917), création de l'État d'Israël (1948).

Analyser le sujet

La consigne

- La consigne vous fournit un plan, il s'agit **d'expliquer l'évolution de cette région à l'issue des deux conflits mondiaux.** En effet, si la région n'est pas au centre des combats, elle en subit les soubresauts : en 1918, l'Empire ottoman disparaît et en 1948 est créé l'État d'Israël.
- Le sujet se propose d'**étudier l'évolution de la région entre ces deux bornes chronologiques** : la domination européenne en lieu et place de celle exercée autrefois par l'Empire ottoman, l'émigration juive en Palestine et les difficultés qu'elle pose au mandat britannique, la question de la création d'un État indépendant en lieu et place du mandat.
- Attention, la formulation peut prêter à confusion : d'une part elle laisse penser qu'il n'y avait qu'un seul pays mandataire alors qu'il y en avait deux (la France et le Royaume-Uni), et d'autre part elle passe de l'échelle régionale (le Proche et Moyen-Orient) à celle de la seule Palestine.

Les documents

Les deux documents permettent une étude à **des échelles différentes.**

Document 1 : la carte, à l'échelle régionale, présente la **géopolitique de la région** dominée par les puissances européennes qui y possèdent colonies et mandats, l'Empire ottoman étant réduit à la seule Turquie.

Document 2 : c'est un texte conséquent présentant les revirements de la Grande-Bretagne quant à l'émigration juive en Palestine. Les deux peuvent difficilement être confrontés car ils n'abordent pas les mêmes thèmes, il faut plutôt les mettre en relation.

Organiser ses idées

Définir une problématique

- La consigne suggère que la politique des mandats pendant l'entre-deux-guerres a eu des conséquences après-guerre, il s'agit évidemment de la création de l'État d'Israël.
- Par ailleurs, l'équilibre géopolitique pluriséculaire apporté par l'Empire ottoman s'écroule en 1918 : c'est donc une période à l'origine de grands bouleversements pour la région.

→ **Pourquoi la période de l'entre-deux-guerres a-t-elle déstabilisé le Proche et le Moyen-Orient ?**

Élaborer un plan

Le mieux est de suivre le plan suggéré par la consigne car celle-ci vous incite à mobiliser dans vos connaissances des éléments qui n'apparaissent pas dans les documents. Le plan en trois parties permet de construire un devoir équilibré, chacune des parties pouvant être assez courte.

I – Le Proche et le Moyen-Orient, de la domination ottomane à la domination européenne

II – La question de Palestine durant l'entre-deux-guerres

III – La création conflictuelle de l'État d'Israël

Sujet 16 Corrigé

Le Proche et le Moyen-Orient, un foyer de conflits depuis la fin de la Première Guerre mondiale

Attention

Le plan est rappelé pour vous aider, mais il ne doit en aucun cas figurer sur votre copie. À vous de guider le correcteur par l'annonce du plan dans l'introduction, les phrases d'attaque des paragraphes et des transitions.

Introduction

La région du Proche et du Moyen-Orient est aujourd'hui une région de grande conflictualité : les guerres et les tensions entre États ou groupes humains ne cessent de marquer l'Histoire depuis le milieu du XXe siècle. Nombre de ces difficultés trouvent leur origine dans la période de l'entre-deux-guerres, sur laquelle portent les deux documents à étudier. La carte, tirée du *Grand Atlas historique* publié en 2006 sous la direction de l'historien Georges Duby, présente la situation géopolitique de la région passée de la domination de l'Empire ottoman à la domination européenne. Le texte est un extrait du Livre blanc de 1939 qui fixe les orientations de la politique britannique dans ses mandats du Proche et du Moyen-Orient : elle s'inquiète de l'émigration juive massive en Palestine dans la perspective d'une Palestine indépendante.

> **L'astuce du prof**
> Une problématique bien formulée permet de construire facilement son développement et sa conclusion.

Pourquoi la période de l'entre-deux-guerres a-t-elle déstabilisé le Proche et le Moyen-Orient ?

I – Le Proche et le Moyen-Orient, de la domination ottomane à la domination européenne

Contrairement aux promesses des puissances européennes faites aux peuples arabes sous domination ottomane pendant la Première Guerre mondiale, l'aide apportée aux puissances alliées ne leur a pas donné l'indépendance.

On observe sur la carte que l'Empire ottoman n'est plus. Il occupait une grande partie du Proche-Orient, de la Turquie jusqu'à la frontière iranienne et jusqu'au sud de la péninsule arabique. Il dominait donc jusqu'en 1918 les peuples arabes. Trahissant leurs promesses, France et Grande-Bretagne se partagent le Proche et le Moyen-Orient en application des accords Sykes-Picot de 1916 : la SDN (Société des Nations) leur confie des mandats sur la région, la Syrie pour la France et la Mésopotamie et la Palestine pour la Grande-Bretagne. Le document 2 montre que la Palestine est totalement sous contrôle britannique, même s'il est proclamé qu'« il serait contraire à tout l'esprit du système des mandats que la population de Palestine demeure indéfiniment sous tutelle mandataire ». La domination européenne ne se limite pas aux mandats. On observe que la Grande-Bretagne est en effet la puissance dominante dans la région : outre les mandats, elle contrôle également jusqu'en 1936 l'Égypte et nombre de territoires du golfe Persique.

> **L'astuce du prof**
> Dans cette première partie, ne vous limitez pas au document 1, sollicitez aussi le document 2 pour montrer que vous mettez en relation les documents.

II – La question de la Palestine durant l'entre-deux-guerres

La Palestine sous domination britannique cristallise les tensions du fait de l'émigration juive. Le Livre blanc, qui souhaite rallier les Arabes à la Grande-Bretagne dans un contexte de marche à la guerre, évoque même « la crainte qu'ont les Arabes que ce flot se poursuive indéfiniment jusqu'à ce que la population juive soit à même de les dominer ». Les Britanniques ont d'abord favorisé cette émigration par la Déclaration Balfour de 1917, du nom du ministre des Affaires étrangères de l'époque, qui assure le mouvement sioniste de son soutien dans l'installation en Palestine d'un foyer national juif. C'est le point de départ d'une accélération de l'immigration juive en provenance d'Europe. La carte précise qu'est fondée en 1929 une Agence juive pour la Palestine, ébauche d'un futur État juif en Palestine. La « peur d'une immigration juive » cause même la grande révolte arabe de 1936 à 1939 à laquelle répond le Livre blanc, puisque les revendications sont la fin de l'immigration juive et l'indépendance.

III – La création conflictuelle de l'État d'Israël

Pourtant, loin de satisfaire leurs revendications, la fin de la Seconde Guerre mondiale voit la naissance sur le territoire palestinien de deux États : l'un juif et l'autre arabe.
En 1945, la population juive correspond, comme au temps du Livre Blanc, à « un tiers de la population entière du pays ». Les Britanniques ont en effet souhaité que « l'immigration (soit) maintenue [...] à un taux qui portera la population juive à environ le tiers de la population totale ». Les Arabes demandent alors l'application des dispositions du Livre blanc. Mais en 1947, devant les difficultés insurmontables à concilier les positions des populations juives et arabes de Palestine, les Britanniques renoncent à leur mandat et confient le dossier à l'ONU, nouvellement créée. En 1947, celle-ci propose un plan de partage de la Palestine en trois : un État juif, un État arabe et un contrôle international sur Jérusalem. Les Arabes le refusent et déclenchent la première guerre israélo-arabe de 1948. Leur défaite, qu'ils qualifient de *nakba* (catastrophe), entraîne un remodelage des frontières au profit d'Israël et l'exode de centaines de milliers de Palestiniens.

Piège à éviter

Référez-vous aux documents même dans la dernière partie, qui exige de traiter la période au-delà du sujet.

Conclusion

Si les conflits et tensions au Proche et Moyen-Orient ont éclaté après la Seconde Guerre mondiale, on en trouve les origines dans l'entre-deux-guerres. La fin de l'Empire ottoman et la domination européenne déstabilisent la région : le soutien de la puissance britannique à l'immigration de populations juives européennes entraîne la région dans les guerres israélo-arabes qui marquent la seconde moitié du XXe siècle et le conflit israélo-palestinien plus généralement.

Sujet 17 Le rôle de l'État en France depuis 1946

8 pts 1 h 30

France métropolitaine, juin 2013

Étude critique de documents

› Gouverner la France depuis 1946

Montrez que ces deux documents témoignent de conceptions différentes du rôle et de l'action de l'État en France. En quoi le contexte de chacun de ces documents permet-il de comprendre ces conceptions ?

Doc.1 Extraits des mémoires de Charles de Gaulle

Dans ses mémoires, Charles de Gaulle rappelle quelques grands traits du gouvernement de la France après la Seconde Guerre mondiale.

On peut dire qu'un trait essentiel de la résistance française est la volonté de rénovation sociale. Mais il faut la traduire en actes. Or, en raison de mes pouvoirs et du crédit[1] que m'ouvre l'opinion, j'ai les moyens de le faire. [...]

Étant donné que l'activité du pays dépend du charbon, du courant électrique, du gaz, du pétrole et dépendra un jour de la fission de l'atome, que pour porter l'économie française au niveau qu'exige le progrès ces sources doivent être développées, qu'il y faut des dépenses et des travaux que seule la collectivité est en mesure d'accomplir, la nationalisation s'impose.

Dans le même ordre d'idée, l'État se voit attribuer la direction du crédit. En effet, dès lors qu'il lui incombe de financer lui-même les investissements les plus lourds, il doit en recevoir directement les moyens. Ce sera fait par la nationalisation de la Banque de France et des grands établissements de crédit. [...]

Enfin, pour amener l'économie nouvelle à s'investir, c'est-à-dire à prélever sur le présent afin de bâtir l'avenir, le « Haut-commissariat au Plan d'équipement et de modernisation » sera créé pendant cette même année. Mais il n'y a pas de progrès véritable si ceux qui le font de leurs mains ne doivent pas y trouver leur compte. Le gouvernement de la Libération entend qu'il en soit ainsi, non seulement par des augmentations de

HISTOIRE

salaires, mais surtout par des institutions qui modifient profondément la condition ouvrière. L'année 1945 voit refondre entièrement et étendre à des domaines multiples le régime des assurances sociales. Tout salarié en sera obligatoirement couvert. Ainsi disparaît l'angoisse, aussi ancienne que l'espèce humaine, que la maladie, l'accident, la vieillesse, le chômage faisaient peser sur les laborieux. […] D'autre part, un système complet d'allocations familiales est alors mis en vigueur. »

Charles de Gaulle, *Mémoires de guerre, Le Salut, 1944-1946*, Plon, 1959.

1. « Crédit » a ici le sens de « confiance de l'opinion », et non le sens financier que le mot prend dans le reste du texte.

Doc.2 **Déclaration de politique générale du Premier ministre Jacques Chirac devant l'Assemblée nationale, 9 avril 1986**

Le RPR, parti gaulliste, a remporté les élections législatives de 1986. Jacques Chirac, issu du RPR, est alors nommé Premier ministre par le président François Mitterrand.

« Depuis des décennies – certains diront même des siècles –, la tentation française par excellence a été celle du dirigisme d'État. Qu'il s'agisse de l'économie ou de l'éducation, de la culture ou de la recherche, des technologies nouvelles ou de la défense de l'environnement, c'est toujours vers l'État que s'est tourné le citoyen pour demander idées et subsides[1]. Peu à peu, s'est ainsi construite une société administrée, et même collectivisée[2], où le pouvoir s'est concentré dans les mains d'experts formés à la gestion des grandes organisations. Ce système de gouvernement, qui est en même temps un modèle social, n'est pas dénué de qualités : il flatte notre goût national pour l'égalité ; il assure pérennité et stabilité au corps social ; il se concilie parfaitement avec le besoin de sécurité qui s'incarne dans l'État-providence.

Mais il présente deux défauts rédhibitoires[3] : il se détruit lui-même, par obésité[4] ; et surtout, il menace d'amoindrir les libertés individuelles. Les Français ont compris les dangers du dirigisme étatique et n'en veulent plus. Par un de ces paradoxes dont l'histoire a le secret, c'est précisément au moment où la socialisation semblait triompher que le besoin d'autonomie personnelle, nourri par l'élévation du niveau de culture et d'éducation, s'exprime avec le plus de force. Voilà d'où naissent sans aucun doute les tensions qui travaillent notre société depuis des années : collectivisation[2] accrue de la vie quotidienne mais, inversement, recherche d'un nouvel équilibre entre les exigences de la justice pour tous et l'aspiration à plus de liberté pour chacun. »

Serge Bernstein, *Le Gaullisme*, documentation photographique n° 8050, 2006.

1. Subside : aide financière.
2. Collectivisée, collectivisation : références au modèle soviétique, utilisées comme argument dans le débat politique.
3. Rédhibitoire : inacceptable.
4. Idée que le dirigisme accroîtrait le poids de l'État et le rendrait moins efficace.

Les clés pour réussir

L'essentiel à connaître

Thème principal : le sujet reflète très bien les **deux phases de l'évolution du rôle de l'État** après la Seconde Guerre mondiale, à savoir la mise en place après-guerre d'un **État-providence**, fort et interventionniste dans différents domaines (économie, travail, éducation, santé, culture, administration...) et sa remise en cause à partir des années 1980.

Notions-clés : État-providence, nationalisation, planification, keynésianisme, dirigisme d'État (ou étatisme), libéralisme.

Dates-clés : **1945** : vague de nationalisations ; **1958** : retour au pouvoir du général de Gaulle, Ve République ; **1973** : crise économique ; **1981-1988** : 1er septennat de François Mitterrand, cohabitation avec Jacques Chirac de 1986 à 1988.

Personnages-clés : Charles de Gaulle, Jacques Chirac, François Mitterrand.

Analyser le sujet

La consigne

- La consigne est décomposée en deux temps : elle vous invite à la fois à analyser les documents (que montrent ces deux documents ?) et à les éclairer à l'aide de vos connaissances (quels contextes historiques permettent de comprendre leur contenu ?). **Ne négligez aucun de ces deux axes.**
- Pour la première partie de la consigne, illustrez les différentes conceptions du rôle et de l'action de l'État qui ressortent des documents par des **exemples d'interventions de l'État**. Pour la seconde partie, montrez bien à **quel type de gouvernance** renvoie chaque document : étatisme (ou dirigisme d'État) et libéralisme.

Les documents

Document 1 : il s'agit d'un extrait des *Mémoires de guerre* du général de Gaulle, publiées en 1959, soit un an après son retour au pouvoir. Il y parle, avec plus de dix années de recul, de la période autour de 1945, celle de la Libération et de la reconstruction du pays. Il y a donc **un double contexte** : celui dont parle le texte, et celui de sa publication. C'est sur **le contexte de 1945**, la période dont parle de Gaulle, que vous devez travailler.

Document 2 : ce discours de politique générale a été prononcé par Jacques Chirac devant l'Assemblée nationale le 9 avril 1986, alors qu'il venait d'être nommé Premier ministre sous la présidence du socialiste François Mitterrand. La gauche venait de perdre les élections législatives, ce qui explique la nomination d'un Premier ministre de droite (Jacques Chirac était membre du RPR, un parti gaulliste). Ce fut la première **cohabitation**. Cette situation explique **la tournure politique plus engagée, voire combative, de ce discours.**

Organiser ses idées

Définir une problématique

La problématique doit **reprendre les éléments de la consigne** : deux conceptions différentes du rôle et de l'action de l'État sont présentées, et le contexte de chaque document est important pour comprendre l'évolution d'une conception à l'autre.

→ **Comment l'évolution du contexte historique explique-t-elle les différentes conceptions du rôle et de l'action de l'État en France depuis la fin de la guerre ?**

Élaborer un plan

- Tous les types de plan sont admis à partir du moment où, au final, vous aurez mis en relation et confronté les deux documents et apporté des connaissances pour les expliquer.
- **La formulation de la consigne donne une piste possible** pour construire votre réponse : une première partie pour l'analyse des deux textes, montrant l'opposition des conceptions, puis une seconde partie examinant le contexte de chaque document pour expliquer leurs divergences.
- La façon de construire **la première partie** peut partir de **deux démarches différentes** :

– aborder les documents **l'un après l'autre,** ce que nous avons choisi dans le corrigé proposé (attention cependant à ne pas tomber dans le piège d'une comparaison superficielle !) ;

– croiser les deux documents en leur trouvant **des thèmes communs** (par exemple, aspects économiques puis aspects sociaux).

I – Deux conceptions divergentes du rôle et de l'action de l'État

II – Deux conceptions divergentes liées à l'évolution du contexte historique

Sujet 17 Corrigé

› Gouverner la France depuis 1946

Attention

Le plan est rappelé pour vous aider, mais il ne doit en aucun cas figurer sur votre copie. À vous de guider le correcteur par l'annonce du plan dans l'introduction, les phrases d'attaque des paragraphes et des transitions.

Introduction

Suite au traumatisme de la Seconde Guerre mondiale, l'État s'est positionné pour mener la reconstruction du pays. L'extrait des *Mémoires de guerre* du général de Gaulle, bien que publiées plus de dix ans après, porte sur la période d'après-guerre, autour de 1945. Il y justifie rétrospectivement ses choix de gouvernance, alors même qu'au moment où ses *Mémoires* sont publiées, en 1959, il vient de revenir au pouvoir. Le second document est le discours de politique générale devant l'Assemblée nationale prononcé le 9 avril 1986 par le gaulliste Jacques Chirac qui, après la victoire de la droite aux élections législatives, vient d'être nommé Premier ministre par le président François Mitterrand, marquant la première période de cohabitation. Ce discours, montre une nette évolution dans la conception du rôle et de l'action de l'État. Comment l'évolution du contexte historique explique-t-elle ces différentes conceptions depuis la fin de la guerre ?

I – Deux conceptions divergentes du rôle et de l'action de l'État

Le général de Gaulle, en évoquant la « volonté de rénovation sociale » de la Résistance, présente les grands principes de réorganisation de l'État figurant dans la Constitution de 1946 et inspirés du programme du Conseil national de la Résistance, le CNR.

L'accent est ainsi mis sur la volonté d'impliquer l'État dans l'économie, notamment par des nationalisations effectuées dès 1945 : celle de la Banque de France, citée par de Gaulle dans cet extrait, mais aussi Renault (1945), les Charbonnages de France (1946), plusieurs compagnies d'assurance… L'État crée également EDF et GDF en 1945. Il ne s'agit pas d'un contrôle total de l'économie sur le modèle soviétique (contrairement à ce que sous-entend Jacques Chirac en 1986 lorsqu'il parle de « collectivisation »), mais d'un soutien à l'activité économique en prenant en main les secteurs-clés. Le Haut-commissariat au Plan, créé en 1945 et dirigé par Jean Monnet, donne de grandes orientations à la politique économique, mais celle-ci reste capitaliste.

Vocabulaire

Nationalisation : prise de contrôle d'une entreprise par les pouvoirs publics.

De Gaulle évoque également la mise en place de l'État-providence : il faut mettre l'économie au service de tous, et que tous les Français, en particulier les travailleurs, profitent de la croissance (« Mais il n'y a pas de progrès véritable si ceux qui le font de leurs mains ne doivent pas y trouver leur compte »). Le « régime d'assurances sociales » complété des « allocations familiales » renvoie à la mise en place de la Sécurité sociale en 1945, fondement du modèle social français.

Gagnez des points !
N'oubliez pas de relier les deux documents lorsque cela peut venir enrichir votre analyse.

Plus de vingt-cinq ans après la publication de ce texte, le discours de Jacques Chirac apparaît comme une critique en règle de cette conception gaulliste du rôle de l'État. Il qualifie celle-ci de « dirigisme d'État », et la fait remonter aux décennies, voire aux siècles précédents, faisant référence à la monarchie absolue et au jacobinisme révolutionnaire. L'implication de l'État dans l'économie et sa politique sociale sont rapprochées idéologiquement du modèle soviétique de collectivisation. L'État, qualifié d'« obèse », est présenté comme étouffant, coûteux et outrepassant ses compétences.

La critique de Jacques Chirac dépasse les domaines économique et social, dénonçant notamment la technocratie : « le pouvoir s'est concentré dans les mains d'experts » est une critique directe à l'encontre de l'ENA, l'École nationale d'administration, créée en 1946.

Gagnez des points !
Montrez que vous connaissez le contexte en explicitant les allusions : ENA, Sécurité sociale...

Cependant, la critique n'est pas totale : Jacques Chirac reconnaît les mérites de ce modèle français sur le plan social (« Ce système de gouvernement... État-providence »). Il se prononce pour combiner les principes de 1946 et le désir de préserver les libertés individuelles, en trouvant « un nouvel équilibre entre les exigences de la justice pour tous et l'aspiration à plus de liberté pour chacun ». Cette nouvelle conception du rôle et de l'action de l'État se situerait donc entre le dirigisme dont il hérite et le libéralisme qu'il incarne alors.

Transition : Bien que se revendiquant gaulliste, Jacques Chirac se positionne donc contre les conceptions de de Gaulle de l'État fort. Les années 1970 marquent en effet une rupture dans la domination économique des pays développés.

II – Deux conceptions divergentes liées à l'évolution du contexte historique

En presque trois décennies, le contexte politique a bien changé entre les deux documents, ce qui explique que Jacques Chirac, héritier du gaullisme, puisse aussi en être le critique. En 1944-1946, l'enjeu pour l'État est de rétablir l'unité nationale autour de la reconstruction économique, politique et sociale de la France. Le programme est alors plutôt inspiré par la gauche, très active dans la résistance autour du PCF, et la nécessité de relever un pays en ruines renforce la conception d'un État « dirigiste ». De Gaulle, en 1944-1946 comme en 1958, se plaçant au-dessus des tendances de partis, applique ces principes, qui lui servent aussi dans sa politique de grandeur et d'affirmation de la puissance française : on voit ainsi déjà apparaître dans cet extrait la question du développement de l'énergie nucléaire.

En 1986, le contexte est différent. Jacques Chirac, héritier de de Gaulle, vient d'être nommé Premier ministre sous une présidence de gauche, suite à l'échec de la gauche aux élections législatives. Il s'agit donc pour lui d'ancrer son discours à droite, et de se démarquer de la politique socialiste, ce qu'il fait en allant jusqu'à associer l'interventionnisme de l'État à la collectivisation soviétique. Dans un contexte de résurgence de la guerre froide et de luttes idéologiques, cette position se situe dans la droite ligne du néolibéralisme, hostile à toute intervention de l'État, très en vogue dans les années 1980 autour de Ronald Reagan et Margaret Thatcher.

> **Vocabulaire**
> **Néolibéralisme :** idéologie dénonçant le développement excessif de l'État-providence et prônant l'économie de marché et la disparition des services publics au profit du secteur privé.

Par ailleurs, la France est plongée dans une crise économique durable, suite successivement au choc pétrolier de 1973, à la crise du fordisme et à l'entrée dans une nouvelle phase de mondialisation au début des années 1980. Tous ces éléments achèvent de modifier le contexte. Jacques Chirac, pourtant lui-même gaulliste, se fait libéral et lance une campagne de privatisations (TF1 et Société Générale, par exemple). Son mandat inaugure de grandes réformes libérales, notamment la dérégulation des activités financières dont nous connaissons aujourd'hui les conséquences désastreuses. Mais, même devenu Président en 1995, il veillera non pas à remettre en cause l'État-providence, mais à le réformer, montrant que les principes de 1946 restent encore fondamentaux. Il s'agit donc de réorienter le rôle et l'action de l'État et non pas de tendre vers son effacement comme dans les pays plus libéraux.

Conclusion

Ces deux figures centrales de la droite française illustrent donc les débats qui courent depuis la Seconde Guerre mondiale dans les pays développés, et particulièrement la France, traditionnellement hostile au libéralisme et favorable à la puissance publique, sur la place de l'État. Dans la compétition internationale liée à la mondialisation, cette question est encore plus brûlante, sans que la nation ne l'ait réellement tranchée.

Sujet 18

12 pts — 2 h 30

Gouverner la France depuis 1946. Héritages et évolutions

France métropolitaine, septembre 2015

Composition

› **Gouverner la France depuis 1946. Héritages et évolutions**

Les clés pour réussir

L'essentiel à connaître

Notions-clés : le fonctionnement institutionnel des IVe et Ve Républiques (bornes chronologiques, principes, failles) ; les politiques qui ont marqué le gouvernement de la France : Sécurité sociale, RMI, décentralisation, nationalisations.

Dates-clés : les événements institutionnels charnières ; **1946** : création de la IVe République ; **1958** : création de la Ve République ; **1962** : élection du président de la République au suffrage universel ; **1986** : première cohabitation.

Personnages-clés : les principales personnalités politiques qui ont marqué le gouvernement de l'État en France : Charles de Gaulle, François Mitterrand, Jacques Chirac.

Analyser le sujet

- Ce sujet porte sur un cours parmi les plus difficiles de l'année car il aborde un thème inédit pour les élèves. Il faut étudier **les modes de gouvernement dans le monde à travers trois échelles : nationale, continentale et mondiale** et voir en quoi ces trois échelles s'interpénètrent.
- Il ne s'agit pas de refaire l'histoire de la vie politique de la France depuis 1946 mais de voir **en quoi les héritages historiques qui ont façonné l'État-nation sont aujourd'hui remis en cause dans un contexte de construction européenne et de mondialisation**. Depuis 1946, les capacités du pouvoir politique à porter **un modèle français spécifique** marqué par un État très interventionniste sont en effet reconsidérées.

Organiser ses idées

Définir une problématique

Le sous-titre du sujet, « Héritages et évolutions », doit vous aider à formuler la problématique : il faut s'interroger sur **les évolutions** que le contexte historique, **notamment celui des années 1980**, fait peser sur un modèle français d'un État fort et omniprésent dans la vie économique et sociale du pays.

→ **Comment a évolué le gouvernement de la France depuis 1946 ?**

Élaborer un plan

Pour répondre à cette problématique, vous pouvez opter pour un plan chronologique, mais celui-ci risque d'être répétitif. **Le plan proposé est donc thématique, les évolutions seront présentées à l'intérieur de chaque partie.**

I – Gouverner la France, c'est assurer la stabilité de l'État
II – Gouverner un État-providence
III – Gouverner en France, c'est agir sur l'économie

Sujet 18 Corrigé

› Gouverner la France depuis 1946. Héritages et évolutions

! Attention

Le plan est rappelé pour vous aider, mais il ne doit en aucun cas figurer sur votre copie. À vous de guider le correcteur par l'annonce du plan dans l'introduction, les phrases d'attaque des paragraphes et des transitions.

Introduction

Définition du sujet : En 1946, la ratification par référendum de la nouvelle Constitution rétablit un gouvernement républicain. Gouverner signifie, grâce au pouvoir exécutif, diriger les affaires de l'État. L'État en France est historiquement fort et centralisé. Le gouvernement occupe donc un rôle bien supérieur à celui des pays qui nous sont proches, notamment dans le domaine économique. On peut donc parler d'un modèle français spécifique, soit admiré soit critiqué. Dans un contexte de mondialisation de l'économie et de construction européenne, la souveraineté de l'État français est remise en question.

L'astuce du prof

Faites référence aux termes en sous-titre de l'énoncé, « héritages et évolutions », dans votre introduction pour montrer que vous avez bien intégré tous les aspects du sujet.

Problématique : Comment a évolué le gouvernement de la France depuis le milieu du XXe siècle ?

Annonce du plan : Nous verrons tout d'abord que gouverner la France c'est avant tout assurer la stabilité de l'État, notamment au lendemain du second conflit mondial. C'est aussi assurer un soutien constant à la population, en particulier au travers de la mise en place d'un État-providence original. C'est enfin agir sur l'économie en proposant un modèle d'État interventionniste contesté depuis le milieu des années 1980.

I – Gouverner, c'est assurer la stabilité de l'État

A. Assurer les pouvoirs régaliens

L'État dispose de pouvoirs appelés régaliens (de *regalia*, droit du souverain), qui regroupent des fonctions que seul l'État peut assurer : défense et diplomatie, maintien de la sécurité intérieure, rendu de la justice et définition du droit, et enfin pouvoir de battre monnaie. On peut remarquer à ce sujet que la construction européenne a privé les membres de la zone euro de leur souveraineté sur leur politique monétaire.

Pour assurer le service de l'État, une nouvelle école est créée en 1945, l'ENA (École nationale d'administration), pour former des hauts fonctionnaires destinés aux services centraux des ministères. C'est d'abord un succès car tous les grands commis de l'État en sortent, l'école a donc répondu aux attentes. La promotion Voltaire est une des plus connues car elle regroupe nombre de personnalités politiques aujourd'hui de premier plan : F. Hollande, S. Royal, D. de Villepin, etc. Elle est cependant décriée par l'opinion publique car ses anciens élèves confisqueraient le pouvoir. Tous issus de la même formation, ils seraient incapables de trouver de nouvelles solutions face à cette crise qui gangrène la France depuis les années 1970.

B. Diriger l'État en s'appuyant sur des institutions

> **Vocabulaire**
>
> **Institution** : structure qui participe à l'organisation de l'État.

Les institutions françaises ont connu depuis 1946 quatre adaptations importantes. Tout d'abord, la IVe République est fondée en 1946 après référendum. Elle accomplit une œuvre considérable : la France est rapidement reconstruite après la guerre et le pays s'engage dans la construction européenne. Mais c'est un régime parlementaire instable qui rend nécessaires des jeux d'alliances entre les partis politiques, si bien que le parti communiste, alors premier parti de France, ne parvient pas à participer aux différents gouvernements. La IVe République chute donc en 1958 avec la crise algérienne. Charles de Gaulle prend alors le pouvoir à condition de pouvoir changer les institutions et il crée la Ve République, un régime présidentiel.

Le président de la République, sans réel pouvoir jusque-là, devient la clé de voûte des institutions et dispose de l'essentiel du pouvoir exécutif. Il est au-dessus des partis et représente tous les Français, surtout après son élection au suffrage universel (1962). Le Premier ministre gère les affaires intérieures.

La Ve République est un régime stable qui a montré sa capacité d'adaptation lors des cohabitations de 1986, 1993 et 1997 causées par la victoire lors des élections législatives d'un parti autre que celui du président, obligeant ce dernier à accepter un Premier ministre également opposant politique.

Si la Ve République ne disparaît pas, ses institutions sont bloquées. Intervient donc en 2000 une réforme constitutionnelle créant le quinquennat pour éviter les cohabitations et renforcer le pouvoir présidentiel.

C. Les institutions à la recherche de davantage de démocratie

Gouverner, c'est offrir à l'ensemble des citoyens les moyens de s'exprimer et donc assurer une démocratie réelle. Ainsi, depuis 1946, l'État a accordé les mêmes droits politiques aux femmes par la loi de 1944 en leur octroyant le droit de vote, puis par la loi de 2000 sur la parité, imposant un nombre égal d'hommes et de femmes dans les listes de scrutins.

Dans le même ordre d'idée, la décentralisation est mise en place à partir des lois Deferre de 1982. Elle permet de donner aux élus locaux plus de pouvoirs grâce aux transferts de compétences et de financements afférents. L'État entend par là rapprocher son action des populations et des enjeux locaux. Notons cependant que comparativement à nos voisins comme l'Espagne et l'Allemagne, la France dispose d'un État toujours très centralisé.

Transition : Depuis 1946, la France a donc connu des changements politiques importants. Après guerre, l'État mue en État-providence. Cette évolution est remise en cause depuis le milieu des années 1980.

II – Gouverner un État-providence

Il existe un modèle social français qui assure à la population et notamment aux plus fragiles un soutien important de la nation.

> **Vocabulaire**
>
> **État-providence :** conception de l'État où celui-ci étend son champ d'intervention et de régulation dans les domaines économiques et sociaux par la redistribution des richesses.

A. Assurer le bien-être de la population

Au sortir de la guerre, est mis en place un vaste système de Sécurité sociale sous l'influence du CNR. Il permet d'assurer à tous la solidarité de la nation. Sont créées quatre branches : une branche maladie, une branche accidents du travail, une branche famille et une branche vieillesse. Notons, pour cette dernière, qu'en France le système de retraite est dit par répartition : on ne finance pas soi-même sa retraite, mais les actifs financent les revenus des retraités par une solidarité intergénérationnelle.

L'ensemble de la Sécurité sociale est financé par les cotisations salariales et patronales qui augmentent de manière continue, ce qui explique les débats actuels sur le coût du travail et la remise en cause de certains dispositifs. Par ailleurs, l'État améliore les conditions de travail. Il crée un salaire minimum appelé SMIG puis SMIC en 1970. Il augmente les congés payés : trois semaines sont octroyées dans les années 1950, quatre dans les années 1960 puis cinq semaines en 1982 au début du premier mandat de F. Mitterrand. Le temps de travail est réduit à 39 heures hebdomadaires sous F. Mitterrand puis à 35 heures en 2000.

B. Protéger face aux aléas économiques

En 1946, la Constitution crée dans son préambule l'obligation d'assistance financière de la collectivité envers les personnes exposées aux risques sociaux. Les premières dispositions concernent les chômeurs : l'assurance-chômage, créée en 1958, elle est financée par des cotisations salariales et patronales. Aujourd'hui que le chômage est endémique (5,5 millions de chômeurs début 2016), l'assurance-chômage est déficitaire et ses contours sont régulièrement remis en cause. L'ANPE (Agence nationale pour l'emploi) apparaît à la fin des années 1960, remplacée en 2008 par Pôle Emploi.

C. Assister face à la misère

L'État-providence intervient enfin pour ne pas laisser les plus fragiles s'enfoncer dans la misère. Face à la crise qui perdure, gouverner signifie alors activer la solidarité nationale pour ceux qui en sont victimes. La perte d'un emploi et la misère ne doivent pas priver les citoyens de leurs droits à une vie digne. En 1988, le Gouvernement socialiste de M. Rocard crée le RMI, indemnité minimale perçue lorsqu'un chômeur se retrouve en fin de droits. Aujourd'hui, le RSA qui l'a remplacé fait office de revenu minimal ou de revenu de complément lorsque le salaire est trop bas. Notons qu'il y a 2,5 millions de foyers au RSA fin 2015, soit 71 % de plus qu'en 2009, date de sa création. Également, la CMU (couverture maladie universelle), inspirée par l'association ATD-Quart monde, est une aide aux plus démunis mise en place en 1999 : elle stipule la prise en charge à 100 % des soins des plus pauvres.

Transition : Le modèle social français est ainsi très redistributif, comparativement aux pays voisins. Il est régulièrement remis en cause du fait de l'endettement de l'État depuis le milieu des années 1980, dans un contexte politique favorable aux orientations néolibérales et à la mise en concurrence des territoires dans le cadre de la mondialisation.

III – Gouverner en France, c'est agir sur l'économie

La spécificité de l'État en France est son rôle important dans l'activité économique.

A. Un État interventionniste

On peut regrouper ces actions en 3 types. L'État a mené jusqu'au début des années 1980 de nombreuses nationalisations. Citons EDF-GDF, Crédit Lyonnais, Renault (suite à sa collaboration avec l'Occupant) nationalisés en 1945 afin de disposer de leviers pour relancer l'économie. En 1981, F. Mitterrand nationalise également. Le secteur public, regroupant la fonction publique ainsi que les entreprises publiques, emploie environ 30 % des actifs aujourd'hui. L'État a aussi cherché à planifier l'économie avec le Commissariat général au Plan créé en 1946. Il met alors progressivement en place des plans quinquennaux et lance de grands projets destinés à moderniser le pays : aménagement du réseau autoroutier puis ferré, projet aérospatial, avion Concorde, etc. Dès 1986, l'arrivée de la droite libérale au pouvoir remet en cause son utilité. Les plans quinquennaux sont d'abord supprimés puis le Commissariat lui-même en 2006.

B. La remise en cause de l'action économique de l'État

Les années 1980 peuvent être considérées comme charnières. C'est le début de la troisième mondialisation, les idées néolibérales portées par les Anglo-Saxons s'imposent. R. Reagan, président américain, affirme : « l'État n'est pas la solution, l'État est le problème ». En France, l'arrivée des socialistes au pouvoir en 1981 n'a pas réussi à enrayer la crise et le chômage de masse. En 1986, les élections législatives mènent, lors de la première cohabitation, J. Chirac, chef de la droite libérale, au pouvoir en tant que Premier ministre. Il critique la place trop importante de l'État dans l'économie et mène une campagne de privatisations comme celle de TF1.

> **L'astuce du prof**
> Dans cette partie, faites le lien avec la question générale du chapitre : la perte de souveraineté de l'État-nation face à la mondialisation et à la construction européenne.

Depuis, la mondialisation de l'économie a fait perdre à l'État son pouvoir économique, car la mise en concurrence des territoires amène avec elle la mise en concurrence des politiques économiques et sociales. L'État semble impuissant face aux délocalisations, à l'évasion fiscale, etc. Il a perdu son pouvoir également sur l'activité économique. En 1999, L. Jospin, Premier ministre socialiste, déclare : « l'État ne peut pas tout ». Par ailleurs, l'UE contrôle la politique économique et budgétaire : les déficits publics et la dette doivent être limités.

Conclusion

Bilan : L'État français présente donc des caractéristiques très particulières : il est historiquement très centralisé et omniprésent dans la vie économique et sociale du pays. Ce modèle rencontre aujourd'hui des difficultés dans un contexte de perte de souveraineté de l'État-nation face à la construction européenne et à la mondialisation de l'économie.
Ouverture : Aujourd'hui, l'opinion publique se déchire sur les orientations à donner à l'État français : conserver son modèle ou le libéraliser à l'image de nos voisins ?

Sujet 19 Le projet européen des traités de Rome jusqu'à l'Europe à 28

12 pts

2 h 30

Polynésie, juin 2016

Composition

› **Le projet européen des traités de Rome jusqu'à l'Europe à 28**

Les clés pour réussir

L'essentiel à connaître

Thème principal : le sujet commence en 1957 avec le traité de Rome, vous devez donc **limiter votre propos sur les débuts du projet européen et l'échec de la communauté européenne de défense**. Pareillement, il se termine en 2013, vous devez donc limiter votre propos concernant les derniers épisodes de difficultés européennes telles que le Brexit.

- Le terme de « projet européen » désigne un **processus d'intégration de nombreux États dans un ensemble supranational**. Ce processus est permanent, il est **encore en construction.**

Notions-clés : unionisme/fédéralisme, élargissement/approfondissement, souveraineté, institutions européennes, euroscepticisme, Europe à « géométrie variable ».

Analyser le sujet

- Le cours porte sur la **concrétisation d'un projet européen** visant à regrouper les pays anciennement rivaux voire ennemis du continent dans une perspective pacifique. Il prend forme dès la fin de la Seconde Guerre mondiale et se poursuit aujourd'hui encore car c'est **un processus inachevé.**
- Le traité de Rome marque les **débuts institutionnels de la construction européenne** par la création d'un **marché commun.** En 2013 entre la Croatie, le dernier pays à ce jour à intégrer l'UE.
- La dynamique du projet européen s'est renversée puisque **dominent aujourd'hui les éléments de crise** : crise économique, crise de la dette, crise de légitimité avec le développement de l'euroscepticisme. Le projet européen avance dans un difficile compromis entre les États qui voudraient approfondir l'intégration des différents pays, les **fédéralistes**, et ceux qui veulent le limiter à une union économique, les **unionistes.**

Organiser ses idées

Définir une problématique

- D'un côté, le projet européen est un **phénomène historique dynamique** car il a permis depuis six décennies d'unir des États autrefois ennemis dans une perspective d'abord économique puis politique et monétaire. De nombreux États ont adhéré au projet européen et ont intégré l'UE jusqu'à la Croatie en 2013.
- Mais ce projet **rencontre de nombreux obstacles**, il traverse des périodes de crises pendant lesquelles les oppositions se multiplient.

→ **Comment expliquer les contradictions du projet européen ?**

Élaborer un plan

Le **plan chronologique** est indispensable. Il doit souligner les avancées et obstacles du projet européen très dynamique les premiers temps, beaucoup plus difficile aujourd'hui. Les traités de Rome, Maastricht, le rejet de la Constitution de 2005 doivent constituer les jalons de votre plan.

I – Le traité de Rome de 1957 relance la construction européenne autour d'objectifs économiques
II – La construction d'une Europe politique de 1992 à 2005
III – Le projet européen : un processus inachevé

HISTOIRE

Sujet 19 Corrigé

› Le projet européen des traités de Rome jusqu'à l'Europe à 28

! Attention

Le plan est rappelé pour vous aider, mais il ne doit en aucun cas figurer sur votre copie. À vous de guider le correcteur par l'annonce du plan dans l'introduction, les phrases d'attaque des paragraphes et des transitions.

Introduction

Définition du sujet : En juin 2016, le Brexit voté démocratiquement par référendum au Royaume-Uni a mis en lumière les impasses actuelles du projet européen. Au sortir de la Seconde Guerre mondiale, l'idée ancienne d'unir les pays d'Europe dans une perspective pacifiste semble incontournable. Sont posées les premières bases de la construction européenne, une association économique et politique entre, à l'origine, 6 États européens qui prend forme dans la création de la CEE par le traité de Rome de 1957. Aujourd'hui, la CEE devenue UE compte, avec l'entrée en 2013 de la Croatie, 28 États membres, signe de son attractivité. Le projet européen navigue donc entre attractivité et répulsion.

Problématique : Comment expliquer les contradictions du projet européen ?
Annonce du plan : Nous verrons dans une première partie que le traité de Rome permet de concrétiser le projet européen dans un objectif économique. Les réussites permettent de poursuivre l'intégration sur le plan politique à partir du traité de Maastricht de 1992. Très rapidement pourtant, les difficultés du projet européen s'accumulent au point de mettre en cause sa légitimité.

I – Le traité de Rome de 1957 relance la construction européenne autour d'objectifs économiques

A. L'existence de deux projets européens explique les échecs de l'après-guerre

Dès le départ, le projet européen est écartelé entre les fédéralistes et les unionistes. Pour les premiers, il faut créer une fédération d'États qui renoncent à une partie de leur souveraineté, alors que les unionistes préfèrent limiter la collaboration entre États membres à des relations économiques avec une extension du libre-échange. Ces divergences mènent à l'abandon de la CED en 1952, car la France refuse que des soldats allemands participent à une défense européenne. Dans un contexte de guerre froide, l'Europe est donc dépendante des États-Unis pour sa défense. De même, le Conseil de l'Europe et le Parlement européen n'ont guère de pouvoir car les États préservent leurs intérêts et leur souveraineté. En 1957, le projet européen peine à prendre forme.

B. À partir de 1957, un projet européen qui se concrétise économiquement

La collaboration économique est le plus petit dénominateur commun à tous les États membres. C'est donc dans ce domaine que va progresser la construction du projet européen. En 1957 est signé le traité de Rome – l'autre traité concerne une coopération énergétique qui ne fonctionnera pas. Six États, l'Allemagne, la France, le Luxembourg, l'Italie, la Belgique et les Pays-Bas, fondent la Communauté Économique Européenne qui institue une libre circulation des marchandises. Les institutions communautaires sont créées en parallèle : le Conseil des ministres qui statue à l'unanimité et la Commission qui exécute ses décisions. La coopération économique est efficace et se consolide avec la Politique Agricole Commune (PAC), qui entend dynamiser l'agriculture européenne tout en protégeant les paysans, et l'Acte unique en 1986 qui fait disparaître les dernières barrières douanières.

Piège à éviter

Le sujet évoque plusieurs traités de Rome alors qu'un seul est le plus souvent évoqué. Inutile de perdre du temps à s'interroger sur ce point car seul celui qui a fondé la CEE mérite d'être mentionné.

C. Les difficultés

Malgré de plus modestes ambitions qu'initialement prévu, la CEE rencontre des obstacles liés à deux personnalités politiques importantes : C. de Gaulle et M. Thatcher. Chacun défend les intérêts du pays qu'il dirige. De Gaulle est un souverainiste qui rejette une plus grande intégration européenne. Il souhaite qu'elle se limite au seul marché unique et à ses objectifs pacifiques. Il se rapproche dans ce sens de l'Allemagne avec le traité de l'Élysée de 1963. Pour le reste, il s'oppose par la politique de la chaise vide par exemple qui, en bloquant les institutions, lui donne raison : les politiques resteront adoptées à l'unanimité si bien que la France ne se verra jamais imposer aucune disposition européenne pour laquelle elle ne serait pas volontaire. Il s'oppose également à l'entrée du Royaume-Uni dans la CEE à deux reprises. Celui-ci intègre finalement le projet européen en 1973 alors qu'a disparu leur principal opposant. Mais rapidement, à la suite de l'arrivée au pouvoir de M. Thatcher en 1979, le Royaume-Uni lutte contre une Europe fédéraliste et entend ne pas donner à l'Europe plus qu'elle ne reçoit.

> **Vocabulaire**
>
> **Politique de la chaise vide :** mise en place par de Gaulle, elle consiste à refuser de siéger dans les institutions européennes.

Transition : Le Traité de Rome ouvre donc une relance du projet européen après les premiers échecs. La collaboration économique est fructueuse et permet d'envisager une intégration plus poussée, politique.

II – La construction d'une Europe politique de 1992 à 2005

A. Le traité de Maastricht : l'ouverture d'une période d'approfondissement

La fin de la guerre Froide en 1989, l'effondrement du bloc communiste et des démocraties populaires et la réunification de l'Allemagne en 1990 obligent la CEE à se réinventer et la confrontent à de nouveaux défis auquel répondra le traité de Maastricht de 1992. Négocié par les 12 pays membres, il marque la volonté de dépasser l'objectif économique initial pour donner naissance à une véritable union politique traduite par une nouvelle dénomination : l'Union européenne remplace la CEE. Ce traité favorise la supranationalité, instaure une citoyenneté européenne, permet la libre circulation des citoyens avec les accords de Schengen entrés en vigueur en 1995, développe la coopération judiciaire, militaire (la Politique Étrangère et de Sécurité Commune) et financière puisqu'une monnaie unique est envisagée à l'horizon 1999. L'adoption de ce traité s'est cependant faite dans la douleur, notamment en France où le « oui » au référendum obtient une très courte majorité. Dès 1992 pointait un certain euroscepticisme et beaucoup d'observateurs critiquaient une perte de souveraineté. L'intégration se poursuit néanmoins car, au 1er janvier 2002, l'euro devient la monnaie de 12 pays de l'UE, mais Grande-Bretagne, Suède et Danemark conservent leurs devises nationales.

B. L'Europe poursuit ses élargissements : de 12 à 28 membres

À la suite de la disparition du bloc de l'Est, l'Union européenne se lance dans un processus d'élargissement afin de réunir « la famille européenne ». En 1995, la Suède, l'Autriche et la Finlande intègrent l'UE. Neuf ans plus tard en 2004, l'institution européenne connaît le plus grand élargissement de son histoire. Dix nouveaux pays, les PECO, intègrent l'UE : la Pologne, la Hongrie, Chypre... La dynamique d'élargissement se poursuit avec en 2007 l'entrée de la Bulgarie et de la Roumanie puis de la Croatie en 2013. Ces élargissements ont rapproché les frontières de l'UE de celles du continent européen, mais ils ont été aussi largement critiqués notamment à cause de l'écart de richesse entre les entrants et les anciens membres, de l'impréparation de cet élargissement, ou encore de la corruption de certains pays (Roumanie et Bulgarie par exemple). Cet élargissement pose le problème de la cohésion d'un ensemble aussi vaste. Il apparaît en effet difficile de concilier élargissement et approfondissement.

C. Les années post-Maastricht : les premiers problèmes

Dès avant ces premiers élargissements, l'UE tente par différents traités de concilier ces deux dynamiques contradictoires et d'éviter les blocages. Les traités d'Amsterdam et de Nice valident le principe de la majorité qualifiée (environ 70 % de vote favorable suffisent pour adopter un projet). L'unanimité n'est plus requise, car elle s'avère impossible avec un tel nombre d'États membres. Ils renforcent également les pouvoirs du Parlement européen, seule institution élue démocratiquement par les citoyens. Il est aussi prévu de donner une Constitution à l'UE, mais les seuls référendums organisés en France et au Danemark en 2005 rejettent ce projet.
Transition : Après la décennie faste des années 1990 mêlant élargissements et approfondissement, le projet européen est « en panne ». Il peine à convaincre les peuples qui font preuve d'un euroscepticisme de plus en plus fort.

III – Le projet européen : un processus inachevé

A. Une crise de légitimité

Malgré les tentatives pour poursuivre l'intégration européenne, les obstacles semblent de plus en plus nombreux et permettent d'évoquer une véritable crise de légitimité du projet européen. En effet, le traité de Lisbonne de 2007, ratifié par les parlements et non par référendum (sauf en Irlande qui d'abord le rejette puis finit dans un second référendum par l'accepter), scelle une nouvelle organisation de l'UE et la dote d'un président (Herman Van Rompuy puis Donald Tusk) pour renforcer le lien des citoyens avec l'UE en l'incarnant, mais ses pouvoirs restent limités face aux chefs d'État réunis dans le Conseil de l'Europe. L'UE semble malgré tout se diriger vers une Europe à « géométrie variable », ou « Europe à la carte » : nombre d'États membres n'adoptent que les politiques européennes qui conviennent à leurs intérêts nationaux. La Grande-Bretagne en est le fer de lance : elle s'est exclue volontairement de la zone euro pour conserver sa propre monnaie, la livre, et des accords Schengen pour conserver son propre contrôle sur ses frontières. La Grande-Bretagne met également en cause le manque de démocratie dans l'UE. Notons que le Danemark n'a pas davantage accepté d'intégrer la zone euro. Les intérêts nationaux priment sur le projet européen.

B. Une incapacité à juguler les crises économiques et financières

À partir de 2008, l'UE entre dans une période de crises : économique, financière et politique voire institutionnelle. L'effondrement de nombreuses économies, grecque, espagnole, portugaise et irlandaise, lié à la crise économique mondiale et à celle des dettes souveraines (les dettes des États, particulièrement de la Grèce), fait rentrer l'UE dans une période d'intenses turbulences qui témoignent du manque de solidarité entre les pays membres et du manque d'une position commune. Personne ne semblait vouloir aider les Grecs et une sortie – forcée – de la zone euro (le « Grexit ») a même été envisagée. Aujourd'hui, cette désunion éclate au grand jour également dans la gestion de l'arrivée massive de migrants en provenance du Proche et du Moyen-Orient, qui remet en cause l'une des grandes réalisations du projet européen, la libre circulation des personnes garantie par les accords de Schengen.

Piège à éviter

Le sujet se termine en 2013, il faut donc limiter votre propos sur les dernières actualités européennes telles que le Brexit ou la crise des migrants.

Conclusion

Bilan : À partir de 1997, le projet européen devient plus concret : se forme une association d'États à visée d'abord économique puis politique. La construction européenne dynamique attire de nombreux nouveaux candidats et permet de réunir presque tout le continent européen dans l'UE. La perspective s'est cependant très rapidement renversée et l'euroscepticisme n'a cessé de gagner du terrain à la fois en termes de poids électoral mais aussi de pays touchés.

Ouverture : Le dernier événement en date que constitue le Brexit en 2016 est perçu comme un moment charnière puisqu'il marquera soit la renaissance du projet européen après une énième crise soit son délitement.

Sujet 20 Les difficultés de la gouvernance européenne

8 pts

1 h 30

Centres étrangers, juin 2015

Étude critique de documents

› Deux visions du projet d'une Europe politique au début des années 2010

En confrontant les deux documents, expliquez quelles formes a prises la construction européenne et quelles en sont les limites.

Doc.1 La construction européenne vue par un commissaire européen

« Après être passée de six membres dans les années 1950 à 27 membres depuis 2007, l'Union européenne (UE) compte maintenant plus de 500 millions d'habitants. S'étendant de l'Atlantique à la mer Noire, elle réunit désormais les régions occidentales et orientales de l'Europe.

La Communauté économique européenne avait été créée pour favoriser la paix et la stabilité du continent, et l'objectif de l'UE conserve aujourd'hui toute la pertinence qu'il avait alors. De nouveaux membres se sont joints à l'aventure et l'UE est devenue plus prospère, plus forte et plus influente. La politique d'élargissement de l'UE fait de l'Europe un espace plus sûr, l'accent étant mis sur la consolidation de l'État de droit, tout en favorisant la démocratie et les libertés fondamentales dans tous les pays candidats, qui sont nos voisins immédiats. L'élargissement nous permet de promouvoir nos valeurs, de défendre nos intérêts et de jouer notre rôle d'acteur mondial.

Nous défendons les valeurs qui unissent l'Europe au-delà de nos frontières, sur une scène internationale marquée par les changements et les incertitudes.

Une Union qui développe la coopération entre d'anciens rivaux tout en faisant respecter les normes les plus strictes en matière de droits de l'homme maintient l'influence nécessaire pour façonner le monde qui l'entoure. »

Stefan Füle, commissaire européen chargé de l'élargissement et de la politique européenne de voisinage (2010-2014), extrait de la préface de la brochure éditée par la Commission européenne, *Comprendre l'élargissement. La politique d'élargissement de l'Union européenne*, 2011.

Doc.2 Groupe de manifestants du parti UKIP[1] à Londres en octobre 2014

Source : *Lemonde.fr*, 24 octobre 2014, © Agence Reuters/Suzanne Plunkett.

1. UKIP : parti britannique anti-européen.
2. *Brigg and Goole, Sheffield, Tewkesbury* : noms de communes britanniques.
Traduction :
« *Give us our referendum* » : « Donnez-nous notre référendum ».

Les clés pour réussir

L'essentiel à connaître

Thème principal : l'exercice porte exclusivement sur le chapitre consacré au projet d'une Europe politique depuis le congrès de La Haye de 1948 ; lui-même intégré au thème sur les échelles de gouvernement (ici l'échelon continental).

- Ce cours consiste à analyser les logiques – unionistes/fédéralistes – autour desquelles s'est construite et fonctionne la Communauté économique européenne puis l'Union européenne.
- Cette étude critique peut être qualifiée de « sujet tableau » car on vous demande de **faire un bilan du projet d'une Europe politique au début des années 2010.**

Notions-clés : unioniste/fédéraliste, élargissement/approfondissement, euroscepticisme.

À noter : s'il est intéressant de présenter brièvement les deux visions de l'Europe politique qui jalonnent la construction européenne depuis ses origines, il faut veiller à insister sur les dernières étapes, celles proches des années 2010.

Analyser le sujet

La consigne

- Simple à comprendre, elle incite à aborder l'analyse critique en deux parties. **Attention cependant, car si vous visez l'excellence, le plan suggéré est simpliste et ne permet pas de croiser les documents.**
- L'intitulé du sujet invite à évoquer les deux visions qui ont structuré la construction européenne. Il faut donc **mobiliser tous les aspects du sujet.**
- L'analyse doit être **critique** ! Vous devez, même si la consigne ne vous le rappelle pas explicitement, porter un **regard objectif et distancié sur les documents,** notamment sur le premier.

Les documents

Document 1 : extrait de la préface d'un ouvrage de promotion de la politique européenne, *Comprendre l'élargissement. La politique d'élargissement de l'Union européenne* publié en 2011, donc récemment, et rédigé par Stefan Füle, un commissaire européen chargé de cet élargissement. L'auteur y vante évidemment les réussites politiques de la construction européenne à l'échelle continentale et mondiale. **Veillez à souligner ce parti pris en critiquant les affirmations très positives de l'auteur dans un contexte de crises perpétuelles qui frappent l'UE.**

Document 2 : il prend le contre-pied du premier. C'est une photographie d'une manifestation, en octobre 2014, de militants britanniques du parti UKIP (*United Kingdom Independant Party*) farouchement eurosceptique.

Organiser ses idées

Définir une problématique

Les deux documents présentent des points de vue diamétralement opposés et amènent à penser que le projet d'une Europe politique n'a pas réellement abouti et que la construction européenne est encore largement contestée et débattue. C'est pourquoi la problématique, simple, pourrait porter sur la situation au début des années 2010 de cette construction européenne.

→ 60 ans après le traité de Rome, où en est le projet d'une Europe politique ?

Élaborer un plan

La consigne suggère un plan en deux parties, mais il est préférable de réfléchir à organiser sa réflexion autour de trois points qui aborderaient successivement la question des deux visions originelles du projet d'une Europe politique, pour ensuite analyser les réussites et les réalisations puis terminer sur les problèmes, les faiblesses de cette construction européenne.

I – Construire l'Europe : unionistes versus fédéralistes

II – Au début des années 2010, le projet d'une Europe politique s'est consolidé

III – Un regard de plus en plus critique sur la construction européenne

Sujet 20 Corrigé

› Deux visions du projet d'une Europe politique au début des années 2010

Attention

Le plan est rappelé pour vous aider, mais il ne doit en aucun cas figurer sur votre copie. À vous de guider le correcteur par l'annonce du plan dans l'introduction, les phrases d'attaque des paragraphes et des transitions.

Introduction

Définition du sujet : Depuis plusieurs mois, l'UE ploie sous les difficultés, puisqu'à la crise des migrants soulignant le manque de solidarité et de cohésion des États-membres s'est ajouté le Brexit, le choix de la Grande-Bretagne de quitter l'Europe. Cette absence d'action collective montre bien que l'Europe politique, malgré d'indéniables réussites, est encore inaboutie.

L'analyse critique de documents proposée porte sur deux documents. Le premier est un extrait d'une brochure éditée par la Commission européenne en 2011, rédigée par le commissaire européen Stefan Füle et portant sur l'élargissement de l'UE et exclusivement ses réussites, étant donné la fonction de l'auteur qui ne peut que vanter la construction européenne. Le second document est une photographie prise à Londres en octobre 2014 d'une manifestation du parti europhobe et eurosceptique UKIP qui réclame un référendum (sous-entendu sur la sortie de l'UE). Deux visions tranchées de la construction européenne s'opposent donc.

Problématique : Aujourd'hui, plus de 60 ans après le traité de Rome, où en est le projet d'une Europe politique ?

I – Construire l'Europe : unionistes versus fédéralistes

Après la Seconde Guerre mondiale, l'Europe anéantie cherche à se reconstruire et à s'unir. Le projet d'une Europe politique est destiné, comme le rappelle Stefan Füle, à « favoriser la paix et la prospérité ». En mai 1948, 18 pays se réunissent à La Haye (« le Congrès de l'Europe ») sous la présidence honorifique de Winston Churchill. Ce congrès lance la construction européenne mais deux visions s'opposent. Les fédéralistes souhaitent une Europe supranationale, c'est-à-dire dans laquelle il y aurait une véritable gouvernance européenne au-dessus des États et dans laquelle ceux-ci auraient renoncé à une grande part de leur souveraineté. Face à eux, les unionistes prônent au contraire le maintien des souverainetés nationales mais dans un cadre de coopération européenne, ce qui n'induit aucune perte de souveraineté. Le débat n'est encore pas réellement tranché et

HISTOIRE

constitue une pomme de discorde jusqu'à aujourd'hui. Des États-membres souhaitent une Europe à géométrie variable où chacun pourra selon son choix adopter ou non les politiques européennes, telles que l'adhésion à la monnaie unique ou à l'espace Schengen.

II – Au début des années 2010, le projet d'une Europe politique s'est consolidé

L'UE est l'association d'États souverains dont l'intégration est la plus aboutie dans le monde.

Le document 1 se concentre sur les réussites du projet politique européen, notamment les élargissements successifs (intégration de nouveaux pays) qui ont permis que l'UE « pass[e] de six membres dans les années 1950 à 27 membres depuis 2007 » et qu'elle « compte maintenant plus de 500 millions d'habitants ». Dans les années 1970 et 1980, dans une logique qui « favorise la démocratie et les libertés fondamentales », trois pays sortis de la dictature intègrent naturellement l'UE : l'Espagne, le Portugal et la Grèce. De même, après la chute du mur, les PECO (Pays d'Europe centrale et orientale), les anciennes démocraties populaires du bloc soviétique, rejoignent l'UE en 2005, suivis par la Roumanie et la Bulgarie en 2007 et la Croatie en 2013. Aujourd'hui, l'UE compte 28 membres et plusieurs pays sont candidats comme la Serbie, la Macédoine ou la Bosnie.

> **Gagnez des points !**
> Veillez à toujours placer le plus de dates et autres éléments précis dans votre copie. C'est cela qui fera la différence.

Parallèlement, l'Europe s'est approfondie politiquement ; cela signifie que les États-membres mettent en place des politiques communes qui supplantent la souveraineté des États. On peut citer le traité de Maastricht de 1992 qui accorde une citoyenneté européenne, les accords de Schengen appliqués en 1995 qui suppriment les contrôles aux frontières et permettent la libre circulation des personnes, et enfin la création d'une monnaie unique contrôlée par une Banque centrale européenne, l'euro, mis en service en 2002. On peut noter que les deux logiques d'élargissement et d'approfondissement sont difficilement conciliables, car il est plus difficile de concevoir des politiques communes à 28 qu'à 15. D'où le développement d'oppositions à la construction européenne.

> **Remarque**
> La Grande-Bretagne a toujours été, depuis son adhésion en 1973, un partisan majeur d'une construction européenne unioniste et d'une Europe à « géométrie variable ».

III – Un regard de plus en plus critique sur la construction européenne

L'hostilité à la construction européenne n'a jamais été aussi forte. Le document 2 en donne un exemple avec les manifestations d'un parti britannique eurosceptique fort dont l'audience électorale augmente, le UKIP (*United*

Kingdom Independant Party). Cette campagne europhobe a directement mené en juin 2016 au Brexit, la première sortie d'un État-membre de l'UE. Ce regard critique gagne tous les peuples de l'UE. À titre d'exemple, lorsque le projet de traité constitutionnel qui entendait faciliter le fonctionnement à 27 a été proposé à référendum en France et aux Pays-Bas en 2005, il a été rejeté.

En effet, contrairement aux affirmations du Commissaire européen sur le fait que « l'Europe [...] favoris[e] la démocratie », il apparaît que ni le président de l'UE ni aucun des commissaires n'est élu par les citoyens. L'UE est alors perçue comme un ensemble d'institutions supranationales qui imposent des politiques de réformes et d'austérité sans que les citoyens se soient exprimés sur ces orientations. De plus, l'idée que « l'UE est [...] plus prospère, plus forte et plus influente » est contredite par les crises récentes. De nombreux pays, particulièrement la Grèce mais aussi l'Irlande, l'Espagne, le Portugal, connaissent des politiques d'austérité très douloureuses socialement. Enfin, l'influence politique de l'UE est limitée car la plupart des États refusent les interventions extérieures, et la France est par exemple bien seule pour lutter contre la menace terroriste au Sahel.

Conclusion

Deux visions de la construction européenne s'opposent depuis le début. Elles s'affirment lors des moments de crise lorsque le projet politique s'essouffle. Mais ce sont ces temps critiques qui ont toujours permis à l'UE d'avancer en approfondissant les liens unissant les États-membres pour y faire face.

Sujet 21 La gouvernance mondiale et l'État-nation

8 pts — 1 h 30

Sujet inédit

Étude critique de documents

› La remise en cause de la souveraineté de l'État-nation

Après avoir rappelé les objectifs du Fonds monétaire international, vous montrerez que son action peut remettre en cause la souveraineté des États-Nations.

Doc.1 Les mesures du FMI en Grèce

La Grèce s'enfonce dans un chaos persistant, confrontée à une crise budgétaire sans équivalent depuis un an, acculée par la pression toujours plus forte du FMI et de l'Union européenne.

En bonne brigade de police financière internationale, le FMI a fait une nouvelle descente, la semaine dernière du côté d'Athènes. Maniant un peu la carotte et beaucoup le bâton, la « Troïka », comme les Grecs appellent leurs créanciers, a salué vendredi au cours d'une conférence de presse les progrès réalisés par le pays, qui a réduit en un an de six points de pourcentage son déficit public [...]. Côté bâton, les inspecteurs de l'UE et du FMI ont eu la main lourde invitant la Grèce à accélérer ses réformes et à procéder à davantage de privatisations. Après une inspection complète des finances du pays, les inspecteurs ont jugé que les réformes structurelles devaient être encore « accélérées » et « étendues ». Les prêteurs ont estimé que les privatisations devraient permettre de recueillir 50 milliards d'euros entre 2011 et 2015. Le précédent objectif du gouvernement était de 7 milliards d'euros entre 2011 et 2013. Deux ans de plus pour trouver sept fois plus d'argent et démanteler toujours un peu plus l'appareil d'État. Après avoir réformé les retraites, abaissé les salaires des fonctionnaires et engagé une vaste réforme pour ouvrir à la concurrence une myriade de professions jusqu'à présent protégées, le gouvernement grec est désormais sommé de procéder à une réforme de l'administration fiscale pour mieux lutter contre la fraude, à restructurer son secteur bancaire et à mieux contrôler ses dépenses publiques, notamment dans le secteur de la santé. Le FMI ne fait pas dans la dentelle. [...] Les révélations du quotidien *To Vima* indiquent ainsi qu'après les ports, les aéroports, les chemins de fer, l'électricité, le nouveau plan recommande, également la privatisation… des plages touristiques du pays « pour développer le tourisme et le marché des propriétés ». Le Parthénon, Delphes et le Temple d'Apollon, une question de jours ?

Régis Sousbrouillard, *Marianne*, 15 février 2011.

Doc.2 **Tragédie grecque**

© www.nicolasvadot.com

Les clés pour réussir

L'essentiel à connaître

Notions-clés : gouvernance, État-nation.

Éléments-clés :

– l'**objectif principal** assigné au FMI lors de sa création en 1944 : la stabilisation financière mondiale ;

– les **mesures** imposées par cet organisme pour conditionner son aide ;

– les **conséquences sociales** parfois dramatiques de ces mesures et les contestations qu'elles ont fait naître au sein des opinions publiques très souvent hostiles au FMI.

Évidemment, **ces connaissances doivent être localisées**, c'est-à-dire que vous devez connaître les principaux pays pour lesquels le FMI est intervenu depuis deux décennies.

Analyser le sujet

La consigne

- Cette étude s'inscrit au sein du thème concernant les différentes échelles de gouvernement et **porte sur les conflits qui peuvent exister entre l'échelle mondiale de gouvernement**, incarnée ici par le FMI (Fonds monétaire international), **et l'autorité des États-nations**. On attend de vous une réflexion pertinente qui ne consiste pas à « réciter » les griefs formulés à l'encontre du FMI mais insiste sur la remise en cause de la souveraineté des États par cet organisme. Quelles sont les mesures du FMI (échelle mondiale de gouvernement) qui soumettent la volonté étatique (échelle nationale) ? Ici les **notions de légitimité/illégitimité** doivent être utilisées.
- Pressés d'obtenir une aide financière, beaucoup de pays sont dans l'obligation de faire appel aux organismes internationaux, notamment au FMI, et se voient contraints de céder une partie de leur souveraineté économique et financière, **souvent en opposition avec leur opinion publique.** C'est cette opposition que ce sujet vous invite à traiter et à mettre en lumière. Les deux documents traitent de la Grèce mais rien ne vous interdit d'emprunter des exemples à d'autres pays.

Les documents

Document 1 : cet article du magazine politique *Marianne* dénonce le « dépeçage » économique de la Grèce, contrainte non seulement de vendre et de privatiser ses ressources mais aussi d'effectuer des coupes drastiques dans ses dépenses publiques au détriment des citoyens. L'article insiste sur **l'aspect illégitime du FMI** qui impose ses mesures hors de tout contrôle démocratique et **réduit le gouvernement grec à l'état d'exécutant.**

Document 2 : la caricature reprend le monument le plus emblématique d'Athènes, le Parthénon, et change les piliers du temple en poing levés, symboles de **colère face aux « diktats » imposés de l'extérieur.**

→ **Ces documents ne relèvent pas les responsabilités de l'Union européenne, du peuple grec et plus encore du personnel politique grec. La colère légitime des citoyens n'est pas uniquement due au FMI.**

Organiser ses idées

Définir une problématique

Elle est induite par la formulation du sujet ; la gouvernance mondiale tend à réduire les prérogatives des États-nations et à remettre en cause leur autorité.

→ **Dans quelles mesures l'échelle de gouvernement des États-nations est-elle contestée et remise en cause par l'échelle mondiale de gouvernement qui ne dispose d'aucune légitimité démocratique ?**

Élaborer un plan

Le plan est conditionné par l'analyse des documents et par les connaissances qu'ils contiennent. Un **plan thématique** est évidemment le seul à être pertinent ici. Il peut s'organiser comme suit :

I – À l'origine, assurer la stabilité financière à l'échelle mondiale

II – Des mesures qui remettent en cause la souveraineté des États-nations

III – Une contestation citoyenne face à des décisions jugées illégitimes

Sujet 21 Corrigé

La remise en cause de la souveraineté de l'État-nation

Attention

Le plan est rappelé pour vous aider, mais il ne doit en aucun cas figurer sur votre copie. À vous de guider le correcteur par l'annonce du plan dans l'introduction, les phrases d'attaque des paragraphes et des transitions.

Introduction

La gouvernance mondiale est au cœur des déclarations de la plupart des dirigeants. Face aux crises, elle seule paraît apte à assurer le retour de la croissance et la stabilité de la finance internationale. Les deux documents proposés – un article du magazine *Marianne* publié en 2011 et une caricature réalisée la même année par Vadot – présentent une vision bien différente dans laquelle le FMI, représentant l'échelle mondiale de gouvernement, remet en cause l'autorité et les prérogatives de l'État-nation et sans aucune consultation démocratique.

Vocabulaire

Gouvernance mondiale : coopération entre différents acteurs étatiques et non-étatiques pour assurer une meilleure gestion des problèmes mondiaux.

Dans quelles mesures l'échelle de gouvernement des États-nations est-elle contestée et remise en cause par l'échelle mondiale de gouvernement qui ne dispose d'aucune légitimité démocratique ?

Vocabulaire

État-nation : une autorité souveraine qui s'applique à un peuple et un territoire donnés.

I – À l'origine, assurer la stabilité financière à l'échelle mondiale

Piège à éviter

Le sujet porte sur la remise en cause du pouvoir de l'État-nation par le FMI, mais absolument pas sur l'histoire du FMI depuis 1944.

L'idée d'une coopération internationale – antérieure à la Seconde Guerre mondiale – se réalise à partir de 1944 avec la mise en place d'organismes censés assurer la stabilité financière, le progrès social et le développement économique. La Banque mondiale et le FMI (Fonds monétaire international), créés à Bretton Woods, ont un rôle majeur à jouer dans le monde à reconstruire. Dès l'origine, ces institutions, notamment le FMI, sont pensées comme pouvant suppléer les États-nations qui ne sont plus considérés comme capables d'assurer un ordre économique stable. Incapables d'enrayer la crise de 1929 et les événements qui amenèrent la guerre, ces États-nations sont déconsidérés en 1944, d'où la nécessité d'une échelle mondiale de gouvernement incarnée notamment par le FMI. Ce dernier a pour but de donner confiance aux États membres « sans recourir à des mesures préjudiciables à la prospérité nationale ». Mais à travers les mesures qu'il impose aux pays débiteurs en contrepartie de ses prêts, il va se retrouver souvent dans une position de gouvernement « bis » qui remet en cause et conteste l'échelle nationale de gouvernement, démocratiquement élue.

II – Des mesures qui remettent en cause la souveraineté des États-nations

L'astuce du prof

Les documents portent sur la Grèce, mais vous pouvez utiliser d'autres exemples, tout aussi pertinent vus en cours, notamment sur les crises asiatiques et argentine.

La crise grecque, comme avant elle les crises asiatiques ou argentine (fin des années 1990), illustre les griefs formulés contre les ingérences du FMI. L'organisme international, appelé à la rescousse par une Grèce lourdement endettée, impose au pays une « pression toujours plus forte » faite de rigueur budgétaire drastique et de « davantage de privatisations ».

En effet, la Grèce est incitée à accélérer et à étendre ses « réformes structurelles ». L'ensemble de ces mesures constitue la solution préconisée depuis plusieurs décennies par le FMI, une politique ou un programme d'ajustement structurel. Il faut réduire les dépenses publiques et augmenter les recettes de l'État pour retrouver au plus vite l'équilibre budgétaire et être capable de rembourser le prêt du FMI. Réformes des retraites, baisse des salaires des fonctionnaires et des budgets publics en général, privatisations des aéroports, des ports, de l'électricité et maintenant des plages touristiques : le gouvernement grec est sommé de vendre ses biens, ce qui a pour conséquence de « démanteler toujours un peu plus l'appareil d'État ».

Face à cette perte de souveraineté économique et financière, la Grèce ne dispose quasiment d'aucune marge de manœuvre. Ironiquement, l'article se termine par la possible vente des trésors antiques de Delphes ou d'Athènes pour bien démontrer la perte dramatique de souveraineté du gouvernement grec.

Ce qu'oublie d'évoquer l'auteur c'est aussi la responsabilité du personnel politique grec dans la situation actuelle. Après des années de mensonges sur les comptes publics et de mauvaise gestion, la crise financière ne pouvait qu'exploser et le FMI, malgré ses indéniables défauts, tient à bout de bras le pays.

III – Une contestation citoyenne face à des décisions jugées illégitimes

Néanmoins, les mesures préconisées et imposées par le FMI sont, aux yeux de nombreux Grecs, des « diktats » illégitimes imposés par des organismes étrangers pour lesquels les citoyens grecs n'ont pas voté (en premier lieu le FMI mais également la Commission européenne). La caricature de Vadot illustre cette colère et la volonté de ne pas accepter sans lutter cet abandon de souveraineté.

Vocabulaire

Illégitime : qualifie un gouvernement, une mesure, une décision qui est injuste, qui ne paraît pas normal.

Le Parthénon, reconnaissable à son architecture grecque classique et au drapeau qui flotte à son sommet, voit ses piliers antiques se transformer en poings serrés et levés, symboles de lutte et d'union. Depuis le début de la crise économique et financière en Grèce, les grèves et manifestations violentes se multiplient pour refuser l'austérité imposée par le FMI et l'UE (Banque centrale européenne). Les conséquences sociales dramatiques des mesures adoptées depuis deux ans discréditent totalement le monde politique grec et les citoyens ont le sentiment que leur gouvernement reçoit ses ordres du FMI et de l'Allemagne. Les élections législatives de janvier 2015 illustrent cette défiance en portant au pouvoir Syriza, un parti d'extrême-gauche hostile à l'austérité prônée par les créanciers du FMI et de la BCE.

Conclusion

Les multiples exemples des dernières décennies sont irréfutables : l'échelle mondiale de gouvernement tend à remettre en cause la légitimité de l'autorité des États-nations tels que l'Argentine, l'Indonésie, la Grèce. À chaque fois, les citoyens ont le sentiment que les décisions leur sont imposées hors de tout contrôle démocratique. Conscient de ces critiques, le FMI s'est lancé dans des réformes afin de mieux représenter les pays émergents. Il lui reste à mieux associer les citoyens à ses choix.

Sujet 22 La gouvernance économique mondiale depuis 1944

12 pts — 2 h 30

Mexique, juin 2014

Composition

› **La gouvernance économique mondiale depuis 1944**

Les clés pour réussir

L'essentiel à connaître

- Ce sujet suppose de solides connaissances mais, plus que des hommes ou des dates, **ce sont des institutions internationales,** leurs rôles, leurs actions et leurs contestations **que vous devrez maîtriser.**
- Évidemment, **les principaux bouleversements et soubresauts de l'économie mondiale** tout autant que les tournants de la gouvernance internationale doivent être connus et expliqués (quelles sont leurs causes, leurs mécanismes, leurs conséquences...).

Principales organisations internationales : FMI, Banque mondiale, G8 et G20, BRICS.

Personnages-clés : John M. Keynes, Richard Nixon, Harry Dexter White.

Dates et accords-clés : Bretton Woods en **1944**, la fin de la convertibilité or/dollar en **1971**, les accords de la Jamaïque en **1976**, les crises asiatiques et argentine des **années 1990**, celle des *subprimes* et de la dette en **2008**.

Notion-clé : **la gouvernance.** C'est une notion relativement récente, différente du terme de gouvernement, qui insiste sur la **mise en place de règles collectives** mêlant l'action des États, des organismes internationaux et de la société civile afin de mener des politiques à grande échelle basées sur la concertation et le juste équilibre.

Analyser le sujet

- Le sujet reprend en grande partie l'intitulé du chapitre sur la gouvernance mondiale. Cependant, ce sujet porte uniquement sur la gouvernance économique et financière **face aux crises et remises en causes** depuis 1944.
- À ce titre, votre devoir doit insister sur les périodes charnières qui sont autant de **périodes d'instabilité** (la période de l'après-guerre, la fin de la convertibilité or/dollar au cours des années 1970, les crises des années 1990 et 2000...).

Organiser ses idées

Définir une problématique

- La formulation du sujet vous invite à vous interroger sur **les mesures mises en place** par les différents acteurs (organismes et institutions internationaux, États) de la gouvernance mondiale **pour faire face aux soubresauts et convulsions économiques** depuis la fin de la Seconde Guerre mondiale. Il porte également sur les évolutions et les débats qui agitent cette gouvernance.
- Plus qu'un sujet descriptif des règles ou accords depuis 1944, **cette composition propose une réflexion sur l'efficacité de cette gouvernance** au cours du demi-siècle passé. La problématique peut être ainsi formulée :

→ **Quelle a été l'efficacité de la gouvernance économique et financière mondiale depuis 1944 ?**

Élaborer un plan

Le plan le plus pertinent doit être **chronologique** pour suivre les évolutions et les crises de l'économie et de la finance. Il doit s'articuler autour des événements marquants, des ruptures qui nécessitent une redéfinition de la gouvernance mondiale.

I - Reconstruire et stabiliser l'économie et la finance mondiales (1944-1945)

II – De la fin de la convertibilité or aux crises asiatiques et argentine : trois décennies de bouleversements (1971-2001)

III – À l'orée du XXIe siècle, une nécessaire redéfinition de la gouvernance mondiale

HISTOIRE

Sujet 22 Corrigé

› La gouvernance économique mondiale depuis 1944

! Attention

Nous vous proposons un corrigé sous forme de plan détaillé. Le jour de l'examen, vous devrez rédiger votre copie et les titres de parties ne devront pas apparaître.

Introduction

Définition du sujet : Barack Obama, président d'un pays réputé pour son libéralisme en matière d'économie, les États-Unis, plaide depuis plusieurs années pour une plus grande régulation de l'économie. Cette volonté de réglementation financière, qui cherche à éviter les excès, prend racine dès la fin de la Seconde Guerre mondiale. Accusées d'avoir engendré ce conflit, la crise de 1929 et les dérives du capitalisme doivent être bannies. À partir de 1944, les États-Unis prennent l'initiative d'une gouvernance économique et financière, c'est-à-dire la mise en place de règles collectives mêlant l'action des États, des organismes internationaux et de la société civile afin de mener des politiques à grande échelle basées sur la concertation et le juste équilibre.

Problématique : Quelle a été l'efficacité de la gouvernance économique et financière mondiale depuis 1944 ?

Annonce du plan : Nous aborderons les premières initiatives nées du constat des conséquences de la crise de 1929 et élaborées au cours de la conférence de Bretton Woods, puis nous étudierons les difficultés auxquelles cette gouvernance a eu à faire face des années 1970 au début du XXIe siècle avant de porter notre réflexion sur la crise actuelle et les réponses qui y sont données.

I – Reconstruire et stabiliser l'économie et la finance mondiales (1944-1945)

À la suite du conflit mondial et dans le cadre de la création de l'ONU apparaissent plusieurs institutions destinées à encadrer le fonctionnement de l'économie mondiale.

A. Un monde dévasté et dominé par les États-Unis

1. Tirer les leçons du passé

– La crise de 1929, crise du capitalisme et de ses excès, est jugée responsable de la Seconde Guerre mondiale.
– Il apparaît nécessaire pour le monde de l'après-guerre de réguler l'économie et la finance pour éviter les erreurs du passé.

2. L'Europe financièrement exsangue

– Les économies des principaux pays européens (Royaume-Uni, Allemagne, France) sont dévastées.
– La monnaie anglaise, la livre sterling, monnaie de référence depuis plusieurs décennies est fortement dépréciée.

3. Les États-Unis, seul pays financièrement et économiquement viable

– Les États-Unis disposent des deux tiers du stock d'or mondial et d'une économie florissante, dopée par la guerre.
– Eux seuls sont capables de reconstruire l'économie mondiale et de garantir la stabilité des monnaies.

B. Un monde à reconstruire et à stabiliser

1. Bretton Woods, la conférence fondatrice

– En juillet 1944, les alliés de la Seconde Guerre mondiale (44 pays présents dont l'URSS) se réunissent à Bretton Woods dans l'État du New Hampshire pour refonder le système financier mondial.

– Le dollar devient la monnaie de référence. C'est le système de parité or/dollar. Les autres monnaies indexées sur le dollar ne peuvent fluctuer que de 1 %.

Vocabulaire

Parité or/dollar : parité établie lors de la conférence de Bretton Woods, selon laquelle seul le dollar est indexé sur l'or tandis que les autres monnaies sont indexées sur le dollar. Ce système perdure jusqu'en 1976.

2. De nouvelles institutions économiques et financières

– Pour garantir la stabilité des finances et de l'économie mondiales, le FMI (Fonds monétaire international) et la Banque mondiale sont créés dans le cadre de l'ONU. Ils sont la clé de voûte de Bretton Woods.

– Le FMI veille à la stabilité monétaire et la Banque mondiale prête de l'argent aux pays en manque de capitaux.

3. Les premiers écueils

– L'URSS refuse de participer aux institutions internationales créées à Bretton Woods arguant de l'impérialisme des États-Unis.

– Ses « alliés » quittent également ces organisations.

Transition : Durant plus de 20 ans, ce système tente, sans grande réussite, de stabiliser les monnaies et c'est au début des années 1970 que son principal garant, les États-Unis, lui portent le coup de grâce.

Piège à éviter

Le **GATT** (ancien OMC) n'a pas été créé pour stabiliser la finance mondiale mais pour libéraliser le commerce. À ce titre, il n'est pas pertinent de l'évoquer.

II – De la fin de la convertibilité or aux crises asiatiques et argentine : trois décennies de bouleversements (1971-2001)

La fin des Trente Glorieuses et le début de la crise dans les pays industrialisés vont de pair avec les premières difficultés de la gouvernance mondiale élaborée après-guerre.

A. La remise en cause de Bretton Woods

1. Un déficit qui se creuse

– Les États-Unis voient leur déficit public s'envoler notamment à cause de la guerre du Vietnam.

2. La fin de la convertibilité or/dollar

– En 1971, le Président Richard Nixon renonce à la parité or/dollar.

– En 1976, la décision des États-Unis est entérinée par les accords de la Jamaïque qui fondent le système des changes flottants : les taux de change varient, le système est moins stable.

B. La nécessité d'une nouvelle gouvernance au cours des années 1970

1. L'entrée dans la crise

– Depuis la fin des années 1960, essoufflement de la croissance dans les pays industrialisés.

– Les causes sont la concurrence internationale, les chocs pétroliers et l'instabilité des monnaies.
– Les conséquences portent sur l'inflation, l'augmentation du chômage et la chute de la production.
– Les solutions nationales l'emportent sur la gouvernance mondiale.

2. Le G7 : les pays riches au chevet de l'économie mondiale

– 1975 : création à l'initiative de la France d'un groupe de 6 puis 7 pays les plus riches : le G7 (États-Unis, République fédérale d'Allemagne, France, Japon, Royaume-Uni, Canada et Italie).
– Le G7 est un organe de réflexion mais dont l'efficacité reste cependant limitée.
– Il s'est élargi à la Russie en 1998 pour constituer le G8.

3. De nouvelles voix issues du Tiers-Monde.

– La création de la CNUCED (Conférence des Nations Unies sur le commerce et le développement) en 1964 pour favoriser l'insertion des pays en voie de développement dans l'économie mondiale.
– 1974, les pays du Tiers-Monde réclament un nouvel ordre économique mondial afin d'assurer leur développement et une nouvelle gouvernance plus juste.

C. Les crises des années 1980 et 1990 et l'incapacité des organisations mondiales à les gérer

1. Des crises à répétition dans les pays en développement (années 1980-1990)

– À partir des années 1980, une crise de l'endettement se déclare dans de nombreux pays en développement (Brésil, Inde, Mexique).
– L'incapacité à rembourser leurs dettes les mène à faire appel au FMI et à la Banque mondiale qui leur imposent des réformes socialement très dures.
– À partir de juillet 1997, une crise née, en partie, du surinvestissement et d'une dette publique très importante touche les pays d'Asie du Sud-Est surtout la Thaïlande et l'Indonésie.
– La crise argentine : elle peut être comprise comme la suite de la crise asiatique. À partir de 1998, le pays est touché par une très importante récession ainsi qu'une déflation des prix.

2. L'inefficacité des institutions onusiennes

– Le PAS, la solution unique prônée par le FMI : au cours des années 1980-1990, le FMI conditionne son aide financière à l'adoption de PAS (Programme d'ajustement structurel) dont le but est d'assainir les finances et l'économie des pays concernés.

Vocabulaire

Programme d'ajustement structurel (PAS) : est un moyen pour le FMI de lutter contre les crises. Ces mesures relèvent autant de la lutte contre la corruption que de l'incitation à la privatisation de l'économie et à l'austérité budgétaire.

– Le FMI contesté : ces PAS ont des effets sociaux dévastateurs et génèrent une pauvreté grandissante qui monte les populations contre l'organisation onusienne. Elle apparaît de plus en plus comme une « machine » de l'impérialisme occidental contre les pays en voie de développement.

Transition : Ces crises successives, et plus encore, les solutions draconiennes et souvent décriées du FMI, obligent la gouvernance mondiale à une profonde redéfinition au début du XXIe siècle.

III – À l'orée du XXIe siècle, une nécessaire redéfinition de la gouvernance mondiale

A. De nouveaux acteurs aux objectifs parfois contradictoires

1. L'altermondialisme et les ONG

– La naissance de l'altermondialisme autour des critiques contre les institutions internationales et les ravages sociaux de leurs « thérapies économiques ».

– La condamnation du libéralisme et la défense de l'environnement et du développement durable. Un de ses leitmotiv est « un autre monde est possible ».

– Désormais, aucun sommet, aucune discussion internationale ne se fait sans une manifestation des altermondialistes.

> **L'astuce du prof**
>
> Aujourd'hui, on parle davantage d'**altermondialistes** qui veulent une autre mondialisation que d'**antimondialistes** qui refuseraient toute mondialisation.

2. Les pays émergents

– Portés par une croissance économique parfois vertigineuse, les pays dits émergents (Chine, Brésil, Inde) revendiquent une place plus importante au sein de la gouvernance mondiale.

– 1999, en partenariat avec l'Union européenne, constitution du G20 (groupe de réflexion et de pression).

– Depuis 2009, 4 puis 5 de ces pays émergents constituent les BRICS (Brésil, Russie, Inde, Chine et Afrique du Sud) et organisent chaque année des sommets où ils discutent de la gouvernance économique du monde.

– 2010, le FMI leur octroie une meilleure représentativité au sein de cette organisation.

3. Les forums internationaux

– Deux forums ont acquis une notoriété internationale et sont des acteurs majeurs des débats autour de la gouvernance mondiale : Le Forum économique mondial qui se réunit chaque année à Davos en Suisse ; le Forum social mondial organisé dans différents pays depuis 2001 et qui porte les revendications altermondialistes.

B. Depuis 2008, une crise sans précédent depuis la fin de la Seconde Guerre mondiale

1. De la crise immobilière américaine à la crise financière

– À partir de 2007, le marché immobilier américain s'effondre après des années de spéculation : crise des *subprimes*.
– La faillite de nombreuses banques américaines et européennes (Lehman Brothers).
– Avec la mondialisation, la crise américaine devient mondiale.

Vocabulaire

Subprime : prêt risqué car les emprunteurs sont moins fiables mais le taux d'intérêt est plus élevé. Les difficultés de remboursement de plusieurs millions d'Américains ont été à la base de la crise financière et bancaire de 2008.

2. Une déstabilisation générale

– Des mesures publiques exceptionnelles (des milliards injectés par les États) pour soutenir les économies.
– Les dettes publiques sont de moins en moins soutenables pour la plupart des pays riches (États-Unis, France, Italie, Espagne, Grèce) dont beaucoup sont dégradés par les agences de notation internationales.
– Le sauvetage du système financier fait au prix de difficultés économiques et sociales très lourdes.
– Les pays émergents, Chine en tête, s'inquiètent de cette crise et de la baisse de la consommation des pays développés.

3. L'exemple des difficultés de la gouvernance mondiale avec la crise grecque

– La Grèce, pays particulièrement endetté, est menacée de banqueroute.
– La mobilisation de tous les acteurs de la gouvernance mondiale (FMI, Banque mondiale, UE, G8...).
– Les prêts du FMI et de l'UE et l'annulation d'une partie de la dette.
– Des solutions d'austérité aux effets limités qui, comme dans les pays émergents dans les années 1980-1990, ont un fort coût social.
– Des tensions entre la Grèce et les autres États européens qui témoignent de la persistance des logiques nationales et des difficultés à concevoir une gouvernance mondiale.

Conclusion

Face aux multiples soubresauts et convulsions de l'économie depuis 1945, la gouvernance mondiale a tenté d'imposer des règles afin de pallier les crises les plus graves. Souvent inefficace, fortement contestée, cette gouvernance cherche encore ses marques et la récente crise montre, s'il le fallait, qu'il reste encore de nombreux efforts à faire pour éviter des crises similaires à l'avenir.

Sujet 23

Internet en cartes pour comprendre le monde

8 pts

1 h 30

Pondichéry, avril 2017

Étude critique de documents

› Des cartes pour comprendre le monde

Montrez que les deux documents sont complémentaires pour identifier les inégalités d'accès à Internet dans le monde. Confrontez-les pour mettre en évidence l'organisation géoéconomique du monde.

Doc.1 Les vingt États qui concentrent le plus de personnes non connectées à Internet en 2013

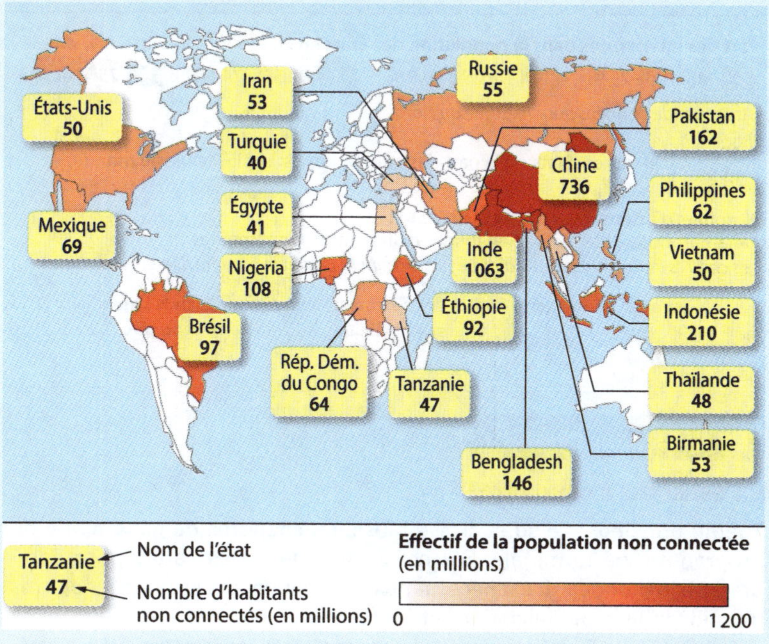

Source : Banque mondiale, 2014. Carte réalisée d'après le rapport « Les obstacles à l'utilisation d'Internet dans le monde », produit par le cabinet McKinsey & Co, octobre 2014.

GÉOGRAPHIE

Doc.2 **Les internautes dans le monde**

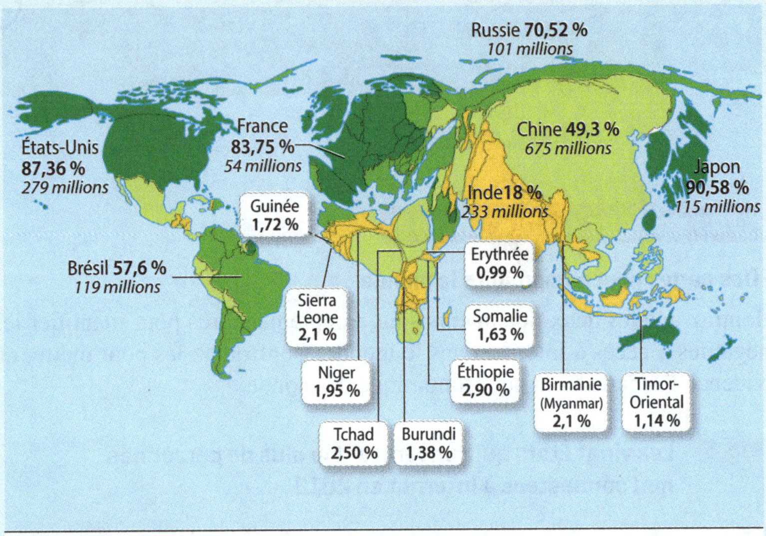

Part des internautes dans la population des États en 2014

Moins de 25 % | De 25 à 49,9 % | De 50 à 74,9 % | 75 % et plus

Abscence de données pour la Corée du Nord

Niger 1,95 % Un des dix États où la part des internautes est la plus faible au monde.

Nombres d'internautes par pays en 2014 :
l'anamorphose a été réalisée en fonction du nombre d'internautes.
Les chiffres indiqués dans certains pays précisent la part et le nombre d'internautes.

Source : Union internationale des Télécommunications et Banque mondiale, 2015.
D'après T. Gauthé, in *Courrier International*, avril 2016.

Les clés pour réussir

L'essentiel à connaître

Thème principal : ce sujet croise **plusieurs chapitres de géographie** du programme de Terminale. S'il est estampillé « Des cartes pour comprendre le monde », il est nécessaire de s'appuyer aussi sur les chapitres traitant de la mondialisation, et surtout les inégalités entre territoires qu'elle génère. En effet, **c'est bien le contraste, la fracture – ici numérique – qui caractérise l'organisation géoéconomique du monde**. Le processus de mondialisation homogénéise le monde tout en le fragmentant dans le même temps. **C'est surtout cette fragmentation abordée par le**

prisme d'Internet que l'on demande aux candidats d'étudier, et non pas l'interdépendance que le réseau génère. Les chapitres régionaux sont également utiles pour expliciter certains cas pertinents dans les cartes.
Territoires à évoquer : Triade, Chine, PMA, Asie du Sud et de l'Est.
Mots-clés : anamorphose, projection Mercator, fracture numérique, marge, coefficient de Gini.

Analyser le sujet

La consigne

- Elle précise que l'étude porte sur des cartes pour comprendre le monde, c'est donc ce chapitre-là qu'il faudra d'abord mobiliser pour analyser de manière approfondie les documents.
- Logiquement, la consigne oriente le candidat vers une **analyse critique des cartes**. Celles-ci portent sur le même thème et il s'agit d'identifier l'intérêt de chacune : **pourquoi avoir choisi cette technique de représentation ; quels sont les indicateurs représentés ; pourquoi ?**
- Autant de questions que le candidat devra se poser en s'inspirant de la méthode vue en classe avant de se pencher sur ce qu'elles nous apprennent. C'est d'ailleurs ce cheminement que suggère la consigne. Le candidat doit d'abord s'interroger sur les cartes avant d'expliciter leur contenu sur l'organisation géoéconomique du monde.

Les documents

- Il s'agit de deux planisphères qui semblent à première vue répétitifs :

– le thème est le même : la connexion au réseau Internet ;
– les deux documents figurent les pays les moins connectés ;
– le propos est de montrer qu'il y a des inégalités d'accès à Internet.

Pourtant, ces deux cartes diffèrent et c'est dans ces différences que l'on doit trouver leur complémentarité.

Document 1 : ce document, qui insiste sur les vingt pays qui comptent le plus d'habitants non connectés, rassemble à la fois des pays pauvres – cela semble logique – mais aussi des pays émergents voire riches, ce qui est plus étonnant et devra être expliqué dans la copie.

- Document 2 : par **la technique de l'anamorphose**, cette carte met en valeur les pays les plus connectés en leur attribuant une grande surface et/ou une couleur foncée. En revanche, les pays faiblement connectés voient leur surface de représentation si réduite qu'il est parfois difficile de les distinguer.

Organiser ses idées

Définir une problématique

Votre réflexion doit croiser à la fois **les enjeux des choix de représentations cartographiques et ceux sur l'organisation géoéconomique du monde.** La consigne le demande. Les deux documents ne donnent en effet pas la

GÉOGRAPHIE

même lecture du monde, qui apparaît très inégal dans la carte par anamorphose, alors que la carte analytique n'illustre aucun enjeu en mêlant des pays à la fois issus de la Triade, des pays émergents et des pays pauvres.

→ **En quoi les différences dans la représentation cartographique de la fracture numérique influent-elles sur notre lecture des inégalités dans le monde ?**

Élaborer un plan

La consigne est suffisamment claire et vous guide pour élaborer votre réflexion. Commencez par réfléchir, à l'aide de votre cours introductif, sur les **deux représentations cartographiques proposées** à l'étude : le choix de représentation, les figurés, les indicateurs... Puis, toujours en suivant la consigne, voyez **en quoi Internet illustre les fractures que l'on observe dans l'organisation géoéconomique du monde dans un contexte de mondialisation.**

I – Des représentations cartographiques complémentaires

II – Des cartes qui éclairent sur l'inégale organisation géoéconomique du monde

Sujet 23 Corrigé

› Des cartes pour comprendre le monde

! Attention

Le plan est rappelé pour vous aider, mais il ne doit en aucun cas figurer sur votre copie. À vous de guider le correcteur par l'annonce du plan dans l'introduction, les phrases d'attaque des paragraphes et des transitions.

Introduction

Si la mondialisation homogénéise le monde, elle le fragmente dans le même temps. Internet, censé rapprocher les Hommes, illustre parfaitement ces inégalités puisque tous les territoires et tous les individus ne sont pas également connectés, comme le montrent les deux documents à étudier. Le premier document est une carte analytique de projection Mercator et répertoriant pour la Banque mondiale les vingt États qui concentrent le plus de personnes non connectées à Internet en 2013. Le second est aussi une carte, mais par anamorphose cette fois, établie d'après les données de la Banque mondiale de 2014 et publiée dans un article de *Courrier International* en 2016. Elle souligne les inégalités d'accès à Internet à l'échelle mondiale.
En quoi les différences dans la représentation cartographique de la fracture numérique influent-elles sur notre lecture des inégalités dans le monde ?

I – Des représentations cartographiques complémentaires

Les outils numériques ont enrichi la représentation cartographique du monde. Les documents donnés à l'étude sont deux planisphères, des cartes à l'échelle mondiale portant sur l'accessibilité à Internet. Pourtant, ils ont une approche et une technique différentes et par là même nous donnent une vision complémentaire de l'accès à Internet dans le monde.

L'astuce du prof

Cette première partie porte exclusivement sur la méthode d'analyse de cartes vue dans le chapitre introductif de géographie.

A. Atouts et faiblesses des représentations cartographiques par anamorphose

Le second document est le plus riche en informations. C'est un planisphère par anamorphose : la surface des pays représentés n'est pas proportionnelle à leur superficie mais à un indicateur, ici le nombre d'internautes. Ainsi, plus le pays est grand sur la carte, plus ce nombre est élevé. L'anamorphose est très pratique : elle permet une représentation très visuelle des inégalités et sa lecture est très rapide. En effet, le lecteur voit immédiatement quels pays ont le plus d'internautes. Par ailleurs, il est ensuite possible de croiser cet indicateur avec un autre, ici la part des internautes, par des figurés de surface. Cependant, si cette technique met en valeur les « champions », elle réduit au maximum les pays pour lesquels les indicateurs sont faibles. Ici, les pays d'Afrique sont méconnaissables et certains mêmes invisibles, le lecteur n'a donc pas d'informations à leur sujet. Ils ne sont même plus marginalisés, ils disparaissent.

Vocabulaire

Anamorphose : carte dans laquelle la surface d'un espace sur la carte est proportionnelle au phénomène représenté.

B. Une carte analytique

La première carte, de facture plus classique, corrige cette première lecture. Elle porte sur les vingt pays où l'on trouve le plus grand nombre d'habitants non connectés. Il y a donc moins d'informations car on ne peut étudier que vingt pays. Un seul figuré est utilisé : le nombre d'habitants non connectés, la couleur foncée ne servant qu'à identifier les pays où il y en a le plus en valeur absolue et sans lien avec la population totale. Cette information figure par contre dans le document 2 pour les pays les plus mal lotis mais pas forcément présents dans la liste des vingt pays comptant le plus grand nombre de non connectés. Cette carte est intéressante car elle souligne des paradoxes : outre des pays très pauvres, on trouve également des PMA, des pays riches comme les États-Unis et la Chine, ainsi que beaucoup de pays asiatiques, malgré la forte croissance économique dont ils ont profité pour sortir de la pauvreté. D'un autre côté, la carte perd de vue les inégalités inhérentes à l'accès à Internet dans un contexte de mondialisation : pays riches et pauvres sont frappés par les mêmes problèmes. Le propos est ici très neutre.

II – Des cartes qui éclairent sur l'inégale organisation géoéconomique du monde

Les documents, et particulièrement la carte par anamorphose, permettent pourtant d'identifier une organisation géoéconomique du monde marquée par des inégalités à toutes les échelles. La fracture numérique peut ainsi être généralisée aux autres critères économiques et sociaux.

A. À l'échelle mondiale, la fracture numérique est grande

À l'échelle mondiale, on peut distinguer un groupe de pays dont la part d'internautes est supérieure à 75 % : il s'agit des pôles de la mondialisation aussi appelés pôles de la Triade. Comme l'indique le document 2, il s'agit de l'Amérique du Nord, de l'Europe de l'Ouest et, en Asie orientale, du Japon, de la Corée du Sud et de Taïwan. Ces pays sont très connectés car ils se caractérisent par une grande richesse qui leur permet de financer des infrastructures, notamment les serveurs, et de s'intégrer au réseau Internet mondial. Ces pôles polarisent donc les flux d'informations véhiculés par le Web. *A contrario*, on observe que nombre de pays sont très mal intégrés au réseau. Les deux documents permettent d'identifier les pays d'Afrique subsaharienne tels que l'Érythrée, avec 0,99 % d'internautes, et le Burundi, avec 1,38 %. Ces pays apparaissent comme marginalisés dans le processus de mondialisation car leur part dans les flux mondiaux est très réduite. Leur pauvreté les maintient dans un état de sous-équipement en infrastructures de tout ordre, notamment celles nécessaires à l'intégration au réseau Internet. Ils sont regroupés par l'ONU dans le groupe des PMA (Pays Moins Avancés) qui rassemblent les pays les plus pauvres, ceux qui connaissent les plus gros retards de développement.

B. Les inégalités s'observent en réalité à toutes les échelles

Les cartes permettent également d'identifier des inégalités d'accès à Internet et, plus globalement, dans l'organisation géoéconomique que ce soit aux échelles régionale et locale. L'Asie présente en effet une situation très contrastée. Dans le document 2, on observe que le Japon (avec plus de 90 % d'internautes en 2014), la Corée du Sud et Taïwan sont des pays où la part de la population connectée est très élevée. Ces pays sont intégrés à la Triade. *A contrario*, nombre de pays asiatiques ont, dans le document 2, une petite surface et une couleur claire, signe qu'en valeur absolue et en part, la proportion d'internautes est très faible. On peut noter que sur vingt pays où la population est peu connectée, neuf – soit presque la moitié – sont situés en Asie du Sud et de l'Est. Évidemment, leur poids démographique entre en jeu mais cela signifie que, malgré la forte croissance économique de la région, une forte portion de la population reste à la marge des flux du Web. Cas très intéressants par ailleurs, la Chine et l'Inde accueillent des centaines de millions

Gagnez des points !
Les documents vous permettent d'avoir une approche multiscalaire (à plusieurs échelles), essentielle en géographie.

d'internautes (675 millions pour la Chine) mais figurent par ailleurs dans le classement des vingt pays concentrant le plus de non connectés. Cette apparente contradiction illustre le statut de pays émergent : des pays à la croissance économique très rapide mais qui conservent une forte proportion de pauvres. Ces inégalités sont confirmées par le coefficient de Gini de la Chine officiellement à 0,5, score très élevé. La même cause, des inégalités très fortes, explique la présence des États-Unis, du Mexique et du Brésil dans la liste des vingt pays comptant le plus d'habitants non connectés.

Conclusion

L'inégale intégration des territoires et de leurs habitants à Internet illustre des inégalités plus globales entre pôles de la mondialisation et espaces à la marge. Or, selon la représentation cartographique choisie, ces inégalités apparaissent plus ou moins violentes : très marquées dans la carte par anamorphose, plus diffuses dans la carte analytique. Une carte n'est donc pas un reflet innocent de la réalité, elle porte un point de vue qui accélère ou anesthésie la prise de conscience de la nécessité d'une organisation géoéconomique du monde plus équitable.

Sujet 24 Pôles et flux de la mondialisation

8 pts 2h30

France métropolitaine, juin 2017

Croquis

› Pôles et flux de la mondialisation

Les clés pour réussir

L'essentiel à connaître

Thème principal : le sujet porte sur le chapitre concernant la mondialisation. Il s'agit d'un des **croquis principaux** qui en reprend les notions essentielles et montre la façon dont **s'organise et se hiérarchise l'espace mondial.**

À noter : il se différencie d'un croquis portant sur l'inégale intégration des territoires au processus de mondialisation car **il ne porte que sur les pôles dynamiques.**

Notions-clés : mondialisation, pôles, centres d'impulsion, pays émergents, flux, hiérarchie.

Montrez que vous savez :
- **localiser et nommer les pôles majeurs** de l'espace mondial à toutes les échelles ;
- **localiser et hiérarchiser les flux** qui parcourent l'espace mondial.

Analyser le sujet

- **Les pôles désignent les espaces qui contrôlent les échanges.** Ceux-ci sont d'importance diverse : si la Triade domine, **de nouveaux pôles secondaires émergent au Sud.** Il faut les envisager à différentes **échelles** car on parle aussi bien de pays (Triade, BRICS, etc.) que de **métropoles**, celles-ci étant les **nœuds** de la mondialisation (production de richesses, échanges).
- **Les flux sont très variés**, depuis les flux marchands de matières premières et produits manufacturés jusqu'aux flux humains (migrations, tourisme) en passant par les flux immatériels de capitaux, d'informations, liés à la culture…

- Il ne s'agira donc pas d'être exhaustif sur la hiérarchie spatiale (il ne s'agit pas de traiter les inégalités territoriales) ni sur les flux (ils sont très nombreux, il faudra essayer de les regrouper). Il ne s'agit pas non plus de les décrire séparément, ce qui surchargerait le croquis.

Préparer la légende

Définir une problématique

- Vous devez bien faire attention à lier les deux termes du sujet : **quelle relation existe-t-il entre les pôles et les flux ?** L'intérêt du croquis est de montrer que la hiérarchie des pôles correspond à une hiérarchie des flux mais que les flux amènent aussi à une modification des pôles, comme c'est le cas avec les pays émergents.
- Pôles et flux peuvent faire l'objet d'une partie chacun.

→ **Les pôles de l'espace mondial polarisent les flux.**

Préparer la légende

- Si le plan peut être simple (une partie sur les pôles, une sur les flux), les titres que vous utiliserez doivent montrer la réflexion sur les liens entre pôles et flux et les hiérarchies qui en découlent.
- Les figurés à utiliser sont simples et doivent jouer sur les **dégradés de couleurs** pour la hiérarchie des espaces (en partant du rouge pour les espaces les plus puissants) et/ou sur **les tailles** (de flèches par exemple, en fonction de la nature et de l'importance des flux...).
- Le **figuré ponctuel** des métropoles permet de rassembler plusieurs informations à la fois : les métropoles sont à la fois espaces de production, quartiers d'affaires, infrastructures d'échanges (ZIP, etc.).
- Multiplier les flux risquerait de rendre la carte peu lisible d'autant que d'autres informations doivent apparaître. Il faut donc faire une **typologie des flux** (flux Nord-Nord, Sud-Nord, Sud-Sud) qui a l'avantage de simplifier.

Sujet 24 Corrigé

› Pôles et flux de la mondialisation

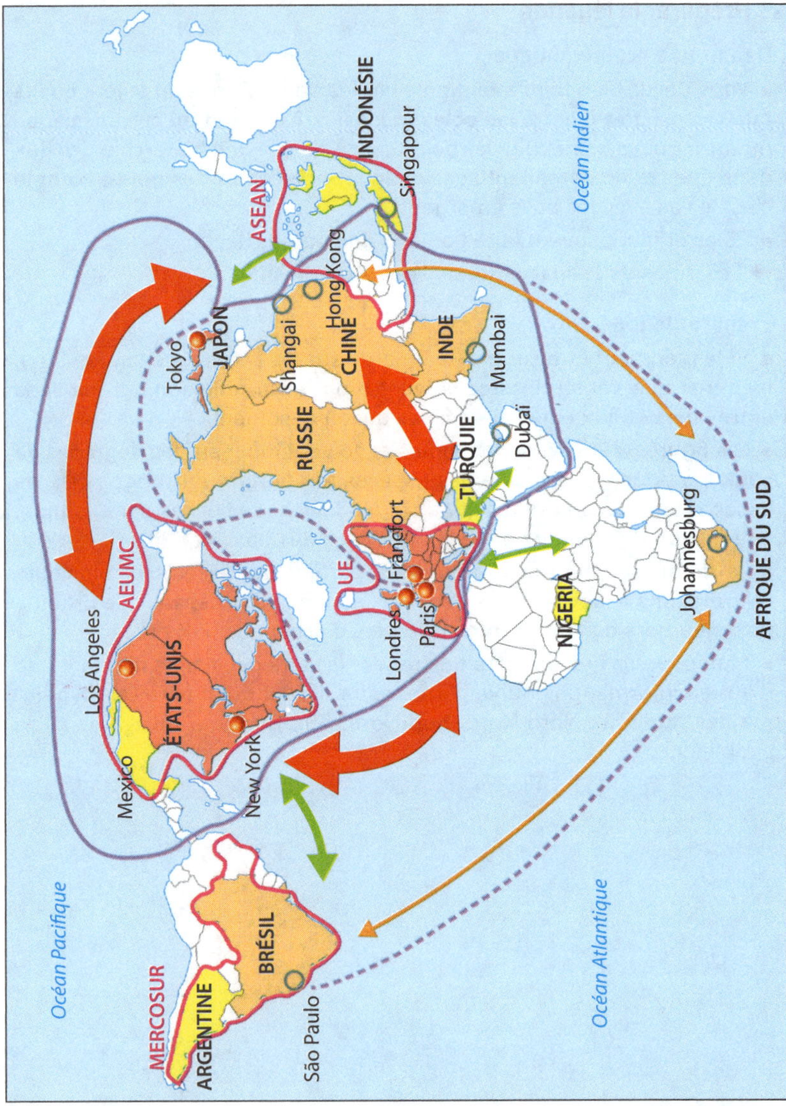

1. Les principaux pôles de la mondialisation, hiérarchisés...

A) Des pôles hiérarchisés

- Les pays de la Triade, centres d'impulsion de la mondialisation
- Les BRICS, nouveaux pôles au Sud
- D'autres pays émergents
- Principales organisation régionales impliquées dans le libre-échange (UE élargie à ses partenaires, ASEAN ouverte à un établissement vers le Nord)

B) L'archipel métropolitain mondial

- Métropoles mondiales concentrant quartiers d'affaires, technopôles, hubs et ZIP...
- Autres métropoles mondiales émergentes au Sud

2. ... contrôlent des flux déséquilibrés

A) Des flux dissymétriques

- Des flux Nord-Nord dominants (capitaux, services, produits manufacturés souvent de hautes technologies, tourisme)
- Des flux Sud-Nord inégaux (matières premières, capitaux, produits manufacturés et capitaux depuis le Nord)
- De nouveaux flux Sud-Sud émergents et variés (matières premières, capitaux, produits manufacturés)

B) Une circulation maritime permanente

- Principale route maritime mondiale
- Nouvelles routes maritimes en devenir

GÉOGRAPHIE

Sujet 25 — Mobilité, flux et réseaux dans l'espace mondial

12 pts — 2h30

Polynésie, juin 2013

Composition

› Mobilités, flux et réseaux dans l'espace mondial

Vous vous appuierez notamment sur l'étude du cas d'un produit mondialisé conduite au cours de l'année.

Les clés pour réussir

L'essentiel à connaître

Notions-clés : mobilités (c'est-à-dire flux humains), flux, réseau.

Mots-clés : migrations, diasporas, réseaux sociaux, hub, fracture numérique.

- **Les flux et mobilités sont nombreux et divers**, pensez à tous les prendre en compte dans votre réflexion : flux de **marchandises**, de **produits bruts**, flux **humains** (migrations et flux touristiques), flux **illégaux** (commerciaux ou humains), enfin flux **immatériels**, qui constituent la spécificité de la phase actuelle de mondialisation.
- Envisagez bien **tous les réseaux de transport de l'échelle mondiale** : maritime – le plus important –, aérien, de télécommunications. Les réseaux humains, diasporas et réseaux sociaux, font partie du sujet.

Analyser le sujet

- **Ce sujet reprend en intégralité la partie « Mobilités, flux et réseaux »** de la question du programme consacrée à « La mondialisation en fonctionnement ». Il ne présente donc *a priori* aucune difficulté particulière.
- **Attention néanmoins au hors-sujet** ! La définition des termes du sujet est cruciale pour éviter ce piège. La notion de **mobilité** implique un déplacement – volontaire ou non, définitif ou temporaire – qui concerne les **hommes** : vous devez montrer **le lien qui existe entre ces déplacements et l'extension des réseaux** à la surface de la planète.

Organiser ses idées

Définir une problématique

- Cette composition doit faire ressortir les deux enjeux soulevés par le sujet : d'un côté, **l'ampleur des flux et des mobilités** qui, grâce à **l'amélioration des réseaux**, parcourent le monde de plus en plus intensément ; de l'autre, le fait que **ces relations sont polarisées par les mêmes espaces**. En définitive, ces flux, mobilités et réseaux ne concernent qu'une partie du monde et de nombreux territoires, à différentes échelles, sont plus ou moins en marge.
- La problématique peut être donc formulée ainsi :

→ **Dans quelle mesure les flux et réseaux sont-ils révélateurs des discontinuités de l'espace mondial ?**

Élaborer un plan

Optez pour un plan thématique qui reprend en partie l'intitulé du sujet. Regroupez dans une même partie **les flux et mobilités** qui relèvent d'un processus similaire (le déplacement), pour ensuite analyser **le rôle central des réseaux** (maritimes, humains, technologiques). Dans la 3e partie, établissez **une typologie** qui recense les espaces valorisés ou marginalisés par ces processus géographiques.

I – Flux et mobilités connaissent un développement fulgurant
II – La mondialisation repose sur les réseaux
III – Flux, mobilités et réseaux dessinent un monde hiérarchisé

GÉOGRAPHIE

Sujet 25 Corrigé

› Mobilités, flux et réseaux dans l'espace mondial

! Attention

Nous vous proposons un corrigé sous forme de plan détaillé. Le jour de l'examen, vous devrez rédiger votre copie et les titres de parties ne devront pas apparaître.

Introduction

Définition du sujet : En décembre 2016, Facebook revendique le chiffre incroyable de 1,2 milliard d'utilisateurs par jour à l'échelle mondiale. La planète est en effet aujourd'hui parcourue par des échanges, commerciaux ou non, d'une intensité exceptionnelle accompagnés par des mobilités elles aussi en constante augmentation. Les termes de mobilités et de flux sont proches mais les mobilités concernent exclusivement les déplacements humains, quelle que soit leur motivation (économique, touristique, professionnelle...), alors que les flux sont entendus ici comme des échanges de marchandises et d'informations. Ces flux nécessitent des réseaux pour circuler qui constituent le support essentiel de la mondialisation. Pourtant, dans le même temps, la pauvreté empêche une grande part de la population mondiale d'échanger.

Problématique : Dans quelle mesure les flux et réseaux sont-ils révélateurs des discontinuités de l'espace mondial ?

Annonce du plan : Nous verrons dans une première partie que le processus de mondialisation a augmenté et diversifié les flux qui parcourent l'espace mondial. Ces flux nécessitent des supports physiques pour se déplacer, les réseaux. La localisation de ces réseaux et flux révèle les inégalités de l'espace mondial.

I – Flux et mobilités connaissent un développement fulgurant

La multiplication des flux favorise une interdépendance accrue entre les différents espaces.

A. Les flux de marchandises augmentent et changent de nature

– Les changements induits par cette nouvelle phase de mondialisation sont pluriels et peuvent être illustrés par l'étude d'un produit spécifique comme l'iPod, le lecteur MP3 de la FTN Apple dont le siège social se situe dans la Silicon Valley (Californie) : sa fabrication nécessite des matières premières et des matériaux transformés venus du monde entier (acier de Russie, puce et circuits intégrés de Taiwan, batterie du Japon...). Cela accroît l'interdépendance entre les différentes parties de l'espace mondial.
– Malgré un net ralentissement des échanges depuis la crise de 2008, le commerce mondial poursuit sa croissance (+ 2,5 % pour 2012).
– La nature des produits échangés évolue : baisse de la part des produits bruts (hydrocarbures, produits agricoles, matières premières), qui représentent 30 % des flux de marchandises, et augmentation de la part des produits finis qui en représentent 50 %.
– Dans le contexte de crise mondiale actuelle, la tendance est cependant au protectionnisme, au renforcement des barrières douanières entre les États.

B. Les flux immatériels se sont multipliés avec les TIC, notamment Internet

1. Les flux de services

– Les échanges de services sont très dynamiques : + 11 % en 2011.
– Cette croissance s'explique par la possibilité d'externaliser une partie des services dans des pays à moindre coût de main-d'œuvre : par exemple,

profitant des avantages offerts par le décalage horaire et le maniement de l'anglais, des entreprises européennes et américaines sous-traitent leur comptabilité à des entreprises indiennes.

> **Gagnez des points !**
> Commencez par présenter les différents flux qui traversent l'espace mondial. Montrez que vous savez à quoi correspondent les flux immatériels et que vous comprenez leur fonctionnement.

2. Les flux financiers

– Les flux financiers connaissent une croissance spectaculaire, qu'il s'agisse de flux d'IDE, de flux boursiers, de capitaux versés par les émigrés à leurs proches restés dans le pays d'origine…
– Dans le même temps se développent des circuits financiers délictueux ou criminels (paradis fiscaux, blanchiment d'argent sale…).
– Cette explosion, non régulée par les États, des flux financiers est en partie responsable de la crise économique actuelle.

3. Les flux culturels

– Avec la numérisation des fichiers audio et vidéo, les flux culturels se multiplient.
– En 2012, les ventes de fichiers numériques de musique ont dépassé aux États-Unis les ventes de CD.

C. Les mobilités facilitées par l'extension et la modernisation des réseaux

1. Les migrations économiques

– Les migrations internationales concernent environ 200 millions de personnes chaque année, soit 3 % de la population mondiale.
– Ces migrations économiques sont orientées Sud-Nord et de plus en plus Sud-Sud (vers les pays du Golfe Persique, par exemple).
– Des flux de main-d'œuvre très qualifiée sont également polarisés par l'Amérique du Nord puis l'Europe.
– Avec les résistances aux migrations et la fermeture des frontières, les flux migratoires clandestins se développent, causant de nombreux morts, que ce soit à la frontière Mexique-États-Unis ou en Méditerranée.

2. Les flux touristiques

– Les flux touristiques sont massifs : 1,2 milliard de personnes en 2016, polarisés par 3 espaces majoritairement, le bassin Méditerranéen, les Caraïbes, l'Asie du Sud-Est.
– Ces flux constituent un outil de développement pour des pays du Sud qui attirent les flux de touristes venus du Nord.
– Les flux touristiques en provenance de la Chine connaissent une très forte augmentation (120 millions de touristes en 2016).

Transition : La mondialisation est donc la manifestation de la multiplication des flux de toutes natures. Cet essor a nécessité des aménagements colossaux des réseaux de transport.

II – La mondialisation repose sur les réseaux

Les réseaux – leur qualité, leur rapidité, leur articulation – sont aujourd'hui l'épine dorsale de la mondialisation.

A. Réseaux physiques et numériques, supports de la croissance des flux

– Les réseaux reposent sur des transports efficaces. Ces transports ont donc connu une véritable révolution depuis plusieurs décennies, avec des progrès techniques constants : creusement de ports en eau profonde, aéroports plus grands, accueillant des avions gros porteurs (Airbus A380, par exemple) et connectés aux autres réseaux de transport (route, train à grande vitesse...) grâce aux plateformes multimodales.
– Les transports maritime et aérien sont les mieux adaptés à la mondialisation : le premier pour les flux de marchandises, du fait de son faible coût, le second pour les flux humains, du fait de sa rapidité.
– On observe cependant des exceptions : la distribution d'un nouveau modèle d'iPod se fait ainsi par avion les premières semaines pour gagner du temps sur les concurrents malgré le coût du transport.
– Internet et les outils de communication constituent des réseaux vitaux pour la mondialisation.

B. Les progrès organisationnels des réseaux pour massifier les flux

– Les gains de temps et de productivité dans les transports aériens et maritimes ont été permis par un redécoupage des réseaux désormais centralisés autour de hubs, selon le schéma ci-dessous :

Vocabulaire

Hub : point central d'un réseau de transport, aussi qualifié de plate-forme de correspondance.

Schéma d'un hub aérien

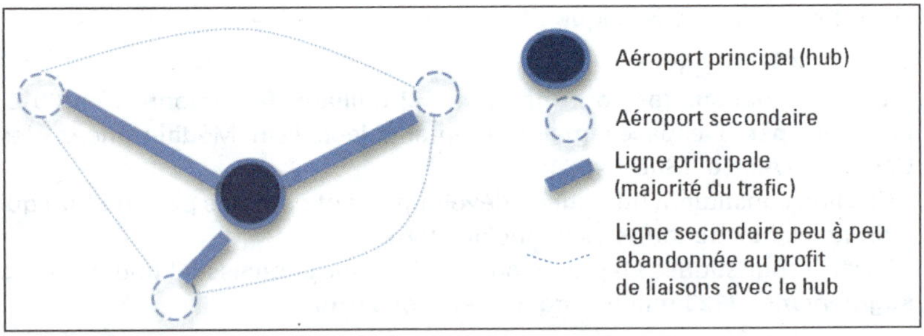

– Ce système permet des économies d'échelle : au lieu de multiplier les lignes entre les différents points du réseau, on les centralise autour de grosses infrastructures, qui desservent ensuite les aéroports ou ports plus petits de la région environnante.

C. Relier les hommes : diasporas et réseaux sociaux

1. Les diasporas

– Les diasporas sont nombreuses et souvent anciennes (diaspora juive, chinoise, libanaise, indienne...), signe de la permanence des migrations humaines.

– Les diasporas s'installent de façon privilégiée dans les pays les plus riches du Nord (quartiers chinois dans toutes les métropoles occidentales) mais aussi, pour la diaspora chinoise, dans toute l'Asie du Sud-Est (75 % de la population à Singapour, 26 % en Malaisie).

Vocabulaire

Diaspora : communauté nationale dispersée hors de son pays d'origine et qui fonctionne en réseau avec lui et avec les autres communautés issues du même pays.

– Elles facilitent les liens entre le pays/la région d'origine et le monde pour les flux de marchandises, de personnes et d'IDE.

– Les transferts financiers des migrants vers leur pays d'origine passent souvent par des structures communautaires en réseaux.

2. Les réseaux sociaux

– Les réseaux sociaux rassemblent plusieurs centaines de millions de personnes qui partagent à travers leurs pages personnelles des messages, photos, vidéos et génèrent donc des flux immatériels.

– On compte 2,5 milliards d'utilisateurs pour tous les réseaux sociaux à l'échelle mondiale.

– Ces réseaux peuvent avoir un rôle politique non négligeable, comme par exemple dans le déclenchement et la collecte d'informations des révolutions des « Printemps arabes ».

– Ils donnent une réalité à l'expression célèbre de Marshall Mac Luhan : « le village global ».

Transition : La modernisation des réseaux a multiplié les flux, mais ces flux privilégient certains espaces tandis que d'autres sont marginalisés.

GÉOGRAPHIE

III – Flux, mobilités et réseaux dessinent un monde hiérarchisé

La localisation des réseaux, des flux et des mobilités permet d'illustrer l'inégale intégration des territoires à la mondialisation.

A. Des espaces majeurs qui polarisent l'essentiel des flux et organisent les réseaux

1. Une domination de la Triade

– La Triade (Amérique du Nord, Europe occidentale et Asie orientale) polarise les flux. Elle représente environ 90 % des échanges de marchandises dans le monde.

– Les 10 premiers ports et aéroports du monde s'y trouvent : Singapour, Rotterdam et Shanghai sont les 3 premiers ports mondiaux, Atlanta, Pékin et Londres les 3 premiers aéroports.

– Le Danois Maersk, le Suisse MSC et le Français CMA-GMA sont les 3 premiers armateurs mondiaux et totalisent 40 % des conteneurs.
– Le réseau Internet est dominé par les États-Unis, notamment à travers l'ICANN qui attribue les noms de domaine (.fr, .com...)
– Ces espaces sont aussi parcourus par les mobilités les plus massives : la France est le 1er pays touristique du monde, l'UE est le 1er espace d'immigration au monde.

2. Des pôles secondaires parcourus par des flux spécifiques

– Proche-Orient et Golfe Persique constituent des pôles secondaires pour les échanges de produits bruts du fait des exportations pétrolières.
– L'Asie du Sud-Est compte 30 millions de personnes issues de la diaspora chinoise, ce qui multiplie les flux avec la Chine continentale et lui assure une zone d'influence.

B. Les espaces relativement marginalisés

– L'Afrique subsaharienne et australe (à l'exception de l'Afrique du Sud) et l'Asie centrale constituent des espaces en partie marginalisés : les flux de marchandises (hors hydrocarbures) et les flux financiers y sont relativement faibles (environ 4 % des investissements mondiaux pour l'Afrique), même s'ils progressent.
– Il existe une réelle fracture numérique : moins de 5 % en moyenne d'utilisateurs d'Internet en Afrique, un seul serveur racine en projet au Sénégal.
– Parmi les marges se trouvent des pays souvent enclavés (Centrafrique, Ouzbékistan...), n'ayant pas de façades maritimes dynamiques. Excepté l'Afrique du Sud, les 100 premiers ports mondiaux ne comprennent aucun port africain, même si le groupe logistique Maersk se développe de plus en plus en Afrique.
– Néanmoins des flux migratoires relativement importants parcourent ces régions (Sénégal, République démocratique du Congo), ainsi que des mobilités touristiques ponctuelles (Kenya) : on ne peut donc pas parler d'espaces totalement isolés.

Conclusion

Bilan : Les flux s'intensifient, les mobilités s'accroissent et les réseaux tissent leur toile sur le monde entier pour accompagner cette croissance. Mais la mondialisation est un phénomène qui, loin d'homogénéiser l'ensemble de la planète, engendre de nombreuses discontinuités et ruptures. Des espaces immenses restent à la marge des principaux flux et ne sont que peu intégrés aux réseaux qui parcourent le monde.

Ouverture : Mais la mondialisation est très vulnérable à tout aléa, notamment climatique, qui viendrait altérer durablement les réseaux et donc interrompre les flux, ainsi que l'explosion d'un volcan islandais en 2010 l'a démontré, paralysant la quasi-totalité de l'Europe occidentale.

Sujet 26 Réseaux de communication et flux maritimes dans la mondialisation

8 pts 1 h 30

France métropolitaine, septembre 2015

Étude critique de documents

› Réseaux de communication et flux dans la mondialisation

Montrez que les documents sont révélateurs de l'importance des réseaux et des infrastructures de transport dans la mondialisation. Quels sont l'intérêt et les limites du document 1 pour rendre compte de l'organisation des échanges maritimes ?

Doc.1 Le réseau de Maersk, compagnie maritime mondiale de transport par conteneurs

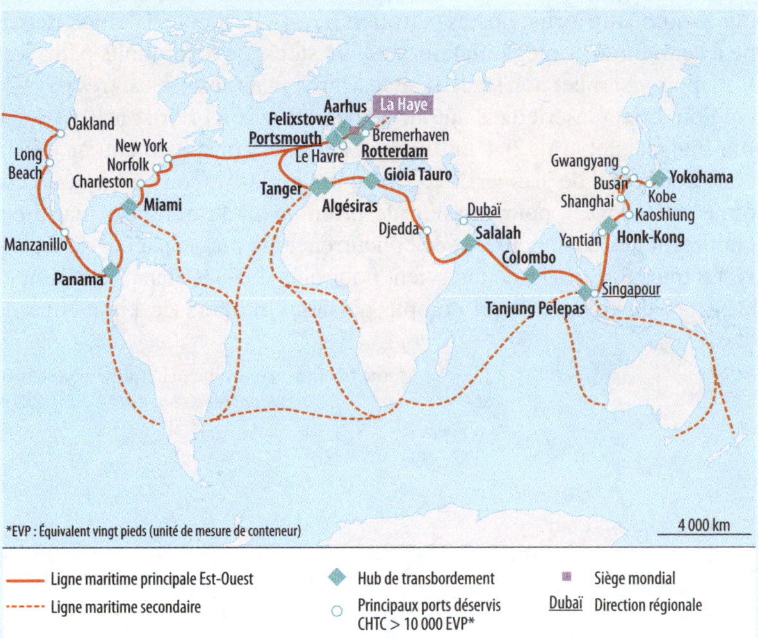

D'après Antoine Frémont, « Portrait d'entreprise », *in* revue *Flux*, n° 88, 2012.

Doc.2 Le projet Nador West Med (Maroc)

Le Maroc a finalisé mardi 4 décembre 2012 le projet de construction d'une nouvelle plateforme portuaire en Méditerranée destinée au commerce des produits pétroliers, dans la région de Nador, cinq ans après l'inauguration d'un premier projet phare, celui de Tanger-Med. [...] Ce projet, d'un montant d'au moins 673 millions d'euros, a fait l'objet d'une cérémonie de signature des conventions relatives à son financement et à sa gestion, présidée par le roi, Mohammed VI, et en présence du chef du gouvernement, Abdelilah Benkirane. Baptisé « Nador West Med », le futur « complexe portuaire intégré, industriel, énergétique et commercial » doit être érigé sur 850 hectares, dans la baie de Betoya, à une trentaine de kilomètres de Nador. Il donnera lieu à une première phase de travaux d'une durée de cinq ans.

D'un coût de 530 millions d'euros, cette phase initiale doit permettre d'équiper le site d'un port en eaux profondes comportant « des terminaux dédiés aux produits pétroliers et au vrac et marchandises diverses ». « Ce projet vise à accueillir des navires de grande capacité pour les hydrocarbures raffinés ou bruts », a déclaré la directrice générale de l'Agence nationale des ports (ANP), Nadia Laraki. Au final, il « sera dimensionné pour avoir quatre à cinq postes pétroliers », a-t-elle ajouté. L'objectif assigné à cette future « méga-plateforme » de stockage de produits pétroliers est d'approvisionner non seulement le Maroc mais aussi les autres pays de la région. Elle s'inscrit dans une stratégie portuaire à l'horizon 2030 dotée d'un budget global de 5,4 milliards d'euros et constituée autour de six pôles, dont celui de Tanger-Med. Inauguré en 2007, ce fleuron de l'économie marocaine a pour mission de promouvoir le transport maritime, notamment des conteneurs, et de concurrencer le port espagnol d'Algésiras. Le transport maritime intervient pour plus de 90 % dans les échanges extérieurs du royaume, qui compte plusieurs milliers de kilomètres de côtes.

« Le Maroc finalise sa nouvelle plateforme portuaire »,
www.lantenne.com avec l'AFP, 2014.

Les clés pour réussir

L'essentiel à connaître

Thème principal : ce sujet s'inscrit dans le chapitre sur **la mondialisation**, à la fois la séquence sur son fonctionnement mais aussi celle sur les territoires. Le sujet implique donc de mobiliser plusieurs chapitres.

- Son **fonctionnement** est ici illustré par les réseaux et infrastructures de transport maritimes qui permettent **de mettre en valeur la mise en relation des territoires** ainsi que l'impact des réseaux et infrastructures dans l'intégration à la mondialisation.
- Enfin, les documents permettent d'évoquer **l'inégale intégration des territoires dans la mondialisation.**

Mots-clés : hub, conteneur, inégale intégration, espace en marge, façade maritime.

Analyser le sujet

La consigne

- Cette consigne est très représentative des consignes d'étude critique de documents : **elle reprend de manière très large le thème du chapitre étudié.**
- Elle insiste également sur **l'analyse critique** d'un des deux documents qu'il faudra insérer dans votre devoir. Cela fait appel aux compétences développées dans le premier chapitre de Géographie sur l'analyse de cartes, mais ne constitue pas une partie en soi : la consigne ne fournit donc pas de plan.

Les documents

- Les deux documents portent sur le même thème, les **réseaux dans la mondialisation**. Ils présentent les enjeux du sujet à deux échelles différentes : l'échelle mondiale et l'échelle nationale avec l'exemple marocain.
- Document 1 : il permet de traiter la mondialisation des échanges et l'inégale intégration des territoires.
- Document 2 : il montre le rôle des infrastructures dans l'intégration à la mondialisation.

Organiser ses idées

Définir une problématique

La problématique est souvent fournie par la consigne, c'est encore le cas ici : il s'agit de l'importance des réseaux et des infrastructures dans la mondialisation. Il faut néanmoins la reformuler :

→ **Pourquoi les réseaux de transport sont-ils au cœur de la mondialisation ?**

GÉOGRAPHIE

Élaborer un plan

Les documents, davantage que la consigne, permettent de comprendre quels aspects du sujet doivent être traités : l'importance des réseaux dans la mondialisation, le rôle des infrastructures dans l'intégration à la mondialisation avec l'exemple marocain, l'inégale intégration des espaces dans les réseaux et donc dans la mondialisation.

I – La mondialisation fonctionne grâce aux réseaux de transport

II – Les réseaux de transport constituent des outils majeurs d'intégration à la mondialisation

III – Les réseaux de transport mettent en évidence l'inégale intégration des territoires à la mondialisation

Sujet 26 Corrigé

› Réseaux de communication et flux dans la mondialisation

! Attention

Le plan est rappelé pour vous aider, mais il ne doit en aucun cas figurer sur votre copie. À vous de guider le correcteur par l'annonce du plan dans l'introduction, les phrases d'attaque des paragraphes et des transitions.

Introduction

Le commerce maritime réalise à lui seul 90 % des échanges mondiaux. C'est dire l'importance des réseaux et infrastructures maritimes dans la mondialisation, comme le montrent les deux documents proposés. Le premier document est une carte établie par le géographe Antoine Frémont en 2012 représentant le réseau et les lignes maritimes de la compagnie maritime néerlandaise Maersk et montrant l'existence d'un réseau simplifié desservant les pôles de l'économie mondiale. Le document 2 est un article du site Internet Lantenne de 2014 portant sur la stratégie marocaine d'intégration aux échanges mondiaux.

Pourquoi les réseaux de transport sont-ils au cœur de la mondialisation ?

L'astuce du prof

Ici, je réponds à la consigne en soulignant l'intérêt du document 1 : les échanges maritimes sont les plus nombreux, donc les plus pertinents.

I – La mondialisation fonctionne grâce aux réseaux de transport

La mise en relation des territoires par les flux qui les relient dans le cadre de la mondialisation repose sur des infrastructures de transport intégrées dans des réseaux. Le document 1 représente le réseau de la compagnie maritime Maersk déployé à l'échelle mondiale le long d'une route circum-terrestre. Tous les transports fonctionnent en réseau, que ce soit pour les flux aériens ou les flux immatériels. Les échanges maritimes sont cependant les plus pertinents à analyser puisqu'ils représentent 90 % des échanges de marchandises. La compagnie maritime Maersk transporte des conteneurs : des boîtes métalliques aux dimensions standardisées (EVP) pouvant être facilement transbordées par des grues des camions aux bateaux. Ce mode de transport a occasionné une véritable révolution qui a facilité la mondialisation. Ainsi, la nature des biens échangés s'est modifiée : la part des produits bruts ou en vrac, tels que le pétrole et les denrées agricoles, diminue au profit des produits manufacturés. Nombre de porte-conteneurs dépassant en capacité les 10 000 EVP, de même pour les tankers, il a donc fallu adapter les infrastructures portuaires, à l'image du projet Nador West Med au Maroc qui « doit permettre d'équiper le site d'un port en eaux profondes ».

Piège à éviter

Veillez à croiser les documents dans les parties. Il ne faut pas travailler document par document, car cela ne permet pas de traiter le sujet.

II – Les réseaux de transport constituent des outils majeurs d'intégration à la mondialisation

Pour faciliter et accélérer les échanges, les réseaux de transport – maritimes mais aussi aériens, terrestres – sont structurés par des hubs qui polarisent l'essentiel des flux. Un hub désigne le point central d'un réseau qui permet des économies d'échelle. Ainsi, Maersk réalise l'essentiel de ses trajets sur une seule route maritime, les autres routes étant secondaires et uniquement desservies au besoin. Pour un territoire, posséder un hub est un formidable outil de développement : c'est ce qui a permis à Singapour de se développer et d'intégrer le groupe des pays du Nord. C'est cette même logique que suit le Maroc : à Tanger, seul port africain de Maersk au carrefour de la Méditerranée et de l'Atlantique, des investissements conséquents dans deux ports doivent permettre de s'intégrer davantage à la mondialisation, grâce à une main-d'œuvre bon marché et à une zone franche sans taxe pour les entreprises étrangères, le tout dans l'optique de concurrencer le port espagnol d'Algésiras.

Vocabulaire

Réseau de transport : infrastructures reliées entre elles et permettant la circulation des flux.

III – Les réseaux de transport mettent en évidence l'inégale intégration des territoires à la mondialisation

Si la mondialisation homogénéise l'espace mondial grâce aux réseaux de transport, elle le fragmente également et creuse les disparités entre des pôles dynamiques bien intégrés et des espaces à la marge. On observe sur la carte que de nombreux espaces sont peu desservis : ils ne comptent aucun port à conteneur supérieur à 10 000 EVP et ne sont desservis que par des lignes secondaires au départ des hubs. Il s'agit de l'Amérique du Sud, de l'Afrique et de l'Océanie. Ces espaces comptent parmi les plus pauvres de l'espace mondial. Ils consomment peu de ressources ou de produits manufacturés et exportent peu. Au contraire, la route circumterrestre de Maersk dessert l'Asie, considérée comme l'atelier du monde avec les deux grandes puissances industrielles que sont la Chine et le Japon. Elle se rend ensuite en Méditerranée en empruntant le canal de Suez et remonte jusqu'à la Northern Range, façade maritime de l'UE, première puissance commerciale au monde. Elle gagne ensuite l'Atlantique et la façade est-américaine, puis franchit le canal de Panama pour rejoindre l'Asie. On peut observer que cette carte ne présente pas le tonnage des ports et ne permet pas de mettre en lumière l'hégémonie asiatique dans le transport par conteneur. Il semblerait d'après la carte que l'Europe domine, or l'Asie accueille 7 des 10 plus grands ports mondiaux.

L'astuce du prof

La critique du document 1 doit intervenir à la fin du devoir et être appuyée sur des éléments précis.

Conclusion

Les réseaux, quels qu'ils soient, constituent une base indispensable à l'intégration dans les échanges mondiaux. Ils constituent les ponts entre des territoires de plus en plus interdépendants et toute intégration à la mondialisation passe nécessairement par l'implantation d'infrastructures performantes, comme le montre l'exemple marocain. Beaucoup de pays plus pauvres ne disposent pas des ressources financières pour des investissements aussi lourds et restent ainsi à la marge de la mondialisation.

Sujet 27 L'intégration des territoires dans la mondialisation

8 pts 1 h 30

Amérique du Sud, avril 2014

Étude critique de documents

› Tanger, un territoire dans la mondialisation

En vous appuyant sur les documents, montrez que la région de Tanger est intégrée à la mondialisation. Ces deux documents permettent-ils de rendre compte de l'ensemble des effets de la mondialisation sur les territoires et les sociétés ? Justifiez votre réponse.

Doc.1 Renault au Maroc

La présence de Renault au Maroc ne date pas d'hier. À Casablanca, le fabricant français possède déjà avec la Somaca un site d'assemblage dont il contrôle 80 % du capital. Les marques Renault et Dacia sont leaders au Maroc. Elles totalisent 36 % de parts de marché.

Mais l'usine de Melloussa, située entre la ville de Tanger et le port de Tanger Med, occupe une toute autre dimension. Quand la seconde ligne de production fonctionnera, Renault aura investi au total 1,1 milliard d'euros sur le site. 45 milliards d'euros ont été nécessaires pour aplanir les collines du Rif et déplacer neuf millions de m^3 de terre.

Au départ prévu pour la fabrication de Renault et de Nissan, le projet Melloussa a été revu à la baisse, crise oblige. Mais les Marocains ne désespèrent pas de voir Nissan rejoindre Renault à moyen terme.

Ouverte en février 2012, l'usine produit les modèles *low cost* Dacia Lodgy et Dacia Dokker. La première ligne de production bénéficie d'une capacité de 170 000 véhicules par an. Mais le site de 314 hectares est calibré pour fabriquer 350 000 véhicules par an. En 2013, jusqu'à 60 voitures pourront sortir chaque heure des deux lignes de production. L'Europe absorbe 85 % des Dacia exportées. […] « Avec Dacia, nous nous attaquons au marché de l'occasion. Cette marque connaît une croissance exceptionnelle. Pour répondre à la demande, il nous fallait un second site en plus de celui de Roumanie. »

Pour l'instant, Renault emploie 4 000 personnes à Melloussa, dont seulement une trentaine d'expatriés et 150 experts étrangers venus assurer des missions ponctuelles. L'usine devrait faire vivre d'ici 2015 plus de 6 000 salariés. Elle générera alors 30 000 emplois indirects. […]

Pour attirer le fabricant automobile, le royaume marocain a déroulé le tapis rouge : l'usine bénéficie de cinq ans d'exonération d'impôts, d'infrastructures de transport dopées, l'État finance l'Institut de formation des métiers de l'industrie automobile (IFMIA). Situé dans l'enceinte même de l'usine, l'IFMIA bénéficie pour l'instant exclusivement à Renault. Mais il devrait s'ouvrir à terme aux autres entreprises du secteur automobile présentes dans la région.

Renault utilise une liaison ferrée directe entre son usine et le port de Tanger Med voisin de seulement quelques kilomètres. Sur place, un terminal […] de 13 hectares dédié à Renault lui permet d'exporter ses Logan, mais également d'importer des Renault destinées au marché marocain.

G. Tur, « Renault va lancer sa seconde ligne de production à Tanger », *www.econostrum.info.fr*, 2012.

Doc.2 La région de Tanger, un territoire dans la mondialisation

Les clés pour réussir

L'essentiel à connaître

Thème principal : les documents portent sur **un territoire spécifique**, Tanger au Maroc, et **les effets que la mondialisation y produit**. En effet, si la mondialisation **homogénéise le monde**, elle **le fragmente** dans le même temps. La séquence porte sur les effets de ce processus sur les territoires, selon qu'elle les dynamise ou qu'elle les rejette à la marge. Tanger, située en Afrique, continent le plus à la marge de l'espace économique mondial, illustre la volonté de nombre de pays d'utiliser comme outil de développement leur intégration dans la mondialisation.

Mots-clés : attractivité, avantages comparatifs, division internationale du travail (DIT), FTN.

Analyser le sujet

La consigne

De formulation simple, la consigne invite les candidats à appliquer leurs connaissances théoriques sur les effets de la mondialisation sur les territoires à partir d'un exemple précis, ici Tanger. Dans un second temps, elle précise que **les effets sont également sociaux**, élément peu abordé dans les documents. Ainsi, il est demandé aux candidats de **s'interroger de manière critique sur les effets de la mondialisation** étudiés en classe mais absents des documents.

Les documents

- Les deux documents sont **à l'échelle locale** pour permettre une étude précise d'un territoire. La carte appuie par une représentation visuelle les éléments évoqués dans l'article extrait d'un site spécialisé dans l'économie des pays riverains de la Méditerranée.
- Ils balaient tous les aspects géographiques vus en classe : l'intégration d'un territoire exige des **infrastructures** pour répondre à la stratégie des FTN d'éclater leur processus de production selon les avantages comparatifs de chacun. Ainsi, la mondialisation peut rimer avec emplois et croissance économique.
- Les documents sont suffisamment riches pour que vous limitiez votre travail à leur étude sans chercher dans vos connaissances des exemples issus d'autres espaces.

Organiser ses idées

Définir une problématique

Il est ici pertinent de se faciliter la tâche et de reprendre la problématique suggérée par la consigne sur les effets de la mondialisation sur un territoire précis.

→ **Dans quelle mesure le territoire de Tanger nous permet-il d'illustrer les enjeux du processus de mondialisation ?**

GÉOGRAPHIE

Élaborer un plan

Il faut partir des documents pour identifier à l'aide de ses connaissances les idées récurrentes. La consigne indique qu'il faut d'abord centrer sa réflexion sur l'intégration de ce territoire à la mondialisation par la valorisation de ses avantages comparatifs. L'action de l'État marocain a été décisive et est signalée à plusieurs reprises dans les documents. Enfin, la consigne invite à s'interroger sur les limites des documents pour évoquer les effets de la mondialisation sur les territoires. Un plan en **trois parties** semble donc le plus pertinent.

I – L'intégration au processus de production mondialisée
II – Le rôle de l'État marocain pour intégrer son territoire à la mondialisation
III – Bénéfices et limites de l'intégration à la mondialisation

Sujet 27 Corrigé

› Tanger, un territoire dans la mondialisation

! Attention

Le plan est rappelé pour vous aider, mais il ne doit en aucun cas figurer sur votre copie. À vous de guider le correcteur par l'annonce du plan dans l'introduction, les phrases d'attaque des paragraphes et des transitions.

Introduction

La mondialisation – qui se définit par un processus mettant en relation les différentes parties du monde dans un seul et même espace, l'espace mondial – est diversement accueillie selon les territoires. Si elle apparaît comme un phénomène à combattre pour certains, elle est perçue dans les pays intermédiaires et pauvres comme un outil de développement. Les deux documents illustrent ces effets positifs de la mondialisation à l'échelle locale de la région de Tanger au Maroc, pays d'Afrique du Nord. Le document 1 est extrait d'un article du site econostrum datant de 2012 et énumérant les avantages tirés par le Maroc de l'implantation d'une usine Renault près de Tanger. Le document 2 présente sous forme cartographique le territoire à étudier et distingue ses avantages comparatifs.
Dans quelle mesure le territoire de Tanger nous permet-il d'illustrer les enjeux du processus de mondialisation ?

I – L'intégration au processus de production mondialisée

Avec l'usine Renault de Meloussa, le territoire marocain accélère son intégration à la mondialisation en plaçant la région de Tanger au cœur de flux commerciaux massifs : dans le port de Tanger Med, « un terminal [...] de 13 hectares dédié à Renault lui permet d'exporter ses Logan, mais également d'importer des Renault destinées au marché marocain ». La FTN française Renault a en effet choisi le Maroc pour investir dans une énorme usine de construction automobile destinée à produire 350000 véhicules par an. La plupart d'entre eux ne sont pas destinés au marché marocain mais au marché européen, à hauteur de 85 % selon l'article de presse. La localisation de cette usine est donc logique et Renault profite là des nombreux avantages comparatifs du territoire marocain. En premier lieu, la proximité avec le territoire européen : la carte montre bien que la distance entre le port Tanger Med, par lequel transitent les véhicules, et l'Espagne est d'environ 10 kilomètres. Le port et ses différentes extensions rendent le territoire très accessible, il est relié à l'ensemble de l'espace mondial et permet le transit de ses exportations et importations.

> **Vocabulaire**
>
> **Avantage comparatif :** dans un contexte de libre-échange, le terme désigne la capacité d'un territoire à offrir des gains de productivité par exemple en termes de salaires, d'infrastructures, de formation, etc.

On observe par ailleurs que cette usine, malgré la proximité avec l'Europe, emploie surtout des salariés marocains et très peu d'expatriés. En effet, c'est également le faible coût de la main-d'œuvre, comparativement à ce qui est observé en Europe, qui attire Renault qui pourra alors réduire sa masse salariale. Ainsi, le territoire marocain – avec une usine près de Tanger qui vient compléter celle de Casablanca – est-il particulièrement attractif dans le cadre de la division internationale du travail (DIT) qui guide désormais la stratégie des FTN. Le processus de production est éclaté entre différents territoires selon les avantages comparatifs de chacun : la conception est plutôt réalisée dans les pays à la main-d'œuvre hautement qualifiée tandis que les tâches d'assemblage, comme c'est le cas ici, sont localisées dans des pays à la main-d'œuvre bon marché.

> **Gagnez des points !**
>
> Réutilisez ici la méthode de l'étude de cas réalisée au début du chapitre pour décrire l'intégration de ce territoire dans la mondialisation.

Par ailleurs, l'État marocain a beaucoup œuvré pour améliorer les avantages comparatifs de ce territoire.

GÉOGRAPHIE

II – Le rôle de l'État marocain pour intégrer son territoire à la mondialisation

La mondialisation semble avoir mis les États et l'action publique de côté. Si les États paraissent souvent impuissants à la contrôler et la réguler, on observe pourtant que le territoire marocain a beaucoup investi pour intégrer son territoire au processus de mondialisation : l'article rappelle que « pour attirer le fabricant automobile, le royaume marocain a déroulé le tapis rouge ». Plusieurs dispositifs ont été mis en place. Tout d'abord, l'État investit dans la formation de la main-d'œuvre avec un Institut dédié qui, bien que se trouvant dans l'enceinte de l'usine, est financé par les pouvoirs publics. L'État a également mis en place une fiscalité avantageuse pour Renault : l'usine de Melloussa se situe dans une zone franche, une zone d'extra-territorialité fiscale. Renault n'y est donc pas soumis à la fiscalité habituelle appliquée aux entreprises au Maroc. C'est là encore une source d'économie pour la FTN et un élément attractif pour le Maroc.

L'astuce du prof

Pensez au rôle majeur de l'État et discutez sa place (objet de débats) dans la mondialisation avec l'exemple marocain.

L'État a également accru l'accessibilité du territoire en aménageant de nouvelles infrastructures de transport, le port de Tanger Med a été étendu et a vu sa surface tripler pour accompagner l'essor de la production automobile et faciliter les exportations vers l'Europe. Outre la voie ferrée spécialement dédiée entre l'usine de Melloussa et le port, l'usine est desservie par une autoroute.

L'intégration à la mondialisation est apparue à l'État marocain comme un outil de développement et a donc renforcé les avantages comparatifs de son territoire.

III – Bénéfices et limites de l'intégration à la mondialisation

On comprend bien l'intérêt de l'État pour cette usine compte tenu du nombre d'emplois qu'elle procure à la population. Les bénéfices sociaux apparaissent importants : il est question de plus de 6 000 emplois directs et de plus de 30 000 indirects prévus à terme. L'intégration à la mondialisation a déjà permis à de nombreux pays de sortir de la pauvreté en réduisant le chômage, en développant le salariat dans l'industrie vers laquelle converge une main-d'œuvre rurale qui trouve là de meilleures conditions de vie. Cette région du Maroc, le Rif, est de surcroît une région marginalisée, fréquent théâtre de soulèvements de la population qui attend de l'État des réponses à ses difficultés. Quoi qu'il en soit, les changements sociaux engendrés par l'intégration à la mondialisation sont considérables, comme le montre l'exemple chinois.

Gagnez des points !

Dans la mesure du possible, montrez toujours votre connaissance de l'actualité dans vos copies car le programme permet des passerelles très fréquentes.

En effet la mondialisation, si elle apporte emplois et richesse aux territoires les mieux intégrés, marginalise les autres qui perdent peu à peu leurs habitants, attirés par les territoires plus dynamiques. L'État marocain, malgré les financements publics investis, est de surcroît très vulnérable aux intérêts de Renault, compte tenu du nombre d'emplois offerts. Dans une logique de mise en concurrence des territoires dans le contexte de mondialisation, la FTN pourrait très facilement quitter le Maroc pour un pays plus attractif. C'est ce qui explique la contestation par certains acteurs du processus de mondialisation, lequel accentue les inégalités entre territoires tout en les rendant très dépendants des intérêts des FTN.

Conclusion

L'installation de Renault dans la région deTanger apparaît comme une opération bénéfique à la fois pour la FTN, qui profite d'avantages comparatifs importants, et pour le territoire, qui voit son économie se développer. L'État a donc été un acteur majeur pour rendre la région attractive et permettre son intégration à un processus de production mondialisée. Pourtant, une vision simpliste consisterait à ne voir que des effets bénéfiques à cette intégration. Les territoires sont condamnés à être toujours plus attractifs pour les FTN dans une logique de concurrence entre eux dans laquelle tous ne peuvent pas gagner.

Sujet 28 L'inégale intégration des territoires dans la mondialisation

8 pts

2h30

France métropolitaine, juin 2019

Composition

› **L'inégale intégration des territoires à la mondialisation**

Les clés pour réussir

L'essentiel à connaître

Thème principal : les connaissances pour traiter ce sujet sont **très larges** : les grands axes de votre réflexion sont à trouver dans le chapitre éponyme – en y ajoutant les éléments sur étude de la ville mondiale et sur les espaces maritimes – mais les **exemples que vous devrez développer** sont à piocher dans les chapitres sur les grandes aires continentales. Un schéma de la ville mondiale étudiée en cours peut s'intégrer à ce sujet.

Mondialisation : processus d'intégration des différents espaces du monde dans un seul espace mondial par expansion du système capitaliste.

Territoire : espace aménagé et approprié par ses habitants.

Les connaissances à mobiliser particulièrement sont :

– les **pôles majeurs** à connaître et localiser précisément : une ville-monde, un pays émergent, une ZES chinoise...

– les **espaces en marge** vus dans les chapitres sur les grandes aires continentales : un pays étudié dans la leçon sur le Sahara, les bidonvilles de Mumbai...

– les **facteurs d'intégration aux échanges mondiaux** (accessibilité/enclavement, main-d'œuvre qualifiée, rôle de l'État...).

Notions-clés : ville-monde, métropole, mégalopole, échelle.

Analyser le sujet

● **L'intégration d'un territoire dans la mondialisation est la reconnaissance qu'il participe au processus de mondialisation** par ses échanges commerciaux et, dans une moindre mesure, ses flux migratoires. Le programme et le sujet proposé insistent sur la question des inégalités de l'intégration : quels sont les territoires « gagnants » et « perdants » face à la mondialisation ?

- Il ne faut cependant pas se limiter à une typologie – un classement des espaces selon leur intégration – il faut surtout rendre le devoir plus dynamique et **s'interroger sur les causes de ces inégalités et les stratégies mises en place par les pays, les États pour faire valoir leur territoire.**

Organiser ses idées

Définir une problématique

La mondialisation est un processus global qui tend à la fois à l'**homogénéisation** du monde mais engendre également une **différenciation** et une **hiérarchisation** entre les territoires, soumis à une rude compétition pour attirer investisseurs et flux. La problématique proposée pour ce sujet pourrait ainsi être la suivante :

→ Quelles différenciations territoriales la mondialisation crée et renforce-t-elle ?

Élaborer un plan

- Optez pour un plan thématique à **logique multiscalaire** car vous devez réfléchir à différentes échelles.
- On peut l'organiser autour de trois parties : la première revenant sur les facteurs explicatifs puis les deux suivantes portant sur la hiérarchie des territoires selon leur **gradient d'intégration**. Au brouillon, réservez vos exemples pour la dernière partie qui sera sans cela fort mince.

I – La mondialisation répond à de multiples dynamiques.
II – À toutes les échelles, des pôles majeurs et émergents.
II – À toutes les échelles, des territoires en marge.

Sujet 28 Corrigé

Attention

Le plan est rappelé pour vous aider, mais il ne doit en aucun cas figurer sur votre copie. À vous de guider le correcteur par l'annonce du plan dans l'introduction, les phrases d'attaque des paragraphes et des transitions.

Introduction

Définition du sujet : La mondialisation, un processus qui met en relation des sociétés et des territoires du monde entier dans tous les domaines, touche de manière très inégale des territoires parfois très proches.

Ce processus, tout en homogénéisant, tend à créer, voire à approfondir, les inégalités entre les territoires, qui sont tous en compétition pour attirer investisseurs, marchandises et flux humains. Au sein de cette concurrence internationale, certains territoires sont gagnants et constituent des pôles majeurs attractifs et dynamiques, alors que d'autres sont déclassés, en marge, victimes de leur éloignement des grands axes de transports : l'intégration à la mondialisation est donc inégale.

Problématique : Quelles différenciations territoriales la mondialisation crée et renforce-t-elle ?

Annonce du plan : La première partie reviendra sur les dynamiques de la mondialisation, les facteurs qui expliquent la différenciation entre les territoires, pour ensuite aborder à plusieurs échelles, de celle des métropoles à celle des continents – dans une approche multiscalaire –, les pôles et espaces majeurs de la mondialisation. Enfin, nous étudierons les territoires en marge, exclus de la mondialisation autant à l'échelle des métropoles qu'à celle des continents.

I – La mondialisation répond à de multiples dynamiques

Le processus de mondialisation actuel naît dans les années 1980.

A. La mondialisation est un processus multiforme de mise en relation des territoires

La mondialisation a connu une accélération sans précédent au cours de la fin du XXe siècle. Depuis les années 1980, sous l'impulsion des États-Unis de Ronald Reagan et du Royaume-Uni de Margaret Thatcher, des politiques successives de libéralisation économique et d'ouverture des frontières, accompagnées d'importants progrès technologiques dans les communications, transforment en profondeur l'économie mondiale. La libre circulation des marchandises et les stratégies de globalisation des grandes entreprises, encouragées par les avantages offerts par certains pays à faible coût de main-d'œuvre, entraînent une augmentation exponentielle des flux de toute nature (économiques, financiers, culturels, humains...). Dès lors, chaque territoire, s'il souhaite s'intégrer à la mondialisation et en tirer le maximum de bénéfices, doit valoriser ses potentialités. Cette mise en relation est donc également une mise en concurrence.

B. Des territoires à la recherche de compétitivité

La hiérarchie des territoires repose sur leurs avantages comparatifs, c'est-à-dire les atouts (économiques, humains, en ressources naturelles...) dont ils disposent. Les plus compétitifs combinent ouverture au monde (infrastructures de transport performantes, littoral aménagé...), main-d'œuvre qualifiée et fonctions de commandement d'influence internationale... La Chine a ainsi profité de sa main-d'œuvre abondante, qualifiée et bon marché pour attirer les investissements des firmes transnationales (FTN) dans le cadre de leur stratégie de globalisation et de DIT. L'État a multiplié les ZES, Zones Économiques Spéciales, ailleurs appelées zones franches, dans lesquelles les taxes sont considérablement réduites. Elles ont d'abord essaimé autour de Hong Kong (Shenzhen) puis sur tout le littoral chinois. Cependant, ces potentialités ne sont des richesses et des atouts que si des acteurs les mettent en valeur. Une main-d'œuvre très bon marché ne peut être un atout pour un territoire si l'État n'assure pas par exemple la sécurité des investisseurs et la qualité des communications, comme c'est le cas pour nombre de pays d'Afrique subsaharienne.

Vocabulaire

DIT (Division Internationale du Travail) : répartition de la production de biens entre différents territoires selon les avantages de chacun (coût et qualité de la main-d'œuvre, infrastructures, fiscalité).

Transition : Ainsi, la capacité des territoires à s'adapter aux contraintes et à la compétition liées à la mondialisation engendre une hiérarchisation des espaces.

II – Des espaces dynamiques à toutes les échelles

La mondialisation renforce certains espaces.

A. Triade et pays émergents dominent l'espace mondial

À l'échelle mondiale, les pays les plus puissants sont au Nord. Au sein de ce groupe, on distingue la Triade, constituée de l'Amérique du Nord (États-Unis et Canada), de l'UE et de l'Asie orientale (Japon et façade orientale de la Chine). Elle polarise les flux et réalisait encore plus de 50 % du PIB mondial en 2013. Elle polarise encore 90 % des flux financiers et domine largement la production scientifique. De nouvelles puissances sont venues concurrencer les pôles traditionnels de la Triade : les pays émergents, qui désignent des pays du Sud dont le développement économique très rapide les rapproche des niveaux de développement des pays riches du Nord. Les plus marquants sont réunis sous le terme de BRICS : Brésil, Russie, Inde, Chine et Afrique du Sud. Tous ces pays ont utilisé la mondialisation pour se développer et sont donc très bien intégrés, leurs exportations sont florissantes. La Chine est devenue en 2010 la 2e puissance mondiale, le Brésil la 7e.

B. Mondialisation et métropolisation

À une échelle locale, la mondialisation entraîne la métropolisation, qui renforce la puissance des villes les plus importantes dans les domaines économique mais aussi politique ou culturel. Ces métropoles possèdent des fonctions de commandement (sièges sociaux de FTN, centres de recherche et universités réputés, musées d'envergure mondiale...) qui leur assurent un rayonnement bien au-delà de leurs frontières nationales. Au sommet de la hiérarchie, les villes globales ou villes-monde : New York, Londres, Tokyo et Paris, concentrent des activités stratégiques et polarisent des flux de toutes sortes. New York est l'archétype de ces villes dominantes : elle accueille le siège de l'ONU et la première place boursière du monde (Wall Street), elle polarise les flux de toute nature grâce à ses quatre aéroports et son immense port situé dans le New Jersey. Ellis Island témoigne de cette attraction ancienne. Ces villes mondiales dominent un archipel métropolitain mondial (AMM) constitué de plusieurs métropoles qui ont entre elles des relations privilégiées. D'autres métropoles, particulièrement celles des puissances économiques émergentes, devraient se hisser au niveau des villes globales : Los Angeles, Shanghai, Mumbai, Moscou, Francfort, São Paulo...

> **Vocabulaire**
>
> **Ville globale** : désigne une ville qui concentre des activités stratégiques et polarise des flux de toutes sortes.
> **AMM** : réseau des villes qui contribuent à la direction du monde.

New York : une ville-monde

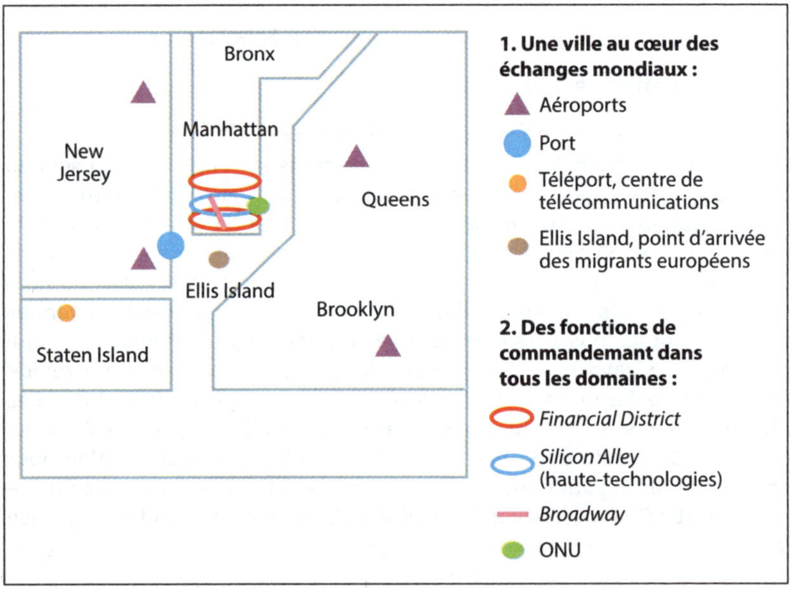

C. Des espaces centraux à l'échelle locale

La mondialisation est symbolisée par l'accélération et la multiplication des flux au sein d'une économie mondialisée de plus en plus ouverte : tous les espaces liés aux flux deviennent des espaces moteurs et centraux. Il s'agit le plus souvent d'interfaces, des espaces où des échanges de toute nature se font entre des acteurs différents. Elles sont soit terrestres et frontalières, comme entre les États-Unis et le Mexique, soit maritimes et prennent la forme de façades comme celle de l'Asie orientale entre Singapour et Tokyo ou la Northern Range en Europe du Nord. À une échelle encore plus grande, les hubs aéroportuaires, en polarisant flux de marchandises et flux humains, sont des espaces-type de la mondialisation.

Gagnez des points !
À chaque fois que vous utilisez une notion, comme celle d'interface, donnez sa définition juste après une virgule.

Transition : La mondialisation n'est cependant pas un phénomène homogénéisant et de nombreux territoires restent en marge de ce processus.

III – À toutes les échelles, des territoires peu ou pas intégrés

Nombre de territoires voient l'écart se creuser avec les pôles dynamiques.

A. Une intégration parfois limitée à la mondialisation

Certains territoires sont intégrés dans des secteurs restreints : les matières premières et les sources d'énergie comme dans les pays rentiers d'Afrique du Nord, le tourisme en Asie du Sud-Est, aux Caraïbes ou dans le bassin méditerranéen. Nombre de pays du Sud ont mis en place des zones franches sur des espaces restreints, le plus souvent à proximité des ports, pour attirer les IDE, comme l'a fait le Maroc autour du port de Tanger où Renault a installé une usine de 6 000 ouvriers. Ces pays sont dénommés intermédiaires car ils participent à la mondialisation de manière limitée et ne connaissent pas de développement rapide.

B. Certains pays sont-ils hors-mondialisation ?

Certains pays, volontairement ou non, participent peu à la mondialisation. Éloignés des grands flux, parfois en crise politique grave, victimes de tous les stigmates de la pauvreté, ils restent en marge de la mondialisation. Le continent africain, par exemple, ne compte officiellement que pour 2 % des échanges mondiaux, faute d'une main-d'œuvre qualifiée, d'infrastructures et d'investisseurs, inquiets de l'absence de sécurité. Il accueille 33 des 47 PMA répertoriés par l'ONU. Pour autant, aucun de ces pays n'est « hors-mondialisation » : que ce soit par des flux illégaux, de l'aide humanitaire, des ressources minières rares ou même des interventions militaires internationales, ces territoires connaissent le processus de mondialisation.

L'astuce du prof
N'hésitez pas à soulever des questions dans votre devoir, cela montrera davantage votre réflexion que si vous vous limitez à réciter un cours appris par cœur.

C. Au sein des métropoles, des territoires marginalisés

Cette quasi exclusion de la mondialisation se retrouve évidemment à l'échelle locale, de nombreux quartiers des grandes métropoles, du Nord comme du Sud, étant dans une situation de relégation et cumulant les difficultés économiques, urbaines et sociales. Le chômage y est souvent important, les conditions de vie difficiles, les trafics et le secteur informel florissants. Dans une mégapole comme Mumbai, les inégalités sociospatiales sont saisissantes. Plus de la moitié de la population vit dans un bidonville, un *slum* tel que Dharavi, le plus grand bidonville du monde avec 1 million d'habitants, situé à l'Est de la ville. Son emplacement central dans la métropole suscite les convoitises. Le gouvernement indien a lancé un programme de rénovation urbaine : acheter les terrains du bidonville, reloger les habitants pauvres dans de petits immeubles éloignés, et transformer le célèbre bidonville en quartier huppé typique des métropoles mondiales.

L'astuce du prof

Utilisez les connaissances contenues dans un croquis sur les États-Unis, le Brésil et Mumbai pour cette partie sur les espaces les moins puissants.

Conclusion

Bilan : La mondialisation contraint les territoires à une dure concurrence, et chacun cherche à valoriser ses atouts afin de tirer parti de ce processus. Mais tous les territoires ne disposent pas des mêmes chances et les inégalités se creusent entre ceux qui, intégrés, sont dynamiques et les autres, en marge et en déclin.

Ouverture : Ce constat n'est pas un fait récent et l'idée d'une gouvernance mondiale se développe chaque jour davantage afin que chaque territoire puisse accéder à un développement durable et que la mondialisation soit plus équitable.

Sujet 29

1h30

8 pts

Les espaces maritimes : approche géostratégique

Antilles-Guyane, juin 2016

Étude critique de documents

› Les espaces maritimes entre l'Asie et l'Europe

Doc.1 Une aubaine pour les armateurs sur les lignes Asie-Europe

Les armateurs de la marine marchande sablent le champagne. L'Égypte inaugure ce jeudi un nouveau canal de Suez, supprimant un inconvénient majeur du canal historique, une largeur devenue insuffisante du fait de la course au gigantisme des porte-conteneurs. […]

L'Égypte a pris le taureau par les cornes, en entreprenant il y a onze mois de cela un chantier pharaonique. Des travaux en accéléré dans la compétition que se livrent Suez et le canal de Panama pour faire passer dans leurs eaux les géants de la mer. […] Pour l'Égypte, il s'agissait non seulement de prendre en compte le développement du trafic Asie-Europe, mais aussi de conserver ses parts de marché sur les trajets Asie-côte est de l'Amérique. […]

Le trafic va s'accélérer, du fait notamment d'un temps de transit mécaniquement réduit de sept heures – passant de dix-huit à onze heures – avec les nouvelles installations. D'ici à 2023, quelque 97 navires pourront emprunter le canal quotidiennement, contre 49 actuellement, affirme l'Autorité du canal de Suez. […]

Le canal de Suez est un passage stratégique pour les transporteurs maritimes. Il draine près de 8 % du trafic mondial […]. Impossible pour un navire de s'affranchir de ce canal sans naviguer de nombreux jours supplémentaires. D'après l'armateur français CMA-CGM, une traversée entre Rotterdam et Singapour dure neuf jours de moins en passant par le canal de Suez qu'en naviguant au large du cap de Bonne-Espérance, en Afrique du Sud.

Pour le groupe CMA-CGM, le canal de Suez […] s'avère « une route stratégique incontournable du fait de sa situation géographique, à la croisée des lignes desservant les grands marchés mondiaux ». Il a ainsi une longueur d'avance sur le canal de Panama, presque deux fois moins utilisé par l'armateur français.

GÉOGRAPHIE

Néanmoins, les transporteurs pourraient déchanter en constatant une possible augmentation des tarifs de passage sur le canal de Suez. En situation de monopole sur le trajet Asie-Europe, l'Égypte pourrait être tentée de répercuter le coût des travaux sur ses tarifs.

E. M., « Nouveau canal de Suez : une aubaine pour les armateurs sur les lignes Asie-Europe », *www.lesechos.fr*, 6 août 2015.

Doc.2 Les enjeux économiques du canal de Suez

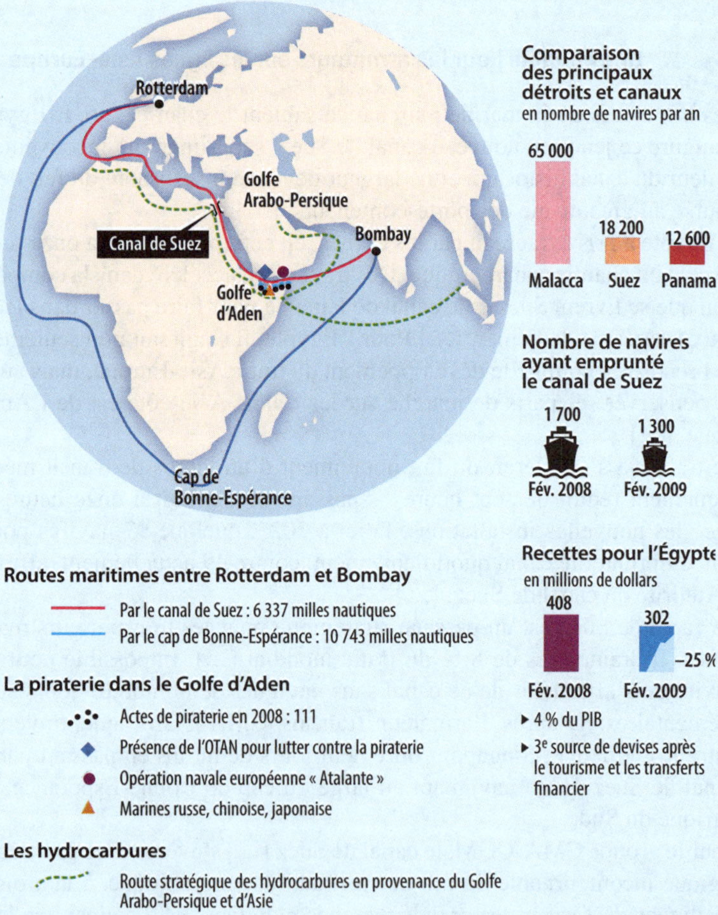

Source : « Les enjeux économiques du canal de Suez, *www.lemonde.fr*, 2009.

Les clés pour réussir

L'essentiel à connaître

Thème principal : les documents donnés à l'étude portent sur **la mondialisation et son impact sur les espaces maritimes.** Le candidat pourra donc s'appuyer sur le chapitre spécifique à ces espaces-là tout en montrant qu'il sollicite également des notions et éléments traités dans d'autres chapitres :
– la **question de la multiplication des flux** en lien avec l'amélioration des réseaux de communication, ici les infrastructures maritimes telles que les canaux ;
– la **question de l'intégration des territoires à la mondialisation**, comme le fait l'Égypte avec le canal de Suez par exemple.
Mots-clés : mondialisation, flux, réseau, circumterrestre, zone grise.
Espaces-clés : canal de Suez, détroit de Bab-el-Mandeb.

Analyser le sujet

La consigne

- La consigne est claire : elle reprend la problématique centrale du chapitre sur les espaces maritimes et leur importance stratégique dans un contexte de mondialisation.
- Elle invite à s'appuyer sur les exemples fournis (canal de Suez, océan Indien) pour mettre en perspective, à l'échelle mondiale, le rôle des mers et océans dans la stratégie des pays selon leur puissance. Sa formulation incite à adopter un **plan en deux parties** (enjeu économique pour l'Égypte/enjeu stratégique pour les grandes puissances).

Les documents

- Soulignons que les deux documents, qui ne sont pas spécifiquement géographiques, sont tirés de la **presse généraliste**. Leur lecture et compréhension ne posent pas de problème.

Document 1 : cet extrait du journal *Les Échos* illustre les bénéfices attendus de l'élargissement du canal de Suez à la fois pour l'Égypte mais aussi pour les compagnies de fret maritime chargées du transport de marchandises. Au-delà des connaissances qu'il apporte, il doit susciter une réflexion à l'échelle mondiale sur l'importance des détroits et canaux pour le commerce mondial et la mondialisation.
Document 2 : ce document, qui ne comporte pas de titre, est une infographie du quotidien *Le Monde* qui montre l'importance stratégique des espaces maritimes du golfe Persique entre Bab-el-Mandeb et Suez.

GÉOGRAPHIE

Organiser ses idées

Définir une problématique

- La formulation de la consigne est très directive et sans ambiguïté ; elle est de fait déjà problématisée puisqu'elle affirme que les espaces maritimes sont des enjeux économiques et stratégiques majeurs de la mondialisation.
- La problématique doit alors montrer votre capacité à croiser les connaissances tirées de plusieurs chapitres.

→ **Pourquoi les espaces maritimes ont-ils une telle importance stratégique ?**

Élaborer un plan

Pour construire un devoir solide, il vaut mieux éviter de reprendre sans plus de réflexion le plan suggéré par la consigne, soit une partie sur l'économie et la seconde sur la stratégie. Votre copie serait sans doute fort courte et superficielle. Croisez cette consigne avec la problématique développée dans le cours soulignant le fait que ces espaces, dont la maîtrise est indispensable dans un contexte de mondialisation, sont convoités et contrôlés par les grandes puissances.

I – Des espaces à mettre en valeur dans un contexte de mondialisation

II – Des espaces disputés du fait de leur importance géostratégique

Sujet 29 Corrigé

› Les espaces maritimes entre l'Asie et l'Europe

! Attention

Le plan est rappelé pour vous aider mais il ne doit en aucun cas figurer sur votre copie. À vous de guider le correcteur par l'annonce du plan dans l'introduction, les phrases d'attaque des paragraphes et des transitions.

Introduction

Dans un contexte de mondialisation, on assiste à une véritable « course à la mer », les États souhaitant s'approprier et exploiter les espaces maritimes, ainsi que le montre l'exemple du canal de Suez qui est au centre des deux documents proposés. Le premier est extrait d'un article du journal *Les Échos* en date du 6 août 2015. Il porte sur les travaux d'extension du canal, indispensable pour le développement de l'Égypte et la bonne marche des échanges maritimes entre Asie et Europe. Quant au second,

c'est une infographie du quotidien *Le Monde* qui traite de l'importance stratégique et économique du canal de Suez et du détroit de Bab-el-Mandeb, aux portes de la mer Rouge.
Pourquoi les espaces maritimes ont-ils une telle importance stratégique ?

I – Des espaces à mettre en valeur dans un contexte de mondialisation

A. Des espaces qui concentrent la majeure partie des flux de marchandises

Les espaces maritimes sont au cœur des flux de marchandises : le détroit de Malacca entre l'Indonésie et la Malaisie, celui de Gibraltar entre l'Espagne et le Maroc. Les canaux de Panama et de Suez – un « passage stratégique pour les transporteurs maritimes » selon le document 1 – sont des espaces vitaux pour le trajet circumterrestre. Le canal de Suez, par exemple, permet de relier l'Europe et l'Asie en évitant le cap de Bonne-Espérance et ainsi de réduire de 6000 milles nautiques le trajet. Selon le document 2, ce sont, en 2009, 65000 navires qui traversent le détroit de Malacca et 18200 le canal de Suez (en 2015, le canal « draine près de 8 % du trafic mondial »). En 2017, 80 % des produits manufacturés et des matières premières, notamment les hydrocarbures, transitent par voie maritime, ce qui confère à ces espaces une place primordiale. Ce pourcentage élevé repose sur le faible coût du transport maritime mais aussi son manque de régulation.

> **Vocabulaire**
> **Trajet circumterrestre :** trajet qui fait le tour de la Terre.

B. Avantages comparatifs et intégration à la mondialisation

La croissance du commerce mondial entraîne « une course au gigantisme des porte-conteneurs » et des « travaux pharaoniques » s'avèrent nécessaires pour élargir les canaux et permettre le passage de ces immenses bateaux. En effet, devant l'essor des flux maritimes de marchandises, l'Égypte investit dans le canal pour augmenter ses capacités et l'ouvrir à des navires beaucoup plus grands, notamment les porte-conteneurs appelés over-panamax (ou post-panamax) qui sont capables de transporter plus de 15000 EVP (Équivalent Vingt Pieds). L'Égypte a entrepris d'élargir son canal – dont les recettes représentent 4 % de son PIB en 2009 – pour « accueillir » ces géants des mers, accélérer le passage des bateaux (de 18 à 11 heures) tout en doublant le nombre quotidien de navires. L'article des *Échos* fait part d'un chiffre impressionnant

> **L'astuce du prof**
> Essayez de faire référence aux deux documents dans chaque partie.

> **Vocabulaire**
> **Post-panamax :** désigne des navires dont les dimensions sont supérieures aux écluses du canal de Panama mais également au canal de Suez, comme indiqué dans le document.

de 97 navires qui pourront franchir le canal de Suez contre 49 actuellement. Ces travaux permettront à l'Égypte de consolider son intégration à la mondialisation et de faire face à la concurrence du canal de Panama, qui lui aussi a connu d'immenses travaux achevés en 2016, pour le trajet Asie-Amérique.

Ces espaces sont donc un enjeu économique majeur dans le cadre de la mondialisation et leur maîtrise constitue un enjeu stratégique essentiel pour les grandes puissances.

II – Des espaces disputés du fait de leur importance géostratégique

A. Des zones grises de la mondialisation

La sécurité et la maîtrise des espaces maritimes sont une priorité stratégique pour les principales puissances mondiales. Les routes maritimes sont un enjeu majeur dans le cadre de la mondialisation qui repose en grande partie sur la fluidité des transports, notamment maritimes, et la sécurité de l'approvisionnement en hydrocarbures. Le document 2 nous apprend que ces routes ont été victimes d'un nombre important d'actes de pirateries. En 2008, 111 attaques étaient recensées au large de la corne de l'Afrique et de la Somalie. Cet espace, considéré comme une zone grise de la mondialisation, était alors le lieu le plus dangereux pour les navires. Ces actes de piraterie étaient le résultat non seulement de l'appauvrissement des pêcheurs somaliens, victimes des flottes étrangères qui venaient piller leur poisson, mais aussi du délitement de l'État somalien, incapable de contrôler ses eaux territoriales. Quoi qu'il en soit, ce danger explique en partie la baisse du nombre de navires empruntant le canal de Suez entre 2008 et 2009 (de 1 700 à 1 300), comme l'indique le document 2.

> **Vocabulaire**
>
> **Zone grise** : zone hors de contrôle d'un État, lieu d'activités opaques ou illégales.

B. Des espaces contrôlés par les grandes puissances

Ces attaques ont entraîné une réaction internationale de la part des principales puissances. L'Europe a lancé en 2008 l'opération Atalante (reconduite récemment jusqu'en 2018) pour lutter contre la piraterie dans la corne de l'Afrique. Cette opération principalement européenne s'est ouverte à la Nouvelle-Zélande (en 2014) puis à la Corée du Sud (en 2015). La participation de pays très éloignés de ces espaces maritimes montre d'une part leur importance dans la bonne marche de la mondialisation, et d'autre part la volonté des principaux acteurs de sécuriser les trajets maritimes. De même, le document 2 nous apprend que l'OTAN (Organisation du Traité de l'Atlantique Nord), la Chine, le Japon et la Russie ont dépêché sur place des navires pour combattre ce fléau,

> **Gagnez des points !**
>
> Actualisez les connaissances du document, ici sur l'opération Atalante.

preuve s'il en était encore de l'enjeu stratégique que constituent ces routes maritimes. La conséquence de l'action de ces puissances ne s'est pas faite attendre puisque, depuis 2008, les attaques ont quasiment cessé. La corne de l'Afrique n'est cependant pas le seul espace maritime à être touché par la piraterie, puisque le golfe de Guinée, riche en hydrocarbures, ou encore le détroit de Malacca sont eux-aussi victimes de ce genre d'attaques.

Conclusion

Pleinement intégrés à la mondialisation, les espaces maritimes sont au cœur d'enjeux très importants et les grandes puissances mondiales se doivent de les contrôler pour assurer leur influence, contrôle qui tend vers de l'impérialisme, à l'exemple de la politique chinoise en mer de Chine méridionale.

Sujet 30 Les espaces maritimes : approche géostratégique

8 pts

1h30

Liban, juin 2014

Croquis

› **Les espaces maritimes : approche géostratégique**

Les clés pour réussir

L'essentiel à connaître

Thème principal : ce croquis, obligatoire, porte sur la **géostratégie des espaces maritimes** et doit être étudié au cours du chapitre concernant les **territoires de la mondialisation**. Il reprend l'intitulé exact du chapitre et peut être à nouveau posé comme tel le jour de l'examen.

- Pour le traiter, les connaissances sont nombreuses et abordent :

– le tracé des routes maritimes actuelles et futures (le passage du Nord-Ouest),
– les passages stratégiques (canaux et détroits),
– la localisation des principaux ports,
– les tensions autour des frontières maritimes notamment en Arctique,
– les ressources offertes par ces espaces (énergétiques ou halieutiques),
– la localisation des actes de piraterie ou des récentes dégradations environnementales.

Notions-clés : interface maritime, flux.

Analyser le sujet

- La formulation du sujet est limpide, conforme au chapitre étudié durant l'année et aucun terme ne pose de problème.
- Est considéré comme maritime **tout espace qui se trouve directement sur le littoral ou à proximité du rivage**, quant à la géostratégie, mélange de géographie et de stratégie, elle peut être définie comme les différentes **actions entreprises afin d'exploiter au maximum les potentialités**, les ressources d'un espace.
- Vous devez donc montrer comment l'homme exploite les espaces maritimes et les conséquences que cela induit.

Préparer la légende

Définir une problématique

- Ce croquis doit être abordé sous l'angle de la mondialisation et de son impact sur les espaces maritimes.
- L'intensification des flux mondiaux qui transitent en grande partie sur les mers du globe autant que les richesses des océans ont fait des espaces maritimes des **lieux vitaux pour la mondialisation** et donc des lieux convoités et souvent dégradés.
- La problématique, qui tiendra lieu de titre de votre croquis, peut être formulée ainsi :

→ **La mondialisation fait des espaces maritimes des espaces centraux, source de nombreuses rivalités et tensions.**

Préparer la légende

- Votre légende doit être conçue comme un plan de dissertation dont chaque partie doit contenir une idée directrice clairement énoncée. Afin d'aborder l'ensemble des connaissances sans qu'une partie soit déséquilibrée par rapport aux autres, vous pouvez construire votre légende en **trois parties qui abordent les grands axes d'étude vus au cours de ce chapitre.**
- Cette légende doit être réalisée sur une feuille à part et surtout pas au dos ou au bas du croquis.
- Pour certaines connaissances (tensions frontalières, dégradations environnementales), **choisissez quelques exemples précis que vous maîtrisez plutôt que de multiplier les approximations**. Cela évitera également de surcharger votre croquis.
- Même si le sujet porte sur les mers et océans, **ne les coloriez surtout pas** et n'utilisez pas seulement du bleu pour vos figurés.

Sujet 30 Corrigé

› La mondialisation fait des espaces maritimes des espaces centraux, source de nombreuses rivalités et tensions

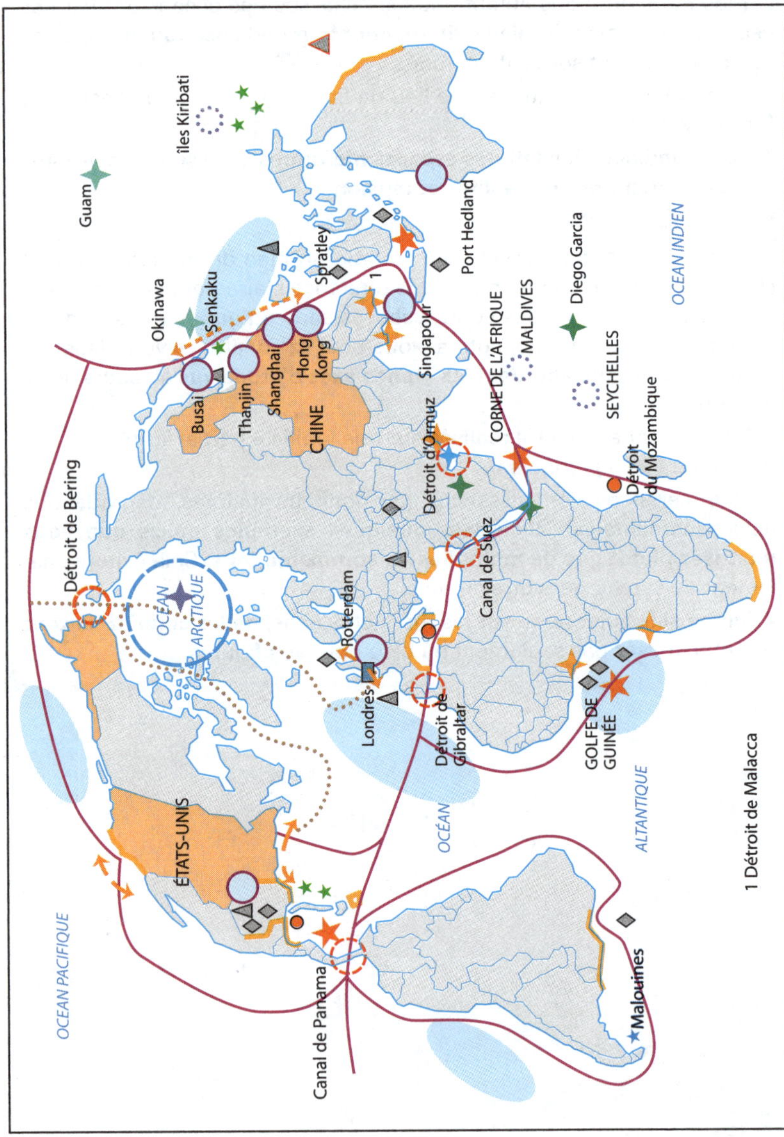

1. Des espaces vitaux au cœur de la mondialisation

- Route maritime majeure, trajet circumterrestre essentiel pour la mondialisation
- Passage du Nord-Ouest, route maritime potentielle avec la fonte des glaces
- Détroits et canaux stratégiques pour les flux maritimes
- Principale zone de pêche, ressource halieutique abondante mais menacée
- Gisement de pétrole off-shore
- Présence de nombreux paradis fiscaux insulaires
- Principaux ports mondiaux
- Interface maritime d'envergure mondiale
- Littoral touristique très aménagé

2. Entre convoitises, appropriations et tensions

- Puissance navale majeure
- Base navale états-unienne nécessaire pour assurer l'influence
- Base navale chinoise en projet, stratégie dite « du collier de perles » pour sécuriser les approvisionnements
- Litiges et tensions diplomatiques autour des zones maritimes de l'océan Arctique
- Drapeau russe « planté » au fond de l'océan Arctique, symbole des ambitions russes sur cette région
- Tension frontalière concernant des frontières maritimes et/ou la possession d'îles

3. Des espaces symboliques des défis et enjeux futurs de l'humanité

- Île menacée de submersion avec la montée des eaux, défi environnemental urgent
- Dégradation importante de la grande barrière de corail australienne, symbole des atteintes aux écosystèmes maritimes
- Actes récurrents de piraterie, défi de sécurité pour les puissances mondiales
- Passage maritime de l'immigration clandestine
- Marée noire et pollution maritime récente
- Siège de l'OMI (Organisation Maritime Internationale), organisation incapable de réguler les dérives du transport maritime

Sujet 31 Les dynamiques territoriales des États-Unis

8 pts 1h30

France métropolitaine, juin 2016

Croquis

› Les dynamiques territoriales des États-Unis

Les clés pour réussir

L'essentiel à connaître

● Ce croquis s'intègre au chapitre portant sur « États-Unis-Brésil : rôle mondial, dynamiques territoriales ». Cette production graphique finale ne doit synthétiser que la seule partie du chapitre consacrée aux États-Unis : il s'agit de restituer **les conséquences de la mondialisation sur ce territoire.** L'étude est envisagée à l'échelle nationale et non plus mondiale ou continentale. Les connaissances à mobiliser sont essentiellement géographiques – plutôt qu'économiques.

● Montrez que vous savez :

– localiser et caractériser les **grands ensembles géographiques** (Nord-Est, ceinture périphérique ou *Sun Belt*, Grandes Plaines, Rocheuses) ;
– localiser et hiérarchiser les **métropoles** ;
– localiser les **pôles dynamiques** à des échelles plus locales (Silicon Valley, Pugetopolis, grandes universités, principales bourses…) ;
– localiser les **flux migratoires**.

● Mots/Notions-clés : mondialisation, métropolisation, interface, flux.

Analyser le sujet

● Le terme « dynamiques territoriales » renvoie aux **changements**, aux **mutations**, à l'**évolution** de ces territoires. Cette évolution peut être aussi bien positive (attraction des activités) que négative (appauvrissement).

● **Attention** : seul le territoire des États-Unis est concerné ici.

● Le sujet porte sur les dynamiques du territoire, et non sur son organisation. Vous devez donc insister sur **les changements et les évolutions en cours en lien avec la mondialisation** (étudiée dans le thème précédent du programme).

Préparer la légende

Définir une problématique

• L'enjeu du croquis est de montrer les **changements territoriaux** que connaissent les États-Unis. Face aux nouvelles logiques économiques et démographiques, en grande partie liées à la mondialisation, le territoire états-unien devient davantage **contrasté** : certains espaces renforcent leur attractivité, tandis que d'autres décrochent.

• Votre problématique, qui constituera le titre de votre croquis, peut ici être sous forme affirmative :

→ **Les dynamiques territoriales renforcent les contrastes entre les différents espaces des États-Unis.**

Préparer la légende

• La légende se conçoit comme une composition. Vous devez la présenter sous forme **d'un plan logique et structuré** qui réponde à votre problématique avec, si possible, des sous-parties. Les titres doivent être clairs et avoir du sens.

• La légende – si possible sur un recto, et pas au dos du croquis – doit reprendre **l'ensemble des figurés** que vous avez représentés sur votre croquis.

• Sur votre croquis, respectez **un plan de travail efficace** :
– commencez obligatoirement par les surfaces de couleur ;
– poursuivez par les figurés linéaires et ponctuels (flux, métropole, bourses...) ;
– finissez par la toponymie, en respectant les règles cartographiques (ville en minuscules noires, pays en majuscules noires...).

• **Respectez les conventions dans le choix des couleurs** : les espaces les plus importants doivent être représentés avec des couleurs chaudes et vives (rouge, par exemple).

Sujet 31 Corrigé

Les dynamiques territoriales des États-Unis

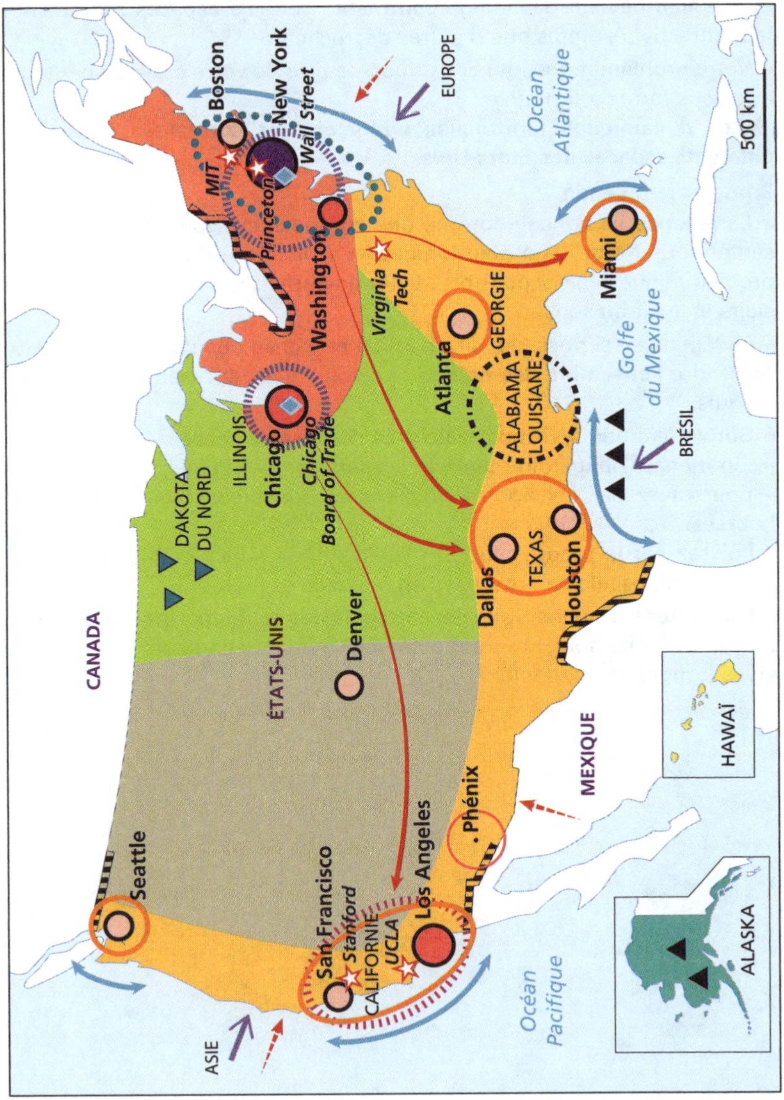

I. Un pays leader de la mondialisation

- La mondialisation et l'ouverture des frontières
  - CANADA Pays membre de l'AEUMC (Accord économique États-Unis, Mexique, Canada)
  - Concurrence internationale, notamment des pays émergents
- Une économie puissante
  - Sièges sociaux des plus importantes FTN états-uniennes
  - FTN liées à l'économie de l'information et de la communication
  - Bourse d'envergure mondiale
  - Universités et centres de recherche de renommée mondiale
- L'importance des sources d'énergie
  - Hydrocarbures
  - Gaz de schiste

II. Un pays dont le territoire s'adapte

- Les métropoles, premières bénéficaires de ces dynamiques
  - Ville-monde
  - Métropole mondiale
  - Autre type de métropole
  - Métropolisation (attraction et concentration des hommes et des fonctions de commandement dans les principales métropoles)
- Les interfaces terrestres ou maritimes, des espaces dynamiques
  - Interface continentale active
  - Interface maritime
- L'attraction vers le Sud et les territoires riches en ressources énergétiques
  - Flux migratoires intérieurs
  - Flux d'immigration

III. Un territoire contrasté et inégalement dynamique

- Le centre
  - Le Nord-Est, l'hypercentre au déclin relatif
  - Mégalopolis
- La ceinture périphérique, ou *Sun Belt*, un basculement du territoire américain ?
  - Ceinture périphérique
  - Dynamisme économique et tourisme
  - Dynamisme dû à l'afflux de retraités
  - Vieux Sud appauvri
- Les espaces au dynamisme plus ponctuel
  - Terres agricoles, très peu denses mais très productives, grenier du monde et potentiel eldorado gazier
  - Hautes terres relativement vides
  - Espaces dont le dynamisme repose sur l'exploitation des ressources énergétiques
  - Hawaï, un espace en marge dédié au tourisme

Sujet 32 États-Unis/Brésil : rôle mondial, dynamiques territoriales

12 pts

2h30

France métropolitaine, septembre 2018

Composition

› **États-Unis/Brésil : rôle mondial, dynamiques territoriales**

Les clés pour réussir

L'essentiel à connaître

Notions-clés : puissance, *hard power, soft power,* pays émergent, BRICS, AEUMC, MERCOSUR, ZLÉA.

Chiffres-clés :

- États-Unis : 1re puissance mondiale, 310 millions d'habitants, 40 % des dépenses militaires mondiales, 70 % du commerce mexicain effectué avec les États-Unis ;
- Brésil : 8e puissance mondiale (2016), 200 millions d'habitants, 80 % du marché cinématographique mondial, 50e rang pour le revenu/hab, croissance – 3,8 % (2015).
- Continent : PIB AEUMC : 20 milliards de dollars (2014), PIB MERCOSUR : 3,2 milliards de dollars (2013).

Analyser le sujet

- Ce sujet porte sur le troisième point de la séquence sur l'Amérique qui propose **une approche comparative des deux géants du continent** pour identifier et différencier une **puissance mondiale, les États-Unis, et une puissance émergente, le Brésil.**
- C'est dans **les facteurs mais aussi les échelles de la puissance** que se distinguent ces deux géants. La **puissance américaine est multiforme et d'extension planétaire** alors que **le Brésil est une puissance essentiellement continentale** bien que sa puissance économique s'affirme rapidement à l'échelle mondiale.
- Leurs **territoires** respectifs, qui recèlent du fait de leur taille d'immenses potentialités, sont utilisés et aménagés en permanence pour maintenir ou augmenter la puissance.

Organiser ses idées

Définir une problématique

C'est une nouveauté pour les États-Unis, puissance hégémonique du continent, que de se voir concurrencer par une autre puissance américaine, le Brésil, dont le rôle s'est affirmé en quelques années seulement.

➜ **La puissance brésilienne peut-elle rivaliser avec la puissance états-unienne ?**

Élaborer un plan

- L'approche comparative nécessite de **systématiquement comparer les deux pays. Chaque partie devra donc évoquer les deux puissances.** Il ne s'agit surtout pas de faire une partie sur les États-Unis suivie d'une partie sur le Brésil car les éléments de comparaison n'apparaîtraient pas.
- C'est pourquoi **le plan multiscalaire (à échelles) s'impose** car il permet de souligner les concurrences à l'œuvre mais aussi les différences entre les échelles de la puissance.

I - Deux puissances inégales à l'échelle mondiale

II - Deux puissances rivales à l'échelle continentale

III - Une organisation spatiale au service de la puissance

Sujet 32 Corrigé

› États-Unis/Brésil : rôle mondial, dynamiques territoriales

! Attention

Le plan est rappelé pour vous aider, mais il ne doit en aucun cas figurer sur votre copie. À vous de guider le correcteur par l'annonce du plan dans l'introduction, les phrases d'attaque des paragraphes et des transitions.

Introduction

Définition du sujet : En 2014, le Brésil accueillait la coupe du monde de football et en 2016 les Jeux olympiques, ce qui consacre sa place de puissance montante dont l'influence grandit à l'échelle mondiale. C'est un pays dit émergent, dont le développement croît de manière très rapide. C'est la première fois que sur le continent américain un pays vient s'affirmer parallèlement à la puissance états-unienne, marquant une rupture avec la doctrine Monroe (1823) qui faisait de l'ensemble du continent la « chasse gardée » des États-Unis.

Problématique : Dans quelle mesure le Brésil peut-il s'affirmer face à la puissance états-unienne ?

Annonce du plan : Dans une première partie, nous comparerons les deux puissances à l'échelle mondiale pour montrer la suprématie états-unienne. Puis, l'échelle continentale nous permettra de constater l'essor de la puissance brésilienne. Enfin, nous étudierons les adaptations de chacun des territoires à la mondialisation pour accroître la puissance.

I – Deux puissances inégales à l'échelle mondiale

Sur quels fondements reposent leur puissance ?

A. Deux géants démographiques et territoriaux à l'échelle mondiale

Les deux États ont des territoires très étendus avec 8,5 millions de km^2 pour le Brésil (5e rang mondial) et 9,5 millions de km^2 pour les États-Unis (4e rang). Cette immensité peut constituer un handicap car le territoire est plus difficile à maîtriser – surtout pour le Brésil car les États-Unis ont multiplié les infrastructures de transport pour surmonter cette contrainte – mais elle offre d'énormes potentialités de mise en valeur. Autre similitude : les deux États disposent d'une population comparable : 310 millions d'habitants pour les États-Unis (3e rang) et presque 200 millions d'habitants pour le Brésil (5e rang). Le peuplement marqué par les migrations volontaires ou forcées en provenance d'Europe et d'Afrique a généré des sociétés multiraciales. Les flux migratoires vers les États-Unis restent massifs du fait de leur statut de grande puissance.

L'astuce du prof

Pour bien répondre au sujet comparatiste, soulignez aussi les nombreux points communs entre les deux pays.

B. Les États-Unis, une puissance mondiale

Bien que le nombre de concurrents augmente (dont le Brésil), les États-Unis demeurent la plus grande puissance à l'échelle mondiale. Elle est multiforme puisqu'elle cumule puissance militaire, diplomatique, économique et culturelle. Elle s'appuie ainsi sur des éléments de domination traditionnels utilisant la force pour imposer ses intérêts – *hard power* – et s'est renforcée avec des outils – *soft power* – qui recherchent davantage l'adhésion volontaire que le rapport de force comme, par exemple, la diffusion de la culture américaine. Cette puissance se projette, par ailleurs, à l'échelle mondiale puisque tous les continents sont sous son influence, qu'elle soit militaire, économique avec les IDE ou culturelle. Les flottes et troupes états-uniennes sont présentes sur toute la surface du globe. Les États-Unis restent la première puissance économique avec les plus grosses FTN, les premières places boursières et la recherche la plus dynamique.

L'astuce du prof

Vous devez en dire autant sur chacun des deux pays : il vous faut donc résumer les éléments de la puissance états-unienne.

Vocabulaire

Utilisez plutôt l'adjectif **états-unien** qu'américain car le Brésil est également une puissance américaine.

C. Le Brésil, un pays émergent aujourd'hui en crise

Le Brésil est un pays émergent qui s'est rapidement développé : c'est aujourd'hui la 8e puissance mondiale – juste derrière la France – et l'on prévoit qu'il la dépassera à l'avenir. Cependant, le Brésil connaît depuis quelques mois une grave crise politique et économique qui a cassé son dynamisme et a plongé le pays dans une profonde crise sociale. Le pays fait partie du groupe des BRICS (Brésil, Russie, Inde, Chine et Afrique du Sud) qui s'affirment comme des puissances régionales à vocation mondiale. Leurs performances économiques brouillent la limite traditionnelle entre Nord et Sud. La puissance brésilienne s'appuie sur son secteur agricole (1er producteur de biocarburants), ses matières premières (1er producteur de fer, pétrole...) et son industrie, au 1er rang en Amérique latine, avec des secteurs de pointe comme l'aéronautique ou l'industrie pharmaceutique. C'est donc par la mondialisation et les exportations que le Brésil s'est si vite développé. Il entretient des relations importantes avec les pays lusophones d'Afrique et avec l'Europe. Enfin, la culture brésilienne est très populaire à l'échelle mondiale avec le football – le pays a accueilli la coupe du monde en 2014 –, la danse et la musique.

Transition : Si les deux puissances américaines sont pour l'instant incomparables dans leur influence mondiale, le Brésil progresse très rapidement, devenant un rival très sérieux des États-Unis à l'échelle du continent.

II – Deux puissances rivales à l'échelle continentale

États-Unis et Brésil cherchent à renforcer leur poids au sein du continent américain.

A. Des associations régionales qui structurent des aires d'influence

Les États-Unis ont mis en place l'AEUMC avec deux pays voisins, le Canada et le Mexique, à qui cette zone de libre-échange profite beaucoup car ils ont peu de relations commerciales. Les deux partenaires sont devenus dépendants : 70 % du commerce mexicain est fait avec le grand voisin du Nord, 80 % des exportations du Canada se font vers les États-Unis.

De son côté, le Brésil domine le MERCOSUR, qui constitue le 3e marché intégré au monde, juste derrière l'AEUMC. Cette zone de libre-échange vise également la consolidation de la démocratie – longtemps absente des pays de la région à cause de l'ingérence états-unienne –, la construction d'infrastructures, la convergence des politiques économiques...

Vocabulaire

AEUMC : Accord économique remplaçant l'ALÉNA depuis 2018. Accord de libre-échange entre les nations nord-américaines.

Vocabulaire

MERCOSUR : Marché commun du Sud entré en vigueur au milieu des années 1990 entre le Brésil, l'Argentine, l'Uruguay et le Paraguay, auxquels s'est associé plus tard le Venezuela.

GÉOGRAPHIE

Nombre de pays de la région souhaitent aujourd'hui intégrer l'organisation, signe de ses succès économiques.

B. Le Brésil, leader dans la résistance à l'influence états-unienne en Amérique du Sud

Le MERCOSUR est un outil puissant pour renforcer les pays d'Amérique du Sud face à la puissance états-unienne, qui les a longtemps considérés comme sa « chasse gardée » (doctrine Monroe) en y défendant les intérêts de ses entreprises. Au besoin, ils ont chassé les pouvoirs en place, considérés comme hostiles aux intérêts états-uniens, en soutenant des coups d'État militaires. Le contentieux est donc lourd. Il réapparaît au cours des négociations sur la constitution d'une organisation régionale, la ZLÉA, voulue par les États-Unis, englobant l'ensemble des pays du continent. La résistance à ce projet est portée par le Brésil et particulièrement par son Président Lula da Silva, de gauche, qui dénonce « un processus d'annexion économique du continent aux États-Unis », rejoint par les autres pays du MERCOSUR. La ZLÉA est définitivement enterrée en 2005.

> **Vocabulaire**
> **ZLÉA** : Zone de libre-échange des Amériques.

Transition : C'est donc à l'échelle continentale que la concurrence entre les deux puissances est la plus équilibrée. À l'échelle nationale, chaque pays connaît des mutations spatiales destinées à renforcer son intégration dans la mondialisation.

III – Une organisation spatiale au service de la puissance

Les territoires ont des potentialités comparables et s'adaptent en permanence à la mondialisation pour renforcer leur puissance économique.

A. Les littoraux, des espaces centraux

Historiquement, les littoraux sont à la base du dynamisme. C'est par la façade atlantique que s'est effectué le peuplement avant de progresser vers l'intérieur. C'est encore là que se concentrent aujourd'hui hommes et métropoles : aux États-Unis, la mégalopole se situe au nord de la façade atlantique, les métropoles californiennes constituent les principaux foyers de peuplement ; au Brésil, la région du *Sudeste* concentre les villes comme São Paulo, Rio de Janeiro, Porto Alegre et presque 60 % de la population du pays.

La mégalopole nord-américaine constitue une façade maritime, elle est le cœur économique du pays dans l'industrie et les services. Au Brésil, le triangle industriel entre São Paulo, Rio de Janeiro et Belo Horizonte assure 80 % de la production industrielle du pays.

B. Les mutations de l'espace industriel états-unien

La mondialisation modifie l'organisation de l'espace états-unien : le territoire renforce sa spécialisation, par exemple dans l'industrie. À l'échelle locale, les métropoles deviennent des villes globales où prédominent

> **L'astuce du prof**
> Centrez cette sous-partie sur un seul exemple (l'industrie) car il serait difficile d'évoquer toutes les mutations spatiales des États-Unis en lien avec la mondialisation.

les activités tertiaires, particulièrement financières. Les activités industrielles sont exclues de la ville : elles sont, pour les plus pointues, localisées dans des villes nouvelles, les *edge cities*. À l'échelle nationale, le secteur secondaire quitte le nord-est pour le sud (la région d'Atlanta, le Texas...) qui offre une main-d'œuvre moins coûteuse et moins revendicatrice. Nombre d'entreprises d'assemblage ont été délocalisées au Mexique, le long de la frontière, tandis que les activités de direction et de conception restent aux États-Unis. C'est cette division internationale du travail (DIT) qui fait de cette frontière une interface. Enfin, les *clusters,* tels la Silicon Valley, offrent une grande compétitivité et se sont multipliés : à Boston (route 128), à New York (Silicon Alley)... Les stratégies géographiques dans le domaine industriel sont donc nombreuses pour maintenir la puissance de l'économie.

C. Le territoire brésilien se spécialise dans le cadre de la mondialisation

L'adaptation du territoire brésilien à la mondialisation dynamise les métropoles du *Sudeste*. Le centre-ouest s'est pour sa part spécialisé dans une agriculture productiviste destinée à l'exportation, fondement de la puissance agricole du Brésil. D'immenses fermes (culture du soja ou de céréales, élevage bovin...) se constituent sur le front pionnier amazonien par le défrichement des terres. Cette forme de mise en valeur, si elle a permis une intégration aux flux agricoles mondiaux, a des conséquences néfastes. Elle maintient de fortes inégalités sociales entre les grands propriétaires terriens et les paysans Sans Terre et dégrade fortement l'environnement avec la dramatique diminution de la surface de la forêt amazonienne, poumon de la planète.

Conclusion

Bilan : La concurrence que représente le Brésil se pose aujourd'hui surtout à l'échelle continentale, car les États-Unis restent la seule puissance globale à l'échelle mondiale, sans rivale pour l'instant.

Ouverture : Cependant, le Brésil œuvre inlassablement pour s'affirmer : il revendique, au même titre que l'Allemagne et le Japon, un siège permanent au Conseil de sécurité de l'ONU, ce qui le propulserait au rang de puissance politique mondiale et le rapprocherait de son rival du Nord.

Sujet 33 Les dynamiques territoriales du Brésil

12 pts

2h30

France métropolitaine, juin 2014

Croquis

› Les dynamiques territoriales du Brésil

Les clés pour réussir

L'essentiel à connaître

Thème principal : le sujet, comme tous les sujets de croquis, fait partie de la liste officielle. Il ne présente donc aucune difficulté de compréhension.

Puissance émergente : pays du Sud qui connaît un développement économique très rapide lui permettant d'approcher les niveaux de développement des pays riches du Nord.

Notions-clés : MERCOSUR, inégalités de développement, interface maritime, front pionnier, triangle utile.

Chiffres-clés : 8e puissance (2016), 2e exportateur agricole, 50e rang pour le revenu/hab., croissance – 3,8 % (2015).

Analyser le sujet

- Les termes « dynamiques territoriales » renvoient aux évolutions qui s'inscrivent de manière positive ou négative sur le territoire brésilien et son organisation spatiale.
- Le Brésil, puissance émergente du Sud, est devenu la 6e puissance mondiale et la deuxième puissance du continent. Il cherche à s'affirmer face aux États-Unis à l'échelle continentale. Ce dynamisme économique entraîne de **profondes mutations économiques, sociales et spatiales**, en rapport avec les dynamiques de la mondialisation. Ce sont ces aspects que doit mettre en lumière votre croquis.
- **Insistez sur les dynamiques, c'est-à-dire les mutations qui affectent l'espace.**
- Limitez votre analyse au Brésil, mais montrez qu'il s'intègre davantage à son espace continental et à l'espace mondial.

Préparer la légende

Définir une problématique

Le Brésil a réussi, par l'intégration à la mondialisation, à dynamiser son économie au point d'être aujourd'hui qualifié de puissance émergente. Cette **réussite économique se traduit spatialement** à travers des **espaces** (métropoles, Sudeste...) et des **dynamiques** qu'il faut identifier (front pionnier, littoralisation...). Cependant, **cette intégration à la mondialisation est inégale – on observe ici à l'échelle nationale ce qui a été étudié à l'échelle mondiale** dans un autre chapitre.

→ **Comment le territoire brésilien s'intègre-t-il à la mondialisation ?**

Préparer la légende

- Dans une partie, **dégagez les principaux espaces du Brésil** en les classant selon leur niveau de développement et d'intégration à la mondialisation **sans limiter votre réflexion à cette seule typologie.**
- **Soulignez la structuration du territoire par la ville de São Paulo**, seule ville mondiale du pays, ainsi que les **dynamiques d'intégration des territoires aux différentes échelles**, notamment le rôle des interfaces maritimes et terrestres.
- **Commencez la réalisation de votre croquis par les figurés de surface** nécessairement aux crayons de couleur. La hiérarchisation des espaces apparaît dans l'utilisation du dégradé de couleurs.
- Poursuivez par les figurés linéaires et ponctuels.
- **Terminez par la nomenclature** : les États voisins en majuscules noires, les métropoles qui structurent le territoire en minuscules noires, le fleuve Amazone et les océans en bleu.

Sujet 33 Corrigé

Les dynamiques territoriales du Brésil

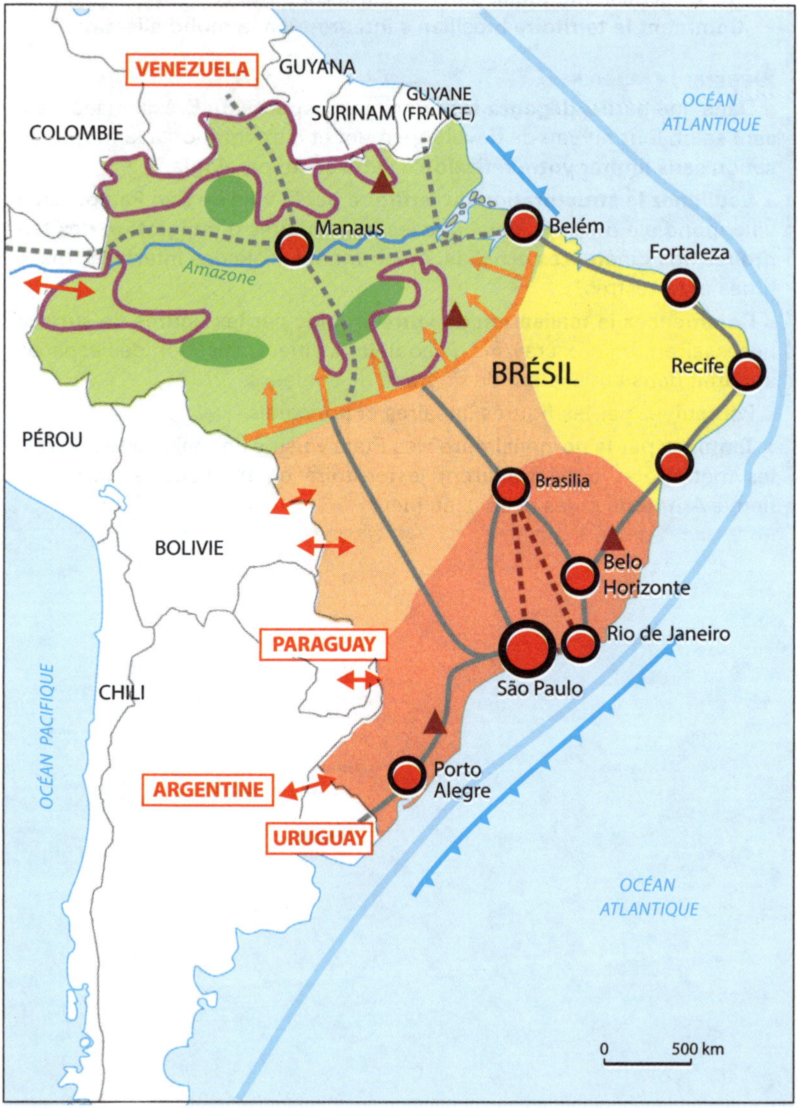

1. Des espaces très inégalement développés et maîtrisés

- Le Sudeste, cœur économique et politique du pays
- Le Centre-Ouest, périphérie intégrée et dynamique (agriculture très productiviste et exportatrice)
- Le Nordeste, ancien centre historique, périphérie en retard de développement (pauvreté)
- Espace en réserve, aux nombreuses ressources (bois, minerais, eau), mais encore mal maîtrisé
- Présence forte de peuples amérindiens, souvent pauvres et exposés aux pionniers
- Le fleuve Amazone, seul moyen de transport efficace au Nord du Brésil, navigable sur 3 700 km

2. Un territoire dynamisé par une région centrale et des activités stratégiques

- São Paulo, ville mondiale
- Des métropoles concentrées sur les littoraux
- « Triangle utile » (São Paulo, Rio de Janeiro, Brasilia)
- Axe terrestre transamazonien, vecteur de l'intégration régionale
- Interface maritime très dynamique, lien avec les réseaux mondialisés
- Route maritime majeure
- Gisement minier important

3. Des dynamismes d'intégration des territoires à toutes les échelles

- Front pionnier : intégrer l'Amazonie pour l'exploiter
- Axe terrestre majeur en projet/en réalisation : développement de l'influence régionale du Brésil
- Grand parc naturel protégé par l'État, mais menacé par la déforestation sauvage
- Région transfrontalière active (flux de marchandises et de migrants)
- URUGUAY Partenaire du MERCOSUR

Sujet 34 Le Sahara : ressources, conflits (étude de cas)

12 pts 2h30

Liban, mai 2019

Composition

› **Le Sahara : ressources, conflits (étude de cas)**

Les clés pour réussir

L'essentiel à connaître

Thème principal : Le sujet porte clairement sur le chapitre « Sahara : ressources, conflits ». Il porte sur une **étude de cas d'échelle régionale** comme nombre de sujets de la session 2013.

Pour bien se préparer à ce type de sujet, **révisez soigneusement les croquis de synthèse** de l'étude de cas, **mobilisez les notions vues dans d'autres chapitres** – ici, des notions vues dans le chapitre sur l'Afrique telles que le développement, l'économie de rente, les ressources.

Notions-clés : ressources, mondialisation, conflits.

Mots-clés : contraintes, densité, puissances occidentales et émergentes, AQMI, terrorisme.

Pays-clés : Mali, Algérie ou Libye.

Chiffre-clé : 5 % des réserves mondiales de pétrole.

Analyser le sujet

- S'il ne présente pas de difficultés de compréhension, compte tenu qu'il reprend l'intitulé du chapitre, **le sujet peut surprendre car il porte sur une étude de cas** pas nécessairement vue de manière traditionnelle et magistrale par les enseignants.
- N'hésitez pas alors à mobiliser, en plus des aspects vus dans la leçon – ressources énergétiques et minières, convoitise des puissances extérieures, conflits à différentes échelles – **vos connaissances personnelles ou vues dans les classes antérieures** sur les contraintes du Sahara, sur les conflits, par exemple l'intervention française au Mali.

Organiser ses idées

Définir une problématique

L'intérêt du chapitre est de montrer comment un **espace jusqu'alors délaissé** peut devenir **stratégique à l'échelle mondiale**. En effet, on observe que les puissances occidentales et émergentes y entrent en concurrence alors que des organisations terroristes s'y installent.

→ **Pourquoi le Sahara devient-il un espace au cœur des enjeux géopolitiques contemporains ?**

Élaborer un plan

- Optez ici pour un **plan thématique** qui reprenne les **notions centrales mobilisées dans l'intitulé du sujet** : désert, ressources, convoit[ises], conflits.
- La **nécessité d'équilibrer les différentes parties** nécessite de **regrouper la question des ressources avec celle des contraintes du milieu**. Il faudra ensuite aborder la question de la convoitise que suscitent ces ressources et enfin celle des conflits pluriels et à toutes les échelles qui traversent cet espace.

I – Le Sahara : rareté des hommes, abondance des ressources
II – Un espace convoité
III – Un espace de tensions géopolitiques

Sujet 34 Corrigé

› Le Sahara : ressources, conflits (étude de cas)

! Attention

Nous vous proposons un corrigé sous forme de plan détaillé. Le jour de l'examen, vous devez rédiger votre copie et les titres de parties ne devront pas apparaître.

Introduction

Analyse du sujet : La crise malienne, dans laquelle la France est partie prenante avec le soutien explicite des Américains, montre à quel point un pays très pauvre, sans ressources et isolé du Sahara constitue un enjeu pour les grandes puissances. L'ensemble du Sahara (« désert » en arabe) couvre entre 8 000 et 12 000 km^2 selon les limites qu'on lui fixe. Il s'étend sur une douzaine de pays sans les couvrir totalement, de la Mauritanie à l'Ouest jusqu'au Soudan à l'Est. Espace très inhospitalier, longtemps délaissé et peu mis en valeur par l'homme, le Sahara aurait donc changé de statut.

Problématique : Pourquoi le Sahara devient-il un espace au cœur des enjeux géopolitiques contemporains ?

Annonce du plan : Si le Sahara est un désert humain, il n'en est pas moins un des espaces les mieux dotés en ressources de la planète. Loin de favoriser le développement, cet avantage suscite de nombreuses convoitises dans des régions où le pouvoir politique est faible. Les tensions et conflits y sont donc nombreux, comme l'illustre entre autres l'exemple malien.

GÉOGRAPHIE

I – Le Sahara : rareté des hommes, abondance des ressources

Le Sahara fut longtemps un espace délaissé par l'homme du fait de conditions de vie très difficiles. La découverte des richesses du sous-sol a entraîné une plus grande préoccupation.

A. Des contraintes climatiques fortes rendent cet espace inhospitalier

– Absence de précipitations, isohyète inférieure à 100 mm par an.
– Températures très élevées, plus de 40 °C à l'ombre l'été.
– Absence de réseau hydrographique : un seul fleuve, le Nil.
– Importantes ressources en eau fossile accumulées au fil des siècles (projet de la Grande Rivière Artificielle en Libye).

Vocabulaire

Isohyète : ligne imaginaire rejoignant les points d'une région aux mêmes précipitations.

B. Une présence humaine réduite

– Densités très faibles, inférieures en moyenne à 1 hab./km^2, hormis le long de la vallée du Nil.
– Des points de fixation de la population : oasis et vallée du Nil.
– Cohabitation entre populations sédentaires et peuples nomades (Touaregs et Maures principalement).
– Principales villes des pays sahariens situées soit sur le littoral pour les pays d'Afrique du Nord (Alger, Tripoli, Casablanca...) soit plus au Sud dans les régions tropicales (Bamako, Niamey...).
– Augmentation de la population urbaine (Tamanrasset en Algérie : 3 000 habitants à l'indépendance, plus de 100 000 aujourd'hui) en lien avec le développement lié à l'exploitation des ressources du sous-sol.

C. Un sous-sol très riche

– Ressources en hydrocarbures (pétrole et gaz), exploitation *on-shore* car tous les gisements sont dans le désert.
– Algérie, Libye, Égypte et Soudan détiennent les principaux gisements en hydrocarbures.
– Des ressources minières : phosphate au Maroc et en Tunisie, uranium au Niger.
– Une pauvreté persistante : économie de rente, accaparement de l'argent tiré de l'exploitation des ressources par le pouvoir et les régions centrales, environnement très dégradé dans les régions d'extraction, etc. L'exploitation des ressources ne permet pas de développement durable.

Transition : Le Sahara, bien que tardivement mis en valeur et investi par la présence humaine, constitue un espace stratégique compte tenu des ressources énergiques importantes qu'il recèle.

L'astuce du prof

Réutilisez le vocabulaire vu dans la leçon sur l'Afrique (développement durable, économie de rente...), même si elle fut étudiée à la suite de celle sur le Sahara.

II – Un espace convoité

La richesse du Sahara attire de nombreux acteurs.

A. Un espace convoité pour ses ressources

– Avec la mondialisation et le développement économique des pays émergents, contexte de forte demande sur les ressources dont regorge le Sahara. Les pays du Sahara s'intègrent aux échanges mondiaux grâce aux richesses de leur sous-sol.
– Dans les États du Maghreb, exploitation des ressources opérée par des entreprises publiques telles que la Sonatrach en Algérie.
– Pour les pays plus pauvres, nécessité de faire intervenir les compagnies étrangères (Exxon, BP, Total...).
– Présence ancienne des puissances occidentales dans l'exploitation des ressources : la France a des intérêts stratégiques au Niger avec l'uranium extrait par Areva, qui assure la production d'électricité d'origine nucléaire et donc l'indépendance énergétique nationale.
– Vive concurrence avec l'arrivée des compagnies pétrolières des puissances émergentes, comme la Chine (*China National Petroleum Corporation*) et l'Inde qui pratiquent la « diplomatie du cadeau » : don d'infrastructures, de raffineries...

B. Un espace isolé devenu une zone grise de la mondialisation

– Des États pauvres donc faibles avec des forces de sécurité (armée et police) inefficaces.
– Des frontières poreuses, très difficiles à contrôler.
– Une situation favorable à l'implantation d'organisations terroristes, AQMI (Al-Qaïda au Maghreb Islamique) étant la plus connue.

Vocabulaire

Zone grise : zone dans laquelle l'autorité de l'État n'est pas reconnue et qui accueille nombre d'activités illicites ou opaques.

– Organisations disposant de ressources financières très importantes tirées des trafics : denrées alimentaires, cigarettes et maintenant drogues transitant entre l'Amérique et l'Europe, migrants clandestins...
– Organisations pratiquant les enlèvements d'étrangers, très lucratifs mais désastreux pour le tourisme saharien : ces prises d'otages appauvrissent les régions touchées, ce qui renforce la mainmise des terroristes, seuls pourvoyeurs de revenus pour les populations locales.

Transition : États, FTN, organisations terroristes investissent donc le Sahara pour ses potentialités. Les tensions s'accentuent entre ces acteurs aux objectifs contradictoires.

III – Un espace de tensions géopolitiques

L'exemple du conflit malien permet d'observer les nombreuses tensions qui déstabilisent le Sahara.

A. Des conflits au sein des États, l'exemple du Mali

– Problème des frontières héritées de la décolonisation sans respecter la répartition des différents peuples : sont mêlées au sein de l'État malien des populations noires sédentaires (Peuls, Dogons...) au Sud et des populations arabes Touaregs nomades au Nord.
– Problème historique de l'esclavage pratiqué par les Touaregs à l'encontre des populations noires.
– Inégalités très fortes entre des Touaregs appauvris, considérés comme des citoyens de seconde zone, et les Maliens noirs dominants en nombre et en pouvoir. C'est un pays sans unité nationale.
– Sécession menée par les groupes touaregs infiltrés par des organisations terroristes islamistes (AQMI et Mujao) et création d'un territoire touareg, l'Azawad, qui constituait la moitié du territoire national malien.
– Un problème d'intégration persistant pour les Touaregs, accentué par la colère des autres Maliens contre leur sécession.

L'astuce du prof
Développez un seul exemple que vous maîtrisez bien – ici, l'exemple choisi est le Mali auquel les actualités françaises se sont beaucoup intéressées – plutôt que de multiplier des allusions imprécises prises çà et là.

B. Le Mali, théâtre des tensions géopolitiques globales

La déstabilisation du Mali doit beaucoup à l'isolement qu'offre le Sahara aux groupes terroristes, mais aussi au renversement de la dictature de Khadafi en Libye, qui a renvoyé vers les pays frontaliers des armes et des mercenaires désœuvrés, comme le montre le schéma ci-dessous :

Le Mali, victime de tensions géopolitiques hors de ses frontières

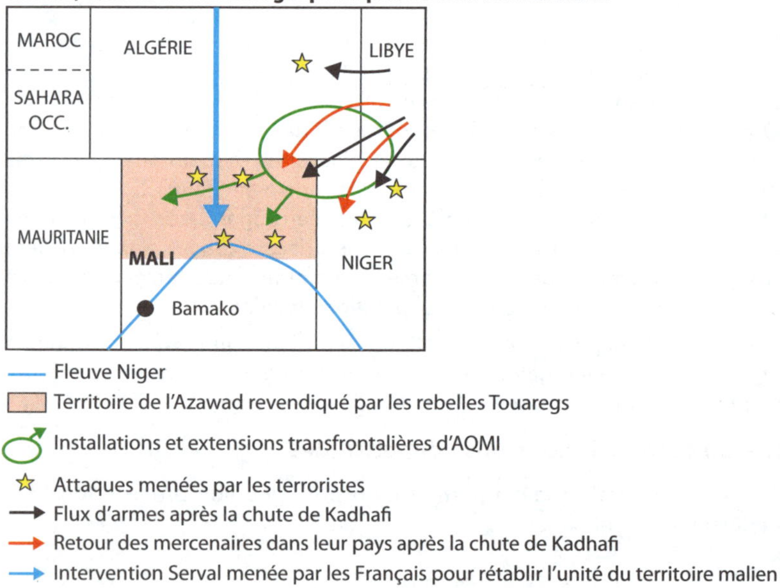

C. Des tensions entre États

– Des frontières héritées de la période coloniale qui ne reposent pas sur la lente construction historique du territoire national, d'où des frontières contestées voire des frontières nouvelles.

– Conflit autour de la question du Sahara occidental, territoire riche en phosphates, situé au Sud du Maroc et intégré à celui-ci contre son gré, d'où le développement d'un mouvement de résistance à l'occupation, le Front Polisario.

– Statut de territoire non-autonome à l'ONU : un territoire qui reste colonisé, qui ne s'administre pas lui-même.

– Autre cas de figure avec le Soudan. Là aussi, des conflits autour du contrôle d'une ressource – ici le pétrole – et parallèlement des tensions ethniques entre les musulmans au Nord et les chrétiens et animistes au Sud.

– Des décennies de lutte mènent à la sécession du Soudan du Sud et son indépendance en 2011 avec comme capitale Djouba. Malgré les ressources pétrolières, il constitue l'un des pays les plus pauvres du monde.

Conclusion

Bilan : La découverte au milieu du XXe siècle des ressources abondantes du sous-sol saharien, puis aujourd'hui la concurrence entre puissances occidentales et puissances émergentes dans l'accès aux sources d'énergie et aux matières premières expliquent l'intérêt et les convoitises que suscite cet espace longtemps délaissé. Proche de l'Europe tout en étant isolé, difficile à contrôler, il devient par ailleurs un sanctuaire pour des organisations terroristes.

Ouverture : Le contrôle politique du Sahara, déstabilisé par les révolutions arabes de 2010-2011, prendra une nouvelle forme tant les enjeux géostratégiques de cette région comptent, et ce au-delà de ses propres frontières.

Sujet 35 Le continent africain face au développement

8 pts 1h30

Liban, juin 2016

Étude critique de documents

› L'Afrique : les défis du développement

À l'aide des deux documents et de vos connaissances, montrez les atouts et les potentialités de l'Afrique pour assurer son développement, mais aussi les défis qu'elle rencontre et les limites de ce développement.

Doc.1 Situation socio-économique du Ghana pour le ministère des Affaires étrangères du Canada en 2015

Le Ghana est une démocratie stable et paisible, en bonne voie d'atteindre son objectif de devenir un pays à revenu intermédiaire d'ici 2020. Il est salué comme un nouveau modèle de réussite économique en Afrique : ces dernières années, son taux de croissance a toujours dépassé les 6 %. Depuis 1992, cinq élections démocratiques consécutives y ont eu lieu, et deux transitions de gouvernement se sont déroulées dans la paix. D'autres pays d'Afrique se tournent maintenant vers le Ghana pour obtenir des conseils sur la tenue d'élections.

Depuis 1990, le gouvernement du Ghana a travaillé de près avec la communauté des donateurs et a réduit de près de moitié le nombre de personnes vivant dans l'extrême pauvreté. Cependant, environ 30 % des Ghanéens[1] vivent toujours avec moins de 1,25 $US par jour. Environ 2 millions de personnes ont un accès limité à la nourriture, et les trois régions du nord du pays sont régulièrement touchées par des pénuries de vivres. Les enfants sont particulièrement vulnérables : environ 12 % des enfants ghanéens de moins de cinq ans ont un poids insuffisant. En 2012, le Ghana occupait le 135e rang sur 187 pays pour ce qui est de l'indice du développement humain établi par le Programme des Nations unies pour le développement. Le Ghana a assez bien réussi à atténuer les répercussions de la crise alimentaire mondiale de 2008 grâce à des programmes d'aide sociale et à d'autres mesures ; il a entre autres supprimé les droits d'importation et les taxes sur les aliments et le carburant. Le Ghana est toujours vulnérable aux effets persistants de la crise économique mondiale. La pauvreté s'est accentuée dans certains groupes de population, surtout les femmes, les agriculteurs et les personnes vivant dans les régions du Nord.

Site du ministère des Affaires étrangères du Canada[2], avril 2015.
www.international.gc.ca/development-developpement/countries-pays/ghana.aspx?lang=fra

1. En 2015, la population totale du Ghana s'élève à 27,2 millions d'habitants (ONU).
2. Fiche technique de présentation de la situation socio-économique de pays avec lesquels le Canada commerce – document à destination du grand public, des entrepreneurs et investisseurs canadiens.

Doc.2 Prévisions de l'évolution moyenne du PIB 2014-2015

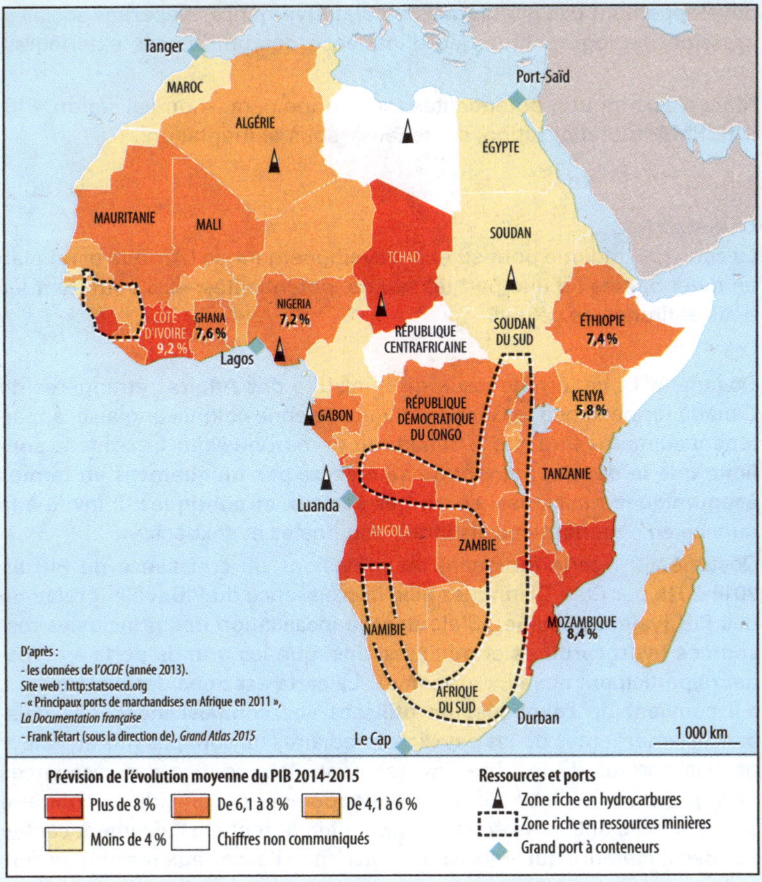

L'essentiel à connaître

Thème principal : ce sujet correspond à la question de l'Afrique face aux défis du développement, notamment au chapitre « Le continent africain face au développement et à la mondialisation ».

- **Cette question invite à la nuance. Ne présentez pas le continent comme un espace sous-développé frappé de tous les fléaux.** Insistez sur les disparités observées selon les échelles, régionale (l'IDH des États varie de 0,3 à 0,7), infra-régionale (doc. 1), locale, selon le genre (doc. 1), la couche sociale...
- Soulignez la forte croissance économique récente constatée dans certains pays (doc. 2) et la mise en relation de certains espaces avec le reste du monde.
- Recourez alors à vos connaissances pour **expliquer les obstacles empêchant souvent à la croissance économique de se traduire par un développement des populations** : mal-gouvernance, disparités sociales, pression démographique, jeu d'influence des puissances extérieures, etc.

Mots-clés : atouts, potentialités, développement, mondialisation, PIB, IDH, PMA, mondialisation, conteneurs, sous-alimentation.

Analyser le sujet

La consigne

La consigne indique pour sujet le développement de l'Afrique et un plan en deux parties : d'une part les atouts, potentialités, et d'autre part les défis et limites de celui-ci.

Les documents

Document 1 : cette note issue du ministère des Affaires étrangères du Canada rappelle que le Ghana est une ancienne colonie anglaise, appartenant au même titre que le Canada au *Commonwealth*. **Le contenu souligne que le développement ne se mesure pas uniquement en termes économiques mais aussi en termes sociaux et politiques.** Il invite à la nuance en évoquant des disparités régionales et sexuées.

Document 2 : carte indiquant les prévisions de croissance du PIB en 2014-2015 par État. Distinguez bien la croissance du PIB (valeur relative) des PIB (valeur absolue). S'ajoutent la localisation des principales ressources hydrocarbures et minières ainsi que les grands ports à conteneurs participant aux flux mondiaux. **La carte est donc descriptive.**

- Il convient de **l'expliquer en utilisant vos connaissances.** Les puissances émergentes ou les pays intermédiaires ne sont pas mis en valeur par les critères de la carte. Inversement, l'abondance des ressources ne signifie pas nécessairement développement et coïncide au contraire souvent avec une « malédiction ». En effet, la rente est aisément captée par des dictateurs qui autorisent en échange l'accès aux ressources aux puissances. Ainsi, la carte ne comporte aucun flux qui permettrait de saisir l'évolution des enjeux, notamment l'intérêt de nouvelles puissances comme la Chine.

Organiser ses idées

Définir une problématique

Lorsque la consigne est très explicite, il convient d'éviter les redites (de simples synonymes d'atout et limites du développement n'apporteraient pas une grande valeur ajoutée). Optez pour une expression vue en cours. Ici, **le dynamisme de l'Afrique et ses freins sont résumés dans la formule de la géographe Sylvie Brunel, spécialiste du continent, qui le qualifie comme « en réserve de développement ».**

→ **En quoi l'Afrique est-elle un continent « en réserve de développement » ?**

Élaborer un plan

Un plan en deux parties (d'une part les atouts et potentialités, d'autre part les défis et limites du développement) est énoncé dans la consigne. Inverser la proposition permet de partir de l'évidence (les stéréotypes de la pauvreté) pour ensuite nuancer le propos (les dynamiques spécifiques constatées à différentes échelles) et gagner ainsi en dynamisme et en optimisme.

I – Une pauvreté endémique qui traduit le mal-développement

II – Des espaces riches en ressources aux trajectoires variées

GÉOGRAPHIE

Sujet 35 Corrigé

L'Afrique : les défis du développement

Attention

Le plan est rappelé pour vous aider, mais il ne doit en aucun cas figurer sur votre copie. À vous de guider le correcteur par l'annonce du plan dans l'introduction, les phrases d'attaque des paragraphes et des transitions.

Introduction

Guerres, famines, SIDA sont les clichés afro-pessimistes associés à l'Afrique pour témoigner de son mal-développement. Pourtant, la réalité est plus complexe et nuancée, comme le montre le document 1, constitué d'une note du ministère des Affaires étrangères du Canada consacrée au Ghana – État connaissant une trajectoire ascendante – ainsi que le document 2,

carte indiquant les prévisions de croissance du PIB entre 2014 et 2015 ainsi que les ressources et ports du continent, constituant autant d'atouts susceptibles de favoriser le développement.
En quoi l'Afrique est-elle un continent « en réserve de développement » ? Le continent est confronté aux défis de la pauvreté des populations et d'une moindre insertion dans la mondialisation, dus notamment à la mal-gouvernance. Toutefois, l'ampleur de ses richesses dessine des trajectoires variées avec l'émergence de certains États.

I – Une pauvreté endémique qui traduit le mal-développement

À l'image du Ghana, classé « 135e sur 187 pays en termes d'IDH » – indice combinant le PIB par habitant, l'espérance de vie et l'alphabétisation –, l'Afrique subsaharienne compte 33 des 48 pays les moins avancés (PMA) du monde. Ainsi, « 30 % de Ghanéens vivent [...] avec moins de 1,25 $US par jour », près de 7 % de la population connaît des « pénuries de vivres ». Cette pauvreté endémique s'explique en partie par la Division Internationale du Travail (DIT) mise en œuvre par les puissances coloniales au XIXe siècle. L'Afrique a depuis maintenu sa spécialisation dans les matières premières notamment agricoles. Pourtant, « 12 % des enfants ghanéens ont un poids insuffisant ». Cette sous-nutrition est renforcée par le fort accroissement naturel de la transition démographique.
Ce paradoxe entre des économies majoritairement agricoles et la sous-alimentation s'explique par la prépondérance de cultures tropicales, destinées à l'exportation, dont le cours fluctuant est fixé à la Bourse de Chicago. L'agriculture vivrière, destinée à nourrir les populations, est limitée par le manque d'outils et de capacités d'investissement, et affaiblie par les aléas climatiques. Ainsi, les pénuries du Ghana concernent les régions sahéliennes du Nord, fragilisées par la désertification. Les importations de denrées sont essentielles alors que l'Afrique ne représente que 2 % du commerce mondial.
Ces problèmes de développement s'expliquent par la mal-gouvernance. Le Ghana est un contre-exemple qui prodigue des conseils pour « la tenue des élections ». Le grand nombre de dictatures sur le continent s'explique par les conditions de la décolonisation, souvent menée par des militaires qui confisquent le pouvoir à leur profit et mettent en place des régimes autoritaires et nationalistes, et par l'attraction pour le modèle communiste dans les années 1960-1970. Si la démocratie représentative est souvent assimilée à la domination européenne, et par là rejetée, un grand nombre de dictateurs se maintient toutefois au pouvoir par des liens étroits avec l'Occident. Cette collusion alimente la corruption, le clientélisme, la « politique du ventre ». Ainsi, les ressources naturelles, loin de promettre le développement grâce à la rente, semblent signer la malédiction d'un pays. La carte souligne par exemple l'importance de ressources minières dans la région appelée « le ventre mou de l'Afrique », théâtre de nombreux conflits au sein d'États à la fois autoritaires et faibles tel que le Congo, entraînant

par là de nombreux déplacements de population aggravant la pauvreté. L'absence de données en Centrafrique s'explique par une guerre financée par la production de diamants. En Libye, cette absence s'explique par le cas extrême de désintégration de l'État après l'intervention occidentale pour renverser le dictateur Kadhafi. Ces zones grises se conjuguent avec la violence et les activités illicites qui hypothèquent le développement des populations.

II – Des espaces riches en ressources aux trajectoires variées

Toutefois, le continent abonde en hydrocarbures et en ressources minières, comme le montre la carte : pétrole en Algérie, en Angola, au Nigeria, au Gabon, diamants en Afrique du Sud, en Guinée, au Liberia, au Congo. Ces ressources stratégiques assurent une rente et un regain d'intérêt pour le continent, comme le soulignent l'arrivée de la Chine et une insertion dans la mondialisation. En effet, ces espaces à fortes ressources coïncident avec de grands ports à conteneurs, nécessaires aux échanges maritimes mondialisés comme celui de Lagos au Nigeria.

> **L'astuce du prof**
> Vous devez toujours décrire la carte. La description joue le même rôle que les citations pour un texte.

La carte distingue quatre pays à la croissance élevée dont les situations et trajectoires divergent. Le Mozambique profite du dynamisme de la région porté par l'Afrique du Sud. La Côte d'Ivoire, après une quasi décennie de guerre civile, renoue avec une croissance forte qui a défini le « miracle ivoirien » dans les années 1980. L'Angola, aux ressources abondantes, a refermé les blessures de la guerre civile des années 1980 et appartient désormais aux « lions africains ». La croissance élevée est à mettre en rapport avec un « effet de rattrapage ». Toutefois, le Tchad, dont le dictateur est soutenu par l'Occident, reste un PMA mais fait figure de pays stable et d'aide militaire au sein d'une région ébranlée par le terrorisme islamiste. La diversité de ces pays montre que la croissance du PIB ne permet pas de rendre compte du développement.

Ainsi, la carte ne permet pas de souligner les espaces les plus développés dont la croissance est souvent moins élevée. En effet, l'Afrique du Sud est une puissance émergente, appartenant aux BRICS grâce à une économie qui a diversifié ses atouts au-delà de ses abondantes ressources naturelles, à une bonne insertion dans la mondialisation, comme le montrent les deux ports à conteneurs ou la Bourse de Johannesburg, ou encore à une transition démocratique réussie depuis la fin de l'Apartheid en 1994. Le taux de croissance en Afrique du Nord – certes atteint par l'instabilité politique et le

> **L'astuce du prof**
> Distinguez bien le PIB de la croissance du PIB. Mettez la croissance du PIB en lien avec celle de la population tout en songeant aux régimes politiques. Par exemple, l'Éthiopie est souvent citée en modèle de croissance économique alors que son régime est autoritaire.

terrorisme en Tunisie et en Égypte – ne souligne néanmoins pas la spécificité de ces pays qui conjuguent un IDH plus élevé (autour de 0,7), une forte urbanisation et l'importance des liens avec l'Europe.

Conclusion

Réunissant les stigmates de la pauvreté, l'Afrique semble être le continent du mal-développement. Toutefois, un grand nombre de pays connaissent une croissance élevée qui leur permet de sortir de la catégorie des PMA pour devenir des pays intermédiaires. Cependant, la croissance ne s'accompagne pas nécessairement d'une amélioration des conditions de vie des populations ni de la démocratisation. La question du développement passe donc par celle du développement durable qui nécessite l'articulation des piliers politiques, sociaux et écologiques.

Sujet 36

8 pts 1h30

Le continent africain : contrastes de développement et inégale intégration dans la mondialisation

Amérique du Sud, novembre 2018

Croquis

› Le continent africain : contrastes de développement et inégale intégration dans la mondialisation

Les clés pour réussir

L'essentiel à connaître

Thème principal : il s'agit du **croquis de synthèse** de la deuxième entrée du thème 3 du programme de géographie sur les dynamiques géographiques de grandes aires continentales, « L'Afrique : les défis du développement », incluant l'étude de cas sur le Sahara. Ce croquis mobilise aussi les compétences et connaissances abordées dans le thème introductif, « Clés de lecture d'un monde complexe ».

- Les **connaissances à mobiliser** sont donc importantes, en particulier :
  - les pays moteurs de l'économie africaine ;
  - les inégalités de développement à l'échelle du continent ;
  - les ressources du continent ;
  - les grandes métropoles africaines ;
  - les zones de tension et de guerre ;
  - les pays occidentaux ou asiatiques partenaires de l'Afrique.

Analyser le sujet

- Le sujet du croquis met en relation la notion de mondialisation avec celle du développement.

Mondialisation : processus de mise en réseau et d'interdépendance croissante des hommes et des territoires.

Développement : processus économiques et sociaux qui permettent aux sociétés d'accroître leurs richesses et de mieux satisfaire leurs besoins.

- Il s'agit d'un croquis de synthèse qui impose de faire des choix dans les informations à représenter afin d'**éviter la surcharge**.

GÉOGRAPHIE

Préparer la légende

Définir une problématique

- Le croquis doit faire apparaître les **grands contrastes du continent en matière de développement et d'intégration à la mondialisation.** Certains pays d'Afrique profitent en effet de la dynamique de la mondialisation à laquelle le continent est de plus en plus intégré, tandis que d'autres restent confrontés à de graves problèmes de développement et sont en marge de l'économie mondiale.
- **L'instabilité politique en Afrique** reste par ailleurs l'un des problèmes majeurs du continent qui handicape son développement et son insertion dans les échanges mondiaux. Le titre du croquis peut être ainsi formulé :

→ **L'Afrique dans la mondialisation : une intégration sélective qui accroît les disparités de développement.**

Préparer la légende

- La légende doit d'abord rendre compte des **contrastes de développement.** Cela peut constituer le premier axe. Un second mettrait en avant les **atouts du continent** dans la mondialisation et les **facteurs de son intégration** dans les échanges mondiaux. Enfin, un troisième axe insisterait sur les **problèmes et l'instabilité du continent** afin de mettre en avant la fragilité du développement et la marginalisation de certaines régions d'Afrique qui restent à l'écart de la mondialisation.
- Pour figurer les contrastes de développement, les États peuvent être classés selon leur IDH.
- Utilisez une couleur chaude, par exemple le rouge foncé, pour signifier l'intensité d'un phénomène, ici le développement, puis un dégradé de couleurs de moins en moins chaudes (orange, jaune...) pour signifier l'atténuation de cette intensité.
- Les **principaux flux** qui relient le continent au reste du monde doivent également apparaître sous la forme de **flèches.**
- Les **grands ports** et les **grandes métropoles** doivent être représentés par **des figurés ponctuels**, de même que les **tensions et les problèmes** qui handicapent le continent.

Sujet 36 Corrigé

› Le continent africain : contrastes de développement et inégale intégration dans la mondialisation

1. Un continent dynamique marqué par de grands contrastes de développement

- Pays à l'IDH élevé (0,711 à 0,770)
- Pays à l'IDH moyen (0,535 à 0,710)
- Pays à l'IDH faible (0,304 à 0,534)
- Absence de données
- 40 % de la population a moins de 15 ans

2. Un continent qui participe de plus en plus à la mondialisation

- Hydrocarbures (gaz, pétrole...)
- Minerais (fer, or, diamants, uranium...)
- ÉGYPTE Pays qui exploitent leur potentiel touristique
- Grands ports de marchandises
- Principales interfaces maritimes
- Métropoles internationales
- Métropoles secondaires au rayonnement régional
- Partenaires commerciaux et investisseurs

3. Les défis à relever pour consolider le développement et l'intégration de l'Afrique à la mondialisation

- Conflits récents ou actuels (guerres civiles le plus souvent)
- Pays touchés par les Printemps arabes à partir de fin 2010 (revendications démocratiques)
- Marées noires liées à l'exploitation du pétrole
- Progrès de la désertification

Sujet 37 Le continent africain face au développement et à la mondialisation

2h30

Liban, mai 2013

Composition

› Le continent africain face au développement et à la mondialisation

Les clés pour réussir

L'essentiel à connaître

Définition de développement : ensemble des processus économiques et sociaux apportant aux hommes une plus grande sécurité et une plus grande satisfaction de leurs besoins.

Définition de mondialisation : processus d'intégration des différents espaces du monde dans un seul espace mondial par expansion du système capitaliste.

Mots-clés : développement et IDH, mondialisation, ressources-rente-richesse, pays émergents, pays les moins avancés (PMA), Sida, décennie du chaos (1991-2001), Objectifs du millénaire pour le développement.

Pays à connaître plus particulièrement : Afrique du Sud, Nigeria, un des pays rentiers du Sahara (Algérie, Libye, Niger...).

Chiffre-clés : croissance du PIB de 5 % depuis 10 ans, 50 % des Africains en situation d'extrême pauvreté (moins de 1,25 dollar par jour), 34 PMA sur 48 dans le monde.

Analyser le sujet

- Le sujet reprend textuellement l'intitulé de la leçon. C'est donc un sujet de cours où seront évaluées vos connaissances et votre maîtrise des enjeux de la question. La difficulté tient à **l'abondance de connaissances** : vous devrez faire preuve de votre capacité à faire le tri – pour éviter le hors-sujet – et à synthétiser.
- Contrairement à l'Asie qui se développe très rapidement, s'intègre fortement dans la mondialisation et réduit sa proportion de pauvres, **l'Afrique nous semble, vue des pays riches, engluée dans les difficultés de développement et en marge de la mondialisation.** Tous les indicateurs (richesse, bien-être des populations – santé, éducation, inégalités –, environnement...) y sont au rouge.

- Pourtant, **le contexte de mondialisation et l'émergence de nouvelles puissances** change la donne et **offre des opportunités** pour inverser la tendance.
- Il est impératif de **distinguer les cas** au sein du continent face au développement et à la mondialisation : les pays du Maghreb (pays pauvres), d'Afrique subsaharienne (nombreux PMA) ou l'Afrique du Sud (pays émergent) connaissent des situations très différentes.

Organiser ses idées

Définir une problématique

L'intitulé du sujet induit le questionnement principal : l'Afrique a-t-elle les capacités de se développer ? Longtemps considéré comme un continent à la marge, la mondialisation des échanges est une opportunité de développement pour l'Afrique.

→ **L'Afrique peut-elle trouver dans la mondialisation les outils pour se développer ?**

Élaborer un plan

- Le plan doit permettre de répondre à la problématique : optez pour un plan de type **dialectique**, c'est-à-dire qui oppose deux points de vue puis les nuance.
- Vous pouvez aborder ce sujet en débutant par un état des lieux présentant les **échecs du développement** en Afrique, puis présenter les **dynamiques positives** que l'on observe actuellement, notamment grâce à la mondialisation. Enfin, ainsi qu'on l'attend dans une composition de géographie, construisez une **typologie** dans une troisième partie, dans laquelle vous différencierez les situations au sein de l'espace concerné.

I – L'Afrique, un continent marqué par le mal-développement
II – Quels atouts dans la mondialisation ?
III – Une Afrique plurielle

Sujet 37 Corrigé

Le continent africain face au développement et à la mondialisation

! Attention

Le plan est rappelé pour vous aider, mais il ne doit en aucun cas figurer sur votre copie. À vous de guider le correcteur par l'annonce du plan dans l'introduction, les phrases d'attaque des paragraphes et des transitions.

Introduction

Analyse du sujet : Nos représentations et nos perceptions de l'Afrique, essentiellement négatives, sont souvent guidées par les questions de développement : elle serait le continent de la pauvreté, de la faim, de la sécheresse, des épidémies et des guerres tribales. Restée à la marge du développement, l'Afrique serait alors incapable d'assurer à sa population un minimum de bien-être, de sécurité et de perspectives. Le tableau est sombre. Or, le contexte international s'est modifié avec la mondialisation des échanges, la forte croissance de la population, la raréfaction des ressources, autant de défis auxquels l'Afrique doit faire face comme les autres continents.

Problématique : L'Afrique peut-elle trouver dans la mondialisation les outils pour se développer ?

Annonce du plan : Nous présenterons dans une première partie les difficultés considérables du continent et ses problèmes de développement. Nous verrons cependant quelles sont les potentialités de l'Afrique, lui permettant de tirer parti de la mondialisation pour se développer. Enfin, nous nous attacherons à distinguer des sous-ensembles car les situations des pays d'Afrique diffèrent : tous ne profitent pas de la mondialisation des échanges.

I – Un continent marqué par le mal-développement

Dès les indépendances (début des années 1960), alors que l'optimisme sur l'avenir du continent prédomine, René Dumont prédit de son côté dans un livre célèbre que *L'Afrique est mal partie*.

A. Un continent face au défi de la pauvreté

L'Afrique est le continent le plus frappé par la pauvreté : 1 habitant sur 2 a un revenu inférieur à 1,25 dollar par jour (seuil de pauvreté selon l'ONU). Le PIB/habitant est généralement faible, inférieur à 10 000 dollars en PPA en 2005. Avec un PIB/hab de 360 $ en PPA en 2005, le Burundi est le pays le plus pauvre du monde avec 315 dollars/hab. en 2015.

> **Vocabulaire**
> **Parité de pouvoir d'achat (PPA)** : taux de conversion monétaire qui permet d'exprimer dans une unité commune les pouvoirs d'achat des différentes monnaies, donc d'établir des comparaisons à l'échelle mondiale.

La proportion de pauvres augmente, signe d'extrêmes difficultés économiques à répondre aux besoins d'une population en forte augmentation. L'économie est en effet handicapée par la place du secteur informel (surtout dans le commerce et l'artisanat), non déclaré, qui prive l'État de ressources fiscales. La corruption endémique traduit également la pauvreté, car les richesses produites sont accaparées par les élites dirigeantes et l'administration. L'Afrique a de plus échoué, à la différence des pays émergents, à bien s'intégrer à la mondialisation (moins de 3 % des échanges en 2011).

GÉOGRAPHIE

Ces difficultés économiques ont culminé dans les années 1990 lors de la « décennie du chaos », durant laquelle les États appauvris et surendettés ont dû contracter leurs dépenses (d'éducation, de santé...). Ces difficultés économiques entraînent des flux migratoires massifs, notamment vers l'Europe.

B. Un continent où la population souffre des problèmes de développement

Les indicateurs du développement, particulièrement l'IDH, montrent bien les difficultés de l'existence au quotidien. Là encore, les pays africains occupent les rangs les plus bas, la République démocratique du Congo affichant l'IDH le plus faible (0,286).

> **L'astuce du prof**
> On n'attend pas de vous des chiffres précis, mais des ordres de grandeur : sachez ce que représentent un PIB/habitant et un IDH de pays pauvre.

Massive, l'épidémie de Sida multiplie le nombre d'orphelins. Elle touche aussi bien des instituteurs que des entrepreneurs et détruit la cohésion sociale. Nombre de pays d'Afrique australe ont ainsi vu leur IDH diminuer depuis l'apparition du Sida et l'espérance de vie tomber au-dessous de 40 ans.

De même, les faibles taux de scolarisation entraînent un analphabétisme important – les dix pays les plus mal classés sont africains avec un pourcentage d'adultes analphabètes supérieur ou égal à 50 %. Cela constitue un lourd handicap dans la mondialisation, en rendant impossible la formation *a minima* de la main-d'œuvre, et explique l'absence d'implantations industrielles sur le continent.

C. Un continent victime des désordres environnementaux

La pauvreté de l'Afrique la rend très vulnérable aux aléas environnementaux et incapable de financer les aménagements et technologies destinés à les surmonter. Le continent qui, le plus souvent, n'est pas à l'origine de ces dérèglements climatiques, en subit plus durement les conséquences.

> **Remarque**
> Ne négligez pas les aspects environnementaux : aujourd'hui, le développement s'entend aussi comme durable.

Le réchauffement climatique perturbe le cycle des précipitations et accentue la désertification des pays du Sahel, multipliant ainsi les disettes, voire les famines. Le Kilimandjaro, plus haut sommet d'Afrique situé en Tanzanie, subit un recul de ses neiges éternelles qui menace l'approvisionnement en eau potable de toutes les populations alentour. Enfin, l'explosion démographique exerce une tension forte sur l'environnement.

Par ailleurs, effet néfaste de la mondialisation, l'Afrique accueille les déchets toxiques des pays industrialisés, qui viennent les y déverser pour économiser le coût du retraitement. Les affaires les plus médiatisées ont eu lieu en Côte-d'Ivoire et en Somalie, où ont eu lieu des scandales sanitaires désastreux : multiplication de cancers, de malformations infantiles...

Transition : Les difficultés du continent africain sont donc nombreuses et semblent insurmontables dans un avenir proche. Pourtant, les atouts de l'Afrique sont réels et le contexte international plus favorable.

II – Quels atouts dans la mondialisation ?

Les atouts de l'Afrique pour se développer et s'intégrer à la mondialisation sont nombreux mais se heurtent aux faiblesses des États.

A. Un continent aux multiples ressources

L'Afrique est un continent très riche en ressources énergétiques et minières, comme l'indique le schéma ci-après :

Un continent riche de ses ressources

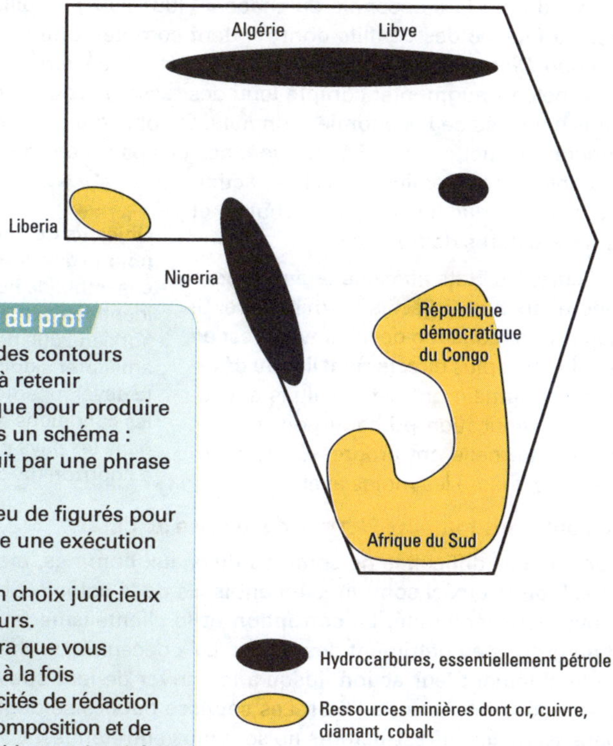

L'astuce du prof

Profitez des contours simples à retenir de l'Afrique pour produire au moins un schéma :
- introduit par une phrase simple ;
- avec peu de figurés pour permettre une exécution rapide ;
- avec un choix judicieux de couleurs.

Il montrera que vous maîtrisez à la fois des capacités de rédaction pour la composition et de cartographie pour le schéma.

Également, les terres arables sont légion, une ressource essentielle dans un contexte de forte croissance démographique, et donc de besoins agricoles accrus, à l'échelle mondiale. Des pays africains comme Madagascar ont commencé à vendre d'immenses parcelles. Le continent est donc devenu un territoire convoité par toutes les puissances : les anciennes puissances coloniales et les États-Unis qui exerçaient traditionnellement leur domination, mais également les puissances émergentes, Chine et Inde en tête. Pékin est devenu le premier partenaire commercial du continent et les flux migratoires entre la Chine et l'Afrique s'intensifient dans les deux sens.

B. Un continent dynamisé par la mondialisation

La croissance économique a frôlé les 5 % depuis l'année 2000, signe du dynamisme de l'économie africaine, portée par l'essor d'une classe moyenne urbaine et par une plus grande stabilité politique qui rassure les investisseurs. On peut donc penser que la part de l'Afrique dans le commerce mondial, officiellement inférieure à 5 %, est sous-évaluée. Elle ne tient d'abord pas compte de l'ensemble des échanges non déclarés ou illégaux ; durant la « décennie du chaos » (1991-2001), le pillage des ressources a financé des conflits dont rendent compte nombre de films tels que *Blood Diamond, Lord of War...* Cette part est également nécessairement appelée à augmenter compte tenu des ressources disponibles et des besoins énormes de l'économie mondiale. On observe d'ailleurs une augmentation très nette des IDE en provenance des pays émergents (Malaisie, puis Chine en premier lieu) dans l'extraction minière, la production d'hydrocarbures et les infrastructures de transport.

Par ailleurs, les États africains œuvrent pour répondre aux huit Objectifs du millénaire. Si l'objectif 1 de réduction de la pauvreté est en échec, d'autres plus directement liés au développement humain ont des résultats encourageants : l'éducation primaire pour tous et la santé maternelle ont progressé dans plusieurs pays, même les moins avancés.

Vocabulaire

Objectifs du millénaire pour le développement : ensemble de huit objectifs identifiés par l'ONU à New-York en 2000 destinés à améliorer significativement le développement et donc les conditions de vie dans les pays pauvres à l'horizon de 2015.

C. Un continent toujours victime de la crise de l'État

Les principales difficultés ne sont pas dues aux hommes, mais à la fragilité des États. Ceux-ci sont directement issus de la colonisation et peinent à trouver leur légitimité. La corruption et le clientélisme favorisent souvent un groupe au détriment des autres. La « décennie du chaos » a réduit considérablement leur action, jusqu'à les priver de leur souveraineté sur la gestion des finances de l'État. Les services publics se dégradent, voire disparaissent, les infrastructures ne sont plus entretenues.

Ce recul de l'État est catastrophique : sans écoles, sans hôpitaux, sans routes, l'économie ne peut plus fonctionner normalement. Le chômage explose alors que les cercles proches du pouvoir continuent de s'accaparer les maigres richesses. Aujourd'hui, la démocratie semble s'installer durablement et les États trouvent donc plus d'appui dans l'opinion publique. La fin de la crise de la dette africaine a permis un retour des investissements publics, le redémarrage de l'économie et la diminution des conflits.

Transition : L'Afrique a donc les capacités grâce à ses ressources et à des États plus efficaces, de s'intégrer aux échanges mondiaux et de se développer d'abord économiquement. On doit cependant distinguer différentes situations.

III – Une Afrique plurielle

Il est nécessaire de différencier les pays d'Afrique, car tous n'ont pas les mêmes capacités à se développer grâce à la mondialisation.

A. Des pays qui se développent par une intégration à la mondialisation

Plutôt rares en Afrique, ces pays ont su constituer une économie diversifiée et solide. Le plus souvent, ils ne disposent pas de rente. Il s'agit de l'Afrique du Sud, de laTunisie, de l'île Maurice, du Botswana et du Kenya.

> **Gagnez des points !**
> Soyez toujours précis et citez plusieurs noms de pays dans votre typologie pour montrer votre maîtrise de l'espace étudié.

L'Afrique du Sud a quant à elle intégré le groupe très prestigieux des BRICS (Brésil-Russie-Inde-Chine, S pour *South Africa*), groupe de tête des puissances émergentes. Avec la fin de l'Apartheid, le pays a pu s'appuyer sur ses infrastructures économiques plus développées pour conquérir le continent et internationaliser son économie. Les entreprises du pays assurent 60 % du chiffre d'affaires de l'Afrique et se sont implantées sur presque tout le continent, particulièrement en Afrique australe, sa zone d'influence privilégiée. Elles ont débordé leur secteur de prédilection des mines pour s'affirmer dans les services (téléphonie mobile, grande distribution, banque...) et les infrastructures (BTP, électricité avec le géant Eskom présent jusqu'en Libye et au Maroc). Cette puissance économique à l'échelle continentale s'explique par l'absence de concurrence, car les investisseurs étrangers boudent l'Afrique. Aujourd'hui, 25 % des exportations de l'Afrique du Sud se font vers le continent.

B. Des pays rentiers dont le développement progresse peu

Les pays rentiers regroupent les pays pétroliers du Maghreb (Algérie, Libye), du golfe de Guinée (du Nigeria jusqu'à l'Angola), et les pays de la moitié Sud du continent qui disposent de ressources minières tels que la République démocratique du Congo. Ils sont intégrés à la mondialisation par l'exportation de leurs ressources, mais se distinguent des pays émergents car leur économie est peu spécialisée, le plus souvent basée sur la seule activité rentière. Ce modèle ne permet pas, dans la majorité des cas, le développement, car il maintient la société dans une attitude passive –

> **Vocabulaire**
> **Rente** : revenu tiré de l'exploitation d'une ressource inégalement répartie (ici, le pétrole ou les ressources minières).

l'exploitation de la ressource procure sans effort la richesse – et entretient une corruption très importante. Il arrive donc le plus souvent que ces pays rentiers disposent d'une manne financière importante tout en conservant une pauvreté massive. On a ainsi parlé, pour les pays africains concernés, de « malédiction du pétrole ».

Le Nigeria dispose ainsi d'énormes réserves d'hydrocarbures dans le delta du Niger, ce qui en fait un territoire stratégique. En 20 ans, le pétrole a rapporté 300 milliards de dollars, mais 60 % de la population vit sous le seuil de pauvreté. Les conséquences écologiques sont catastrophiques : tout le delta est gravement pollué. Ces dysfonctionnements causent des tensions séparatistes entre les populations locales et l'État.

Gagnez des points !

Prenez un exemple de pays rentier – le Nigeria, ou un pays étudié dans le chapitre sur le Sahara (Algérie, Libye...) – pour appuyer votre propos.

C. Les pays les moins avancés (PMA) voient leur développement reculer

La catégorie des PMA, créée par l'ONU, regroupe selon des critères précis les pays dont le PIB/habitant est inférieur à 900 dollars, dont le développement humain marque un retard et dont l'économie peu spécialisée est très vulnérable. L'Afrique en compte 34 sur un total de 48. Ils sont situés en Afrique subsaharienne, entre le Sahel et le nord de l'Afrique australe. Les chiffres sont inquiétants : taux de mortalité infantile de 100 ‰, population analphabète à plus de 50 %. Pire, leur situation ne cesse de se dégrader.

Leur part dans l'économie mondiale, leur développement humain reculent. À cause de l'épidémie de Sida principalement, l'espérance de vie a fortement chuté : en Zambie, elle est aujourd'hui de 32 ans. Sont touchés également le Zimbabwe, la Centrafrique, le Mozambique... L'Aide publique au développement des pays riches, loin de les secourir, diminue et réduit ainsi les possibilités d'un développement.

Conclusion

Bilan : La situation de l'Afrique, continent peu intégré aux échanges mondiaux et accueillant très peu d'investissements, est donc duale et son avenir incertain : les potentialités sont réelles mais pour quelques pays seulement et les difficultés politiques et économiques sont encore grandes pour nombre d'entre eux.

Ouverture : Dans un monde fini, l'Afrique apparaît pourtant comme un continent d'avenir fort de ses ressources, ses terres et sa jeunesse. L'attitude des sociétés civiles africaines sera sans doute décisive pour un développement équitable qui améliore la vie quotidienne de tous.

Sujet 38 Les défis de la population et de la croissance en Inde

8 pts 1h30

Centres étrangers, juin 2016

Étude critique de documents

L'Inde face aux défis de la population et de la croissance

Montrez dans quelle mesure ces deux documents rendent compte des défis économiques et démographiques que doit relever l'Inde dans le contexte asiatique. Vous porterez un regard critique sur les indicateurs proposés dans le document 2.

Doc.1 La démographie indienne, bénédiction ou calamité ?

Gare de Jaipur, capitale du Rajasthan, minuit. Sur les arrières de ce nœud ferroviaire, les « enfants de la gare » dorment tant bien que mal sous l'auvent en béton d'un bâtiment abandonné. Au nombre de plusieurs dizaines, ils vivent en groupe, ayant quitté leurs familles. Le ramassage des bouteilles d'eau vides dans les trains, vendues pour être recyclées, leur permet de subsister. Violence et drogue sont le lot quotidien de ces enfants qui n'ont bien sûr pas accès à la moindre éducation [...].
À 1 600 kilomètres plus au sud, le campus d'Infosys[1] déroule ses gazons immaculés parsemés de bâtiments en marbre et d'installations high-tech à Mysore, au Karnataka. Là, à tout moment, 10 000 jeunes surdiplômés se forment six mois durant à l'informatique dans l'espoir [...] d'accéder ainsi à l'élite professionnelle de l'Inde moderne [...]. Bien sûr, il s'agit là de deux extrêmes. Mais les enfants dans une situation difficile, même lorsqu'elle n'est pas forcément aussi tragique que celle des enfants de la gare de Jaipur, sont beaucoup plus nombreux que les privilégiés d'Infosys [...].
Pour que l'entrée dans la population active de nombreux jeunes porte ses fruits, il faut que quelques conditions soient respectées : en gros, qu'ils soient en bonne santé, raisonnablement éduqués et formés, et que des emplois les attendent. Autant de points sur lesquels l'Inde n'est pas des mieux placée, si l'on en croit l'indicateur de développement humain des Nations unies, dans lequel elle occupe une médiocre 136e place sur 187 pays recensés.

Patrick de Jacquelot, correspondant à New Delhi (Inde), *www.lesechos.fr*, décembre 2013.

1. Infosys : société indienne de prestation de services informatiques (15e société au monde de services informatiques dans le classement de 2013 de HfS Research).

GÉOGRAPHIE

Doc.2 **Indicateurs de la population et de la croissance en Asie du Sud et de l'Est (en 2014)**

Pays	Population (en millions d'habitants)	Taux de croissance annuelle de la population (en %)	IDH	Taux d'urbanisation (en %)	PIB (en milliards de dollars)	PIB/habitant (en dollars)	Taux de croissance annuelle du PIB (en %)
Inde	1 295	+1,2	0,586	32	2 067	5 707	+7,4
Japon	127	-0,20	0,890	93	4 601	36 426	-0,1
Chine	1 364	+0,5	0,719	54	10 360	13 216	+7,4
Philippines	99	+1,6	0,660	44	285	6 982	+6,1
Bangladesh	159	+1,2	0,558	34	174	3 124	+6,1

Sources : sites Internet *populationdata.net* et *donnees.banquemondiale.org*

Les clés pour réussir

L'essentiel à connaître

- Thème principal : ce sujet correspond au thème « L'Asie du Sud et de l'Est : les enjeux de la croissance », notamment au chapitre consacré aux défis de la population et de la croissance.
- **L'exemple de l'Inde, qui constitue un sous-continent, révèle une série de paradoxes**. Puissance émergente intégrée aux BRICS, le pays compte le plus grand nombre de pauvres au monde, peuplant aussi bien les campagnes, encore largement majoritaires, que les mégapoles tentaculaires. Le chapitre dédié à Mumbaï éclaire la description des *slums* du document 1 et illustre, à l'échelle locale, la dualité entre modernité et inégalités.
- En effet, cette première démocratie implantée dans un État majoritairement analphabète se heurte à de **très fortes disparités qui constituent autant de défis sociaux à relever pour conjuguer croissance et développement.**

Notions-clés : foyer de peuplement, transition démographique, puissance émergente, croissance économique, PIB, IDH, disparités.

Analyser le sujet

La consigne

La consigne souligne **l'articulation entre les défis de la croissance économique et démographique**. Cela permet de relativiser la première en fonction de la seconde. En effet, l'accroissement naturel soutenu pose la **question de la satisfaction des besoins élémentaires** dont une large partie de la population est encore exclue. Cette forte croissance démographique est l'une des spécificités de l'Inde « dans le contexte asiatique », qui la distingue par exemple de la Chine.

Les documents

Document 1 : l'extrait de l'article tiré des *Échos*, journal d'information économique et financière, apporte des données qualitatives qui nuancent le constat de la réussite et de la modernité indiennes en évoquant le sort des enfants de la rue. Le choix de la description insiste sur les réalités humaines dissimulées par les données chiffrées.

Document 2 : le tableau comporte les **principaux indicateurs économiques et démographiques dont il faut croiser les données** afin de tempérer la réussite. Ainsi, la croissance économique est nuancée par l'accroissement naturel. Le **PIB**, en valeur absolue, est à relier au **PIB réel par habitant** et à l'**IDH**. L'Inde se caractérise ainsi par une croissance économique et démographique très élevée à l'échelle de l'Asie tout en se situant en avant-dernière position parmi les cinq pays du tableau, devant le Bangladesh qui est l'un des pays les moins avancés (PMA) du monde. Toutes ces données constituent des moyennes à l'échelle nationale, occultant les **disparités régionales** (avec un rapport d'un à deux entre régions les plus riches, alphabétisées et les plus pauvres) **et sociales** et des questions spécifiques touchant particulièrement les femmes des milieux ruraux et démunis.

Organiser ses idées

Définir une problématique

- Les paradoxes d'une puissance émergente et les tensions qui en résultent, visibles dans les documents, doivent l'être également dans la problématique. Les défis auxquels l'Inde est confrontée signifient à la fois des potentialités susceptibles de se muer en atouts et des risques susceptibles d'aggraver les tensions.

➜ **Comment l'Inde peut-elle mettre la croissance démographique et économique au service du développement ?**

Élaborer un plan

- Un **plan dialectique** permet de souligner les paradoxes de la puissance émergente tout en croisant les deux documents dans chaque partie :

I – Qualifiée de « bureau du monde », l'émergence de la puissance indienne repose sur une croissance élevée, notamment grâce au tertiaire
II – Pourtant, subsistent de nombreux indices de mal-développement
III – Pour résoudre la pauvreté, l'Inde doit tirer parti de son réservoir démographique et surmonter la question des inégalités

GÉOGRAPHIE

Sujet 38 Corrigé

› L'Inde face aux défis de la population et de la croissance

! Attention

Nous vous proposons un corrigé sous forme de plan détaillé. Le jour de l'examen, vous devez rédiger votre copie et les titres de parties ne devront pas apparaître.

Introduction

« L'Inde n'est pas en train d'émerger. L'Inde a émergé », déclare Obama à Mumbaï en 2010 dans la perspective d'un partenariat privilégié expliquant l'optimisme du propos. En effet, si les indicateurs chiffrés visibles dans le document 2 illustrent une croissance importante aussi bien économique que démographique, la mise en relation de ces deux données relativise précisément les progrès de la production. Ainsi, l'extrait d'un article des *Échos* (document 1), quotidien d'information économique et financière, nuance la puissance et la modernité indiennes en soulignant les stigmates du mal-développement. En effet, les besoins élémentaires d'une grande partie de la population en matière sanitaire, alimentaire, éducative ne sont pas satisfaits. Comment l'Inde peut-elle mettre la croissance démographique et économique au service du développement ? Qualifiée de « bureau du monde », l'émergence de la puissance indienne repose sur une croissance élevée notamment grâce au tertiaire. Pourtant, subsistent de nombreux indices de mal-développement. Pour résoudre la pauvreté, l'Inde doit tirer parti de son réservoir démographique et surmonter la question des inégalités.

I – Qualifiée de « bureau du monde », l'émergence de la puissance indienne repose sur une croissance élevée, notamment grâce au tertiaire

L'Inde affiche un taux de croissance élevé (7,4 %), égal à celui de la Chine, grâce notamment au secteur tertiaire de pointe avec l'informatique. L'Inde occupe ainsi la première place pour l'exportation de ces services, ce qui contribue aux excédents de la balance commerciale. En effet, l'État a mené une importante politique de promotion des écoles informatiques formant chaque année 350 000 ingénieurs, à l'instar des « 10 000 étudiants du campus Infosys » qui, contrairement à leurs concurrents chinois, bénéficient souvent d'une excellente maîtrise de l'anglais, ancienne langue coloniale. Ce volontarisme s'appuie également sur d'importants transferts de technologies européennes et américaines grâce aux délocalisations. Inversement, l'importante diaspora des ingénieurs indiens, notamment dans la *Silicon Valley*, permet à l'Inde de bénéficier du *gain brain*, avantages liés à l'émigration de ses cadres.

II – Pourtant, subsistent de nombreux indices de mal-développement

Toutefois, en valeur absolue, le PIB de l'Inde est près de cinq fois inférieur à celui de la Chine, quasi comparable à celui de la France pourtant vingt fois moins peuplée. D'où un PIB réel par habitant situé dans la moyenne basse du continent avec moins de 6 000 dollars par an. Seul le Bangladesh, l'un des pays les moins avancés du monde, présente dans le document 2 des chiffres quasiment deux fois moins élevés.

L'astuce du prof

Apportez de la valeur ajoutée en calculant vous-même une croissance, un rapport plutôt que de recopier les chiffres bruts.

En effet, la croissance économique est relativisée par la démographie soutenue. Ancien foyer de peuplement au cœur d'un monde « plein », l'Inde fait figure de sous-continent. Actuellement deuxième puissance démographique mondiale, sa transition démographique n'est pas achevée, comme le montre son accroissement naturel de 1,2 % qui devrait faire de l'Inde l'État le plus peuplé en 2022. En effet, après le scandale des stérilisations menées au cours des années 1970 dans le cadre d'une politique antinataliste, celle-ci est devenue souple et incitative, contrecarrée par la montée du parti nationaliste Bharatiya et les conditions socio-économiques.

Ainsi, l'Inde comprend plus de pauvres que l'Afrique subsaharienne : 75 % de la population vit avec moins de 2 dollars par jour. Cette extrême pauvreté touche les catégories les plus fragiles, femmes et enfants, évoqués dans le document 1. Analphabétisme, « violence et drogue », ramassage des ordures correspondent à la fois au quotidien des pauvres des bidonvilles (*slums*) et à l'image d'Épinal de l'Inde, véhiculée dans le film *Slumdog Millionaire*. Ces inégalités sont d'autant plus fortes qu'elles sont héritées de la division sociale en castes, abolies juridiquement en 1950 après l'avènement de la démocratie en 1947 mais maintenues dans les représentations et les pratiques.

D'où un Indice de développement humain (IDH) – combinant alphabétisation, espérance de vie et PIB réel par habitant – faible de 0,58, à peine au-dessus de celui du Bangladesh, ce qui la place au « 136ᵉ rang mondial ». Ces chiffres constituent de surcroît une moyenne ne rendant pas compte des nombreuses différences spatiales notamment Nord-Sud et ville-campagne maillant ce sous-continent.

L'astuce du prof

Si les documents ne comportent aucune carte, soulignez l'intérêt d'un tel document rendant visibles les disparités spatiales.

GÉOGRAPHIE

III – Pour résoudre la pauvreté, l'Inde doit tirer parti de son réservoir démographique et surmonter la question des inégalités

La ruralité est prépondérante en Inde, ce qui constitue là une spécificité parmi les puissances ou pays émergents d'Asie, augurant les défis d'un futur exode rural et de ses conséquences. Cette croissance démographique pose aussi la question alimentaire. Si l'Inde a écarté le spectre des grandes famines grâce à la Révolution verte dans les années 1960-1970, la modernisation, nécessaire pour nourrir une population accrue, entraîne la perte des emplois agricoles qui concentrent les trois quarts de la population. L'exode rural alimente les tensions et inégalités en ville où les nouveaux venus viennent grossir le rang des très pauvres exclus du marché de l'emploi et du logement formel.

Toutefois, cette croissance démographique représente également un réservoir. « (L)'entrée dans la population active de nombreux jeunes [peut] porte[r] ses fruits » : l'augmentation prévisible du poids des actifs permet de réduire la part relative des dépenses de prise en charge des enfants et des personnes âgées, de favoriser l'épargne et les investissements productifs. Cela suppose néanmoins un immense volontarisme de l'État en matière éducative et sanitaire, prenant également en compte la question des femmes dans le pays. En effet, la participation croissante de celles-ci dans la population active abaisse l'indice de fécondité, augmente le taux de scolarisation et contribue ainsi à la croissance. Ainsi, malgré la persistance massive de la pauvreté, la croissance démographique s'accompagne d'un essor des couches moyennes, gage de renforcement économique et démocratique.

Conclusion

Véritable sous-continent, l'Inde est un espace aux multiples disparités, renforcées par l'émergence de sa puissance. La croissance démographique soutenue explique l'articulation des défis économiques et démographiques. De leur résolution mutuelle dépend l'émergence. Ainsi, celle-ci soulève la question politique d'une démocratie sans tensions, résorbant les tentations séparatistes, les inégalités criantes, le maintien de l'esprit de castes, le rôle subalterne de la femme.

Sujet 39 — Mumbai : dynamisme et contrastes d'une métropole du Sud

8 pts 1h30

Sujet inédit

Croquis

› Mumbai : dynamique et contrastes d'une métropole du Sud

Les clés pour réussir

L'essentiel à connaître

- La capitale économique de l'Inde est un sujet relativement nouveau sur lequel les connaissances personnelles sont plus minces que pour d'autres métropoles mondiales.
- C'est pourquoi vous devez vous focaliser sur quelques éléments importants qui devront être parfaitement maîtrisés :
  – l'**urbanisation** et l'étalement urbain ;
  – des exemples de **bidonvilles**, Dharavi étant le plus connu, et de quartiers favorisés ;
  – la ville nouvelle de **Navi-Mumbai** ;
  – les **quartiers d'affaires** actuels et ceux en projet (Bandra Kurla, par exemple) ;
  – les espaces d'activités **portuaires et industriels** ;
  – les **aménagements urbains** les plus importants : le pont Bandra-Worli, l'aéroport.

→ **La toponymie, peu familière, doit absolument être maîtrisée ainsi que son orthographe.**

Analyser le sujet

- Mumbai (autrefois appelée Bombay) appartient indéniablement au **cercle fermé des métropoles mondiales. Gigantesque mégapole**, symbole de la « *shining India* », avec ses sièges sociaux, ses quartiers d'affaires, son **dynamisme économique**, Mumbai est également connue pour ses **forts contrastes socio-spatiaux** faisant coexister résidences de la bourgeoisie et des classes moyennes et bidonvilles, les ***slums***.
- Ce sont ces **multiples facettes** que vous vous devrez traiter dans ce croquis ; à la fois une métropole dynamique et intégrée dans la mondialisation qui connaît une forte croissance tout en gardant de nombreux contrastes.

GÉOGRAPHIE

Préparer la légende

Définir une problématique

- Les croquis ne nécessitent pas à proprement parler de problématique mais il est essentiel de reformuler le sujet pour bien cerner ce que vous voulez démontrer.
- Pour ce sujet il est possible de s'interroger sur **le double visage que présente Mumbai**, à la fois **métropole du Sud** avec ses contrastes et difficultés mais aussi **métropole d'un pays émergent** avec ses lieux de pouvoir.
- La problématique, que vous mettrez en haut de votre croquis en guise de titre, peut se formuler ainsi :

→ **Mumbai, dynamisme et contrastes d'une métropole du Sud.**

Préparer la légende

- La légende doit être pensée comme le plan d'une composition et doit répondre à la problématique.

I – Une métropole tentaculaire et polycentrique
II – L'affirmation de Mumbai : les lieux de la puissance et du dynamisme
III – Les défis de l'aménagement urbain et des disparités socio-spatiales

- Les couleurs ont un « sens » : privilégiez les couleurs chaudes, telles que le rouge ou le violet, pour identifier les **activités dynamiques** telles que le quartier des affaires.
- Soyez attentif au choix des figurés, qui doit être pertinent :

– les **bidonvilles** sont très étendus, particulièrement celui de Dharavi qui est le plus grand au monde : choisissez **un figuré ponctuel** dont vous pourrez faire varier la taille, comme un cercle, par exemple ;
– choisissez un même figuré pour toutes les **communes périphériques** et tracez-le seulement en pointillés pour les villes nouvelles ; même logique pour l'aéroport et le pont en projet ;
– utilisez le même figuré dont vous ferez varier la couleur pour toutes **les activités** : quartier des affaires ou quartier commercial.

Sujet 39 Corrigé

› Mumbai : dynamique et contrastes d'une métropole du Sud

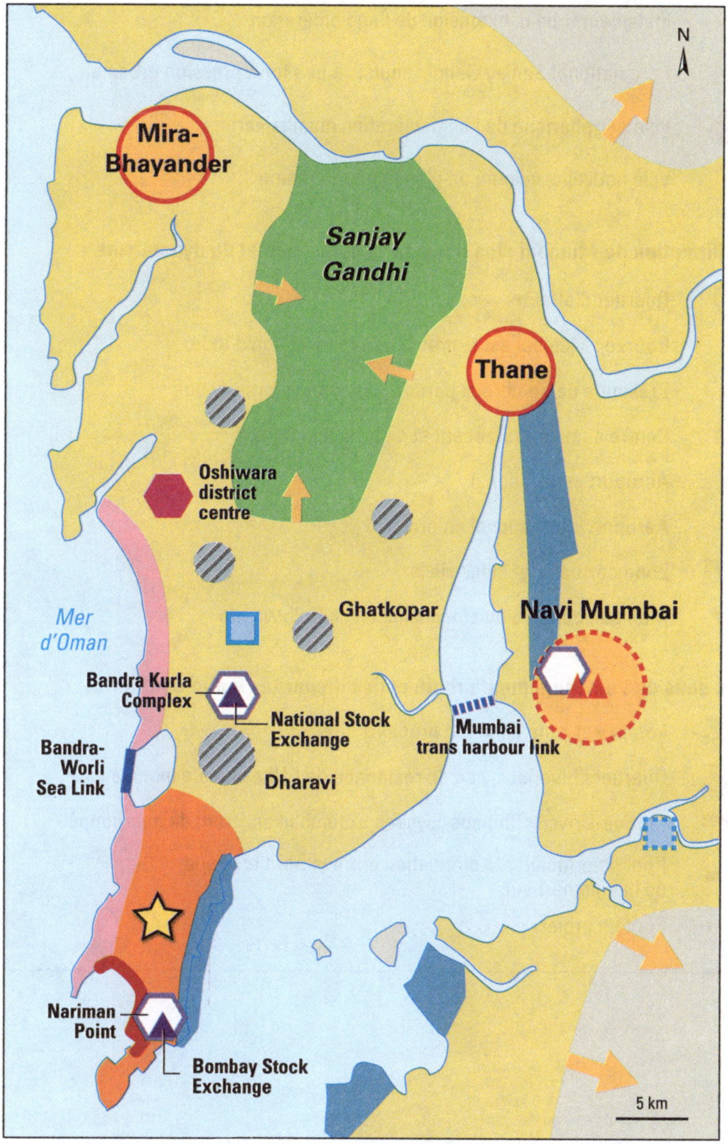

1. Une métropole tentaculaire et polycentrique

- Centre-ville, lieu de l'urbanisation originelle, centre colonial
- Espace urbanisé quasi continu
- Étalement urbain, extension de l'agglomération
- Parc national Sanjay Gandhi soumis à une forte pression urbaine
- Ville périphérique de l'agglomération mumbaikare
- Ville nouvelle, volonté de planification urbaine

2. L'affirmation de Mumbai : les lieux de la puissance et du dynamisme

- Quartier d'affaires
- Bourse : Mumbai est la première capitalisation d'Inde
- Présence de nombreux parcs et sociétés informatiques
- Centre commercial récent et de grande ampleur
- Aéroport international
- Aéroport international en projet
- Zone portuaire et industrielle
- Mumbai, capitale du cinéma indien : « Bollywood »

3. Les défis de l'aménagement urbain et des disparités socio-spatiales

- « *Slum* » et zone d'habitat précaire
- Quartiers favorisés, lieu de résidence de l'élite sociale mumbaikare
- Marine-Drive, « Champs-Élysées » mumbaikars, front de mer huppé
- Pont pour faciliter la circulation entre le nord et le sud de l'agglomération
- Pont en projet

Sujet 40

8 pts 1h30

Japon-Chine, concurrences régionales, ambitions mondiales

Moyen-Orient, juin 2019

Étude critique de documents

Le Japon face à la puissance chinoise

Doc.1 Les investissements japonais en Afrique

Pour le Japon, l'objectif de la conférence[1] est de se démarquer de la concurrence chinoise. Les deux pays asiatiques investissent depuis longtemps en Afrique, mais la Chine a pris plusieurs longueurs d'avance. En 2015, les échanges commerciaux entre le Japon et l'Afrique s'élevaient à 24 milliards de dollars en 2015, bien loin des 179 milliards de dollars d'échanges du continent avec le géant chinois. Pourtant, Shinzō Abe[2] reste confiant dans la capacité de son pays à rivaliser avec la Chine. « Nous avons le sentiment profond que le Japon peut croître vigoureusement en Afrique, où les possibilités abondent », a soutenu le Premier ministre nippon, en insistant lourdement sur la « qualité » des services proposés par le Japon. Une critique à peine voilée des projets de la Chine, certes de plus grande ampleur et réalisés plus rapidement, mais jugés par les acteurs africains comme étant de moins bonne facture. Le Japon veut donc miser sur l'expansion et la rénovation de routes et de ports, l'accès à l'électricité, l'assainissement des eaux ou le développement d'une couverture santé universelle, pour aider au développement de l'Afrique, pour trouver ses propres débouchés et en faire bénéficier son économie apathique[3].

Source : Clément Lesaffre, *La Croix*, 28 août 2016.

1. Conférence internationale de Tokyo sur le Développement de l'Afrique. Depuis 1993, série de conférences à l'initiative du gouvernement japonais. En 2016, la conférence s'est tenue pour la première fois en Afrique, à Nairobi, capitale du Kenya.
2. Shinzō Abe : Premier ministre japonais depuis 2012.
3. Économie apathique : faible croissance économique.

GÉOGRAPHIE

Doc.2 **La revendication de l'archipel de Senkaku (nom japonais) ou Diaoyu (nom chinois) situé en mer de Chine orientale**

© Stephff

Source : caricature de Stephff parue dans *L'Express* le 19 septembre 2012.

Les clés pour réussir

L'essentiel à connaître

Thème principal : ces deux documents concernent les deux puissances asiatiques, la Chine et le Japon, **respectivement deuxième et troisième puissances mondiales.** Un cours est consacré à leur place aux échelles régionale et mondiale, leurs relations et leur concurrence. C'est ce dernier aspect qui est abordé ici : **les deux pays sont rivaux sur les plans économique** – la Chine a récemment supplanté le Japon – **et territorial** puisque l'expansion chinoise crée des tensions avec le Japon.

Notion-clé : puissance.

Analyser le sujet

La consigne

La consigne est très générale puisqu'elle reprend les sous-titres du chapitre étudié en classe. **Il faut donc dans le même temps étudier la volonté de puissance mondiale des deux nations tout en comparant les résultats, plutôt favorables à la Chine.** La deuxième partie de la consigne insiste sur la nécessaire confrontation à la fois entre les deux documents et entre le discours volontariste du Premier ministre japonais et la réalité.

L'astuce du prof

La deuxième phrase de la consigne ne doit pas constituer une deuxième partie mais vous inciter à réfléchir à la réalité de la concurrence entre les deux pays.

Les documents

Les deux documents présentent plutôt la situation du point de vue japonais. Le premier est extrait d'un article récent (2016) du journal *La Croix* qui rend compte des ambitions japonaises en Afrique cherchant à concurrencer les positions dominantes chinoises. Le document 2 est une caricature plus ancienne, de 2012, de Stephff parue dans l'hebdomadaire *L'Express*. Elle ironise sur la faiblesse du Japon dans le conflit géopolitique qui l'oppose à la Chine à propos de l'archipel des îles Senkaku (Diaoyu pour la Chine).

Organiser ses idées

Définir une problématique

La consigne et les documents abordent :

- La question de la puissance à l'échelle mondiale de la Chine et du Japon ;
- Les rivalités économiques et territoriales ;
- La suprématie chinoise ;
- Le rôle des États-Unis.

La problématique peut donc être formulée ainsi :

→ **Quelle vision ces deux documents présentent-ils des relations entre la Chine et le Japon ?**

Élaborer un plan

Compte-tenu des idées abordées par les documents, on peut organiser le devoir selon le plan suivant :

I. À l'échelle mondiale, la puissance chinoise supplante celle du Japon

II. Deux pays entre concurrence et rivalités

Sujet 40 Corrigé

Attention

Le plan est rappelé pour vous aider, mais il ne doit en aucun cas figurer sur votre copie. À vous de guider le correcteur par l'annonce du plan dans l'introduction, les phrases d'attaque des paragraphes et des transitions.

Introduction

Le continent asiatique compte deux puissances majeures à l'échelle mondiale : la Chine et le Japon. Dans un contexte d'affirmation de cette

puissance, les deux pays se retrouvent souvent en concurrence comme le montrent les deux documents. Le premier, extrait d'un article de 2016 paru dans le journal *La Croix*, rapporte les ambitions africaines du Japon. Le deuxième document est une caricature de Stephff parue en 2012 dans l'hebdomadaire *L'Express* comparant avec ironie le Japon avec la Chine à propos du conflit sur les îles Senkaku/Diaoyu.
Quelle vision ces deux documents présentent-ils des relations entre le Japon et la Chine ?

I – La puissance chinoise supplante la puissance japonaise à l'échelle mondiale

En 2009, la Chine est devenue la deuxième puissance mondiale en dépassant le Japon.
Cette suprématie s'observe dans le document 2 dans lequel la Chine est représentée par un homme à l'air très satisfait et physiquement très imposant, côtoyant un très petit japonais. Pareillement, le journaliste de *La Croix* rappelle que la Chine réalise 180 milliards de dollars d'échanges avec la seule Afrique alors que le Japon seulement 25 milliards. On peut penser que les échanges avec les autres aires de puissance, notamment celles de la Triade, sont beaucoup plus importants. C'est dire la puissance commerciale chinoise fondée sur sa puissance industrielle. La Chine s'est appuyée sur le modèle japonais d'économie extravertie, réinvestissant la richesse produite dans une industrie toujours plus haut de gamme (théorie du vol d'oie sauvage) pour se développer et devenir un véritable géant économique. Le pays est désormais un investisseur incontournable à l'échelle mondiale pour y trouver des débouchés, des marchés où vendre son énorme production industrielle mais aussi avoir des fournisseurs de matières premières et de technologies. La Chine est devenue le premier partenaire commercial de l'Afrique avec 180 milliards d'échanges en 2015 : elle y écoule ses produits industriels bon marché (BTP, textile...) et s'y fournit en pétrole et autres matières premières indispensables à son industrie (le coltan en RDC par exemple). Le Japon, par la Conférence sur le développement réunie pour la première fois en Afrique, entend rattraper son retard avec seulement 25 milliards d'échanges.
Cette suprématie chinoise ne peut manquer de renforcer les rivalités entre les deux pays.

> **Vocabulaire**
> **Économie extravertie** : économie tournée vers l'exportation.

II – Deux pays entre concurrence et rivalités

Les relations entre les deux pays sont fortement marquées par des rivalités de différents ordres car la puissance chinoise est venue concurrencer le Japon très récemment et rapidement.
Le Premier ministre Shinzō Abe se positionne d'ailleurs en fonction de son concurrent chinois qu'il évoque en filigrane lors de la conférence sur le

développement sa production bas de gamme. Cette rivalité est ancienne, multiforme et a des fondements historiques. Elle s'est cristallisée lors de la Seconde Guerre mondiale pendant laquelle le Japon a envahi la Chine et s'y est livré à de fréquentes et très violentes exactions qui ont durablement altéré leurs relations. Ainsi, la Chine n'hésite pas, depuis que du pétrole y a été découvert, à faire valoir ses prétentions sur les îles Senkaku (Diaoyu pour les Chinois) au large de Taïwan. C'est un territoire japonais depuis la fin du XIXe siècle, la Chine y multiplie ses incursions dans ses eaux territoriales.

Face au géant chinois, le Japon, malgré sa puissance économique, est assez vulnérable. Sa puissance militaire est faible, comme le montre la caricature. Il doit compter sur l'aide américaine qui assure sa défense, comme pour la Corée du Sud et Taïwan qui eux aussi s'inquiètent de la volonté d'hégémonie de la Chine sur la région.

Conclusion

Les documents présentent les relations sino-japonaises uniquement par le prisme des rivalités économiques et territoriales. Dans cette perspective, la Chine domine largement. Pourtant, les deux pays ont des économies très intégrées, la Chine accueille de nombreuses entreprises japonaises tandis que les touristes chinois sont de plus en plus nombreux au Japon. Les relations entre les deux pays sont donc bien plus complexes.

Sujet 41 Japon-Chine, concurrences régionales, ambitions mondiales

12 pts 2h30

France métropolitaine, juin 2018

Composition

› **Japon-Chine : concurrences régionales, ambitions mondiales**

Les clés pour réussir

L'essentiel à connaître

Chiffres-clés :

- Chine : 2e puissance mondiale, croissance 7 %, 116 milliards d'€ d'IDE reçus en 2013.
- Japon : 3e puissance mondiale, croissance moyenne de 1 % (2016), en récession depuis 2008, Tokyo : 37 millions d'hab.

Mots-clés : puissance, extraversion économique, IDE, géopolitique, ASEAN, ASEAN +3.

Analyser le sujet

- Le sujet reprend le troisième point de la question sur l'Asie de l'Est et du Sud. Il est centré sur **les deux pays qui mènent la croissance économique en Asie orientale, troisième pôle de la Triade : Japon et Chine.** Après avoir constitué ce pôle à lui tout seul pendant plusieurs années, le Japon a dû, du fait de l'essor fulgurant de la Chine, partager ce statut avec elle ainsi qu'avec une bonne partie de l'Asie orientale. Ces deux pays s'affirment donc comme des puissances à l'échelle mondiale et leur proximité crée nécessairement une concurrence, **une rivalité dans la domination de leur aire régionale, l'Asie orientale.**
- La question de leurs relations est centrale : **l'essor de la Chine a pu apparaître comme un danger pour le Japon, mais la coopération se renforce entre les deux anciens ennemis.**
- Étudiez tous les aspects du sujet : la **puissance** de ces pays, c'est-à-dire leur capacité d'influence, est d'abord **économique puis politique,** mais elle est **faible du point de vue militaire et culturel.**

Organiser ses idées

Définir une problématique

Les idées directrices principales à développer sont celles de la concurrence entre les deux puissances. Celles-ci sont désormais à l'avantage de la Chine et le Japon doit s'y adapter.

→ **Quelle forme prennent désormais les relations sino-japonaises ?**

Élaborer un plan

- Le plan proposé par le sujet lui-même est **comparatif.** Il est indispensable, pour traiter ce type de sujet, d'identifier des thèmes dans lesquels chacun des deux acteurs – ici, Japon et Chine – interviendra.
- Adoptez donc **un plan thématique**, centré autour de la **quête de la puissance du Japon et de la Chine aux échelles mondiales et régionales,** qui implique à la fois **une concurrence et des rivalités entre les deux pays** sur les plans économique et politique, mais aussi des **liens commerciaux** très forts pour peser à l'échelle mondiale et qui empêchent toute désunion.

I – Deux puissances économiques en concurrence à l'échelle mondiale
II – Un poids politique très différent à l'international
III – Deux puissances rivales ou alliées ?

Sujet 41 Corrigé

! Attention

Nous vous proposons un corrigé sous forme de plan détaillé. Le jour de l'examen, vous devez rédiger votre copie et les titres de parties ne devront pas apparaître.

Introduction

Définition du sujet : L'organisation des Jeux olympiques à Pékin en 2008 a concrétisé les aspirations de la Chine à compter au rang des grandes puissances. En 2010, le PIB de la Chine a dépassé celui du Japon et bouleversé la hiérarchie des puissances économiques : la Chine a désormais supplanté le Japon au rang de 2e puissance mondiale. L'Asie orientale accueille donc les 2e et 3e puissances mondiales qui ne peuvent manquer de se concurrencer.

Problématique : Quelle forme prennent désormais les relations sino-japonaises ?

Annonce du plan : Nous verrons dans une première partie que ces deux pays constituent des puissances économiques construites sur le même modèle de développement. Leur puissance politique reste à construire et s'avère limitée, bien que leur confrontation les incite à la développer. En dernier lieu, nous verrons qu'au-delà de leur concurrence, ces deux puissances ont des intérêts liés.

I – Deux puissances économiques en concurrence à l'échelle mondiale

Comme le Japon en son temps, l'essor très rapide de la puissance économique chinoise effraie les puissances occidentales dominantes.

A. Un modèle de développement commun initié par le Japon

1. Le choix de l'extraversion économique

– Prospérité japonaise fondée sur les exportations industrielles suivant la théorie économique du « vol d'oies sauvages » : un pays fabrique un produit à faible technicité et valeur ajoutée destiné à l'exportation, puis abandonne cette production pour une autre, plus élaborée et à plus forte valeur ajoutée.

Vocabulaire

Extraversion économique : orientation de l'économie vers la demande extérieure, donc les exportations.

– Modèle suivi par le Japon, du textile à l'électroménager, puis à l'électronique grand public et aux nouvelles technologies.
– Modèle suivi par la Chine, qui est par exemple aujourd'hui le 1er producteur de matériel informatique.

2. Des États interventionnistes

– Rôle très fort de l'État communiste chinois qui dirige l'économie.
– Rôle planificateur du METI (Ministère de l'économie et du commerce extérieur) au Japon qui a organisé la montée en gamme de l'industrie japonaise.
– Financements publics massifs pour les aménagements portuaires (ports en eaux profondes, ZIP...).
– Création par l'État chinois des Zones économiques spéciales, ou ZES (ex. : Shenzhen au nord de Hong Kong).
– Dynamisme des espaces littoraux en lien avec ces économies ouvertes sur le monde : mégalopole japonaise, littoraux chinois de Tianjin à Hong Kong.

B. La puissance de l'économie japonaise

1. Le Japon, un pôle de l'économie mondiale

– 3e économie mondiale (dépassée par la Chine en 2010) : PIB égal à 5 000 milliards de dollars.
– 1er rang mondial dans les dépenses en R&D (3,6 % du PIB).
– Industrie spécialisée dans les hautes technologies : nanotechnologies, robotique, électronique...
– Une dizaine de FTN parmi les 100 premières mondiales (Toyota, Sony...).

– Cependant, une croissance relativement faible suite à une longue période de crise et de déflation.

2. Le Japon, une puissance commerciale

– L'archipel, pôle de puissance à part entière, est pleinement intégré au sein de la mondialisation.
– Logiquement, le Japon entretient des rapports commerciaux et financiers très importants avec les autres pôles de puissance (États-Unis, UE, Chine...).
– Ses IDE à l'étranger représentent plus de 800 milliards de dollars et, en 2010, plus de 56 milliards ont été investis par le Japon à l'étranger.

3. Les difficultés de l'économie japonaise

– Croissance molle : de 1 % en 2016.
– Hausse du chômage et problèmes sociaux.
– Dépendance énergétique accrue après la catastrophe nucléaire de Fukushima de 2011 et le renoncement à l'énergie nucléaire.
– Vieillissement de la population non compensé par un recours à l'immigration à laquelle la population est très hostile.

C. Un essor économique chinois sans précédent

1. Une puissance très récente

– La Chine est la 2e puissance économique mondiale, son PIB dépasse les 11 000 milliards de dollars.
– Sa croissance oscille autour de 10 % depuis plus de 10 ans.
– Entrée à l'OMC en 2001, étape fondamentale qui a permis à la Chine de commercer avec les autres nations.
– Une puissance économique basée sur la production industrielle : 1re industrie au monde dès 2010, la Chine est qualifiée « d'atelier du monde ».

2. Une puissance économique qui se projette désormais à l'échelle mondiale

– Certains secteurs sont particulièrement dynamiques : textile, électronique grand public, téléphones portables...
– La Chine a reçu en 2010 plus de 105 milliards d'IDE, elle est l'une des destinations privilégiées des investisseurs internationaux.
– La Chine est le principal créancier des États-Unis (alternativement avec le Japon) : c'est le premier détenteur de la dette américaine.
– Elle diversifie ses clients et fournisseurs, ses relations commerciales avec l'Afrique et le Brésil explosent.

Transition : C'est donc surtout sur le terrain économique que ces deux puissances se sont affirmées, l'une après l'autre, tout en suivant le même modèle de développement. Mais leur puissance politique reste limitée.

II – Un poids politique très différent à l'international

Le poids politique de chacune des deux puissances découle de la Seconde Guerre mondiale : la Chine fait partie du camp des vainqueurs, à la différence du Japon.

GÉOGRAPHIE

A. Une puissance chinoise de plus en plus affirmée

1. Les moyens de la puissance chinoise

– Siège permanent au Conseil de sécurité de l'ONU.
– Puissance économique au service de la puissance politique : les Occidentaux n'osent pas critiquer la Chine sur les droits de l'Homme de peur de perdre des marchés.
– 2e rang mondial dans les dépenses militaires.

2. Les manifestations de la puissance politique de la Chine à l'échelle mondiale

– Opposition aux positions politiques des Occidentaux, au sujet de l'Iran et de la Syrie, par exemple.
– Organisation des Jeux olympiques à Pékin en 2008, une vitrine pour affirmer la puissance du pays (*soft power*).
– Présence accrue des Chinois dans les instances internationales (FMI, Banque mondiale...).

3. Les limites de la puissance chinoise

– Modèle politique chinois très décrié : absence de démocratie, contrôle d'Internet, oppression du peuple tibétain.
– Influence américaine toujours très forte en Asie.

B. Le Japon : un « nain » politique ?

1. Les héritages de la Seconde Guerre mondiale

– L'article 9 de la Constitution japonaise interdit au pays toute intervention militaire extérieure.
– Pas de siège permanent au Conseil de sécurité de l'ONU.
– Absence de force de dissuasion nucléaire.
– Son faible poids politique régional et international prive le Japon du statut de grande puissance.

L'astuce du prof

Adoptez une vision dynamique et problématisée de ces questions de puissance en insistant sur les politiques menées par le Japon pour sortir de ce statut de « nain politique » et en nuançant la puissance politique chinoise.

2. Le Japon entend compter davantage dans le concert des nations

– 4e armée au monde après la remilitarisation engagée dans les années 1980 en lien avec le retrait des troupes américaines du Pacifique.
– Interventions régulières au sein d'opérations internationales depuis deux décennies (Irak en 1991 et 2003, Cambodge, Golan...), uniquement pour assurer la logistique ou l'aide humanitaire.
– Pression diplomatique dans le cadre de la réforme de l'ONU pour devenir membre permanent du Conseil de sécurité.

Transition : La puissance politique est donc pour l'instant limitée pour chacun des deux pays, ce qui les prive du statut de grande puissance. Tous deux ont des ambitions politiques mondiales contrariées par leurs oppositions.

III – Deux puissances rivales ou alliées ?

La question des relations entre Japon et Chine est le plus souvent abordée sous l'angle de la compétition pour le leadership. Malgré cela, leurs relations économiques sont très fortes et les rapprochent.

A. Deux puissances aux tensions politiques fortes et anciennes

1. Des tensions historiques

– Colonisation japonaise et exactions de la Seconde Guerre mondiale : massacres de Nankin en 1937 et « femmes de réconfort ».
– Refus du Japon de reconnaître ses crimes de guerres, d'où des relations politiques toujours tendues entre le Japon et ses voisins asiatiques.
– Idéologie nationaliste très forte dans les deux pays illustrée par les tensions autour des îles Senkaku occupées depuis la fin du XIXe siècle par le Japon au détriment de la Chine.

2. Une lutte d'influence en Asie du Sud de l'Est

– Présence de la diaspora chinoise dans toute l'Asie du Sud-Est, qui investit beaucoup en Chine continentale et qui est un élément de la puissance et de l'influence chinoise dans la région.
– Les tensions géopolitiques restent très fortes en Asie et empêchent un rapprochement entre les deux puissances que sont la Chine et le Japon. Deux blocs issus de la guerre froide se font face, le Japon restant dans l'influence et sous la dépendance militaire des États-Unis :

> **L'astuce du prof**
> Un schéma remplace une sous-partie et ne s'y ajoute pas.

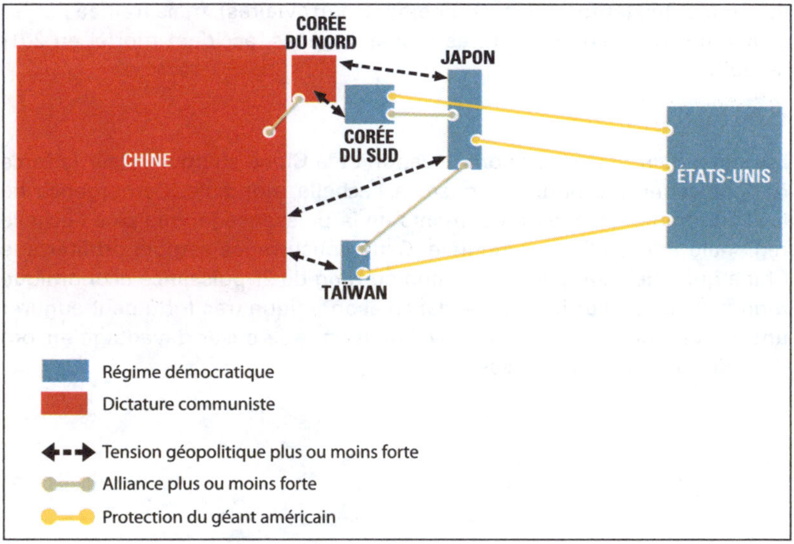

B. Des partenaires commerciaux privilégiés

1. Une intégration économique en marche

– Chine : atelier de l'industrie japonaise avec une politique de délocalisations vers des entreprises sous-traitantes pour la fabrication.
– Japon : 1er détenteur d'IDE en Chine, 3e importateur de produits chinois.
– ASEAN +3 : création d'une zone de libre-échange avec la disparition des barrières douanières.

Vocabulaire

ASEAN +3 : association des nations de l'Asie du Sud-Est + Corée du Sud, Chine et Japon.

2. Un essor de la Chine qui profite au Japon

– Avec 1,3 milliard d'habitants, la Chine est le plus grand marché au monde.
– La Chine est la première destination des exportations japonaises (20 % du total) : elle remplace les États-Unis et l'UE comme principal débouché pour les produits japonais.
– Forte augmentation des flux touristiques chinois vers le Japon.

3. Les ambitions industrielles chinoises, un danger pour le Japon ?

– Avantage comparatif de la Chine qui dispose, à la différence du Japon, d'une main-d'œuvre abondante et de ressources naturelles.
– La Chine est devenue une puissance technologique émergente (progression spectaculaire des dépenses en R&D, de 1,3 % du PIB en 2005 à 2,5 % prévus en 2020) et forme de nombreux ingénieurs.
– Domination chinoise très nette dans la production à faible valeur ajoutée (textile, électronique de base…).
– Volonté de la Chine de se positionner dans des secteurs à plus forte valeur ajoutée (automobile, équipements ferroviaires), mais freinée par les problèmes de sécurité (voitures accidentogènes, accident mortel en 2011 sur le CHR, le TGV chinois…).

Conclusion

Les deux puissances que sont le Japon et la Chine s'appuient sur la force de leur économie pour s'imposer à l'échelle mondiale. L'émergence de la Chine bouleverse les fondements de la puissance japonaise à l'échelle régionale et mondiale et inquiète. Cette concurrence semble profiter à la Chine qui a déjà supplanté le Japon au rang de 2e puissance économique mondiale. Mais leur interdépendance économique très forte peut augurer une coopération renforcée qui leur permettra de peser davantage encore dans l'économie mondialisée.

Sujet 42 L'évolution du poids de l'État actionnaire de 1998 à 2003

40 min

Histoire

› L'évolution du poids de l'État actionnaire de 1998 à 2003

Document **L'évolution du poids de l'État actionnaire de 1998 à 2003**

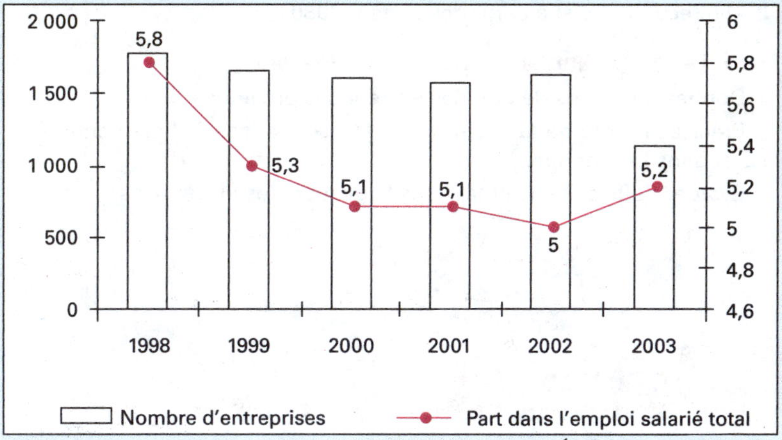

Rapport du Sénat sur l'État actionnaire de 2005.

Les clés pour réussir

› L'essentiel à connaître

- Les **nationalisations d'après-guerre** et de 1981 : leurs motivations, leur mise en œuvre.
- Le **poids historique de l'État** en France.
- Le **libéralisme hostile à l'interventionnisme** de l'État dans l'économie.
- Le **recul de l'État**, notamment dans sa fonction d'État actionnaire.
- Relativiser et nuancer le recul de l'État.

SUJETS D'ORAL

Analyser le sujet

- Le document aborde sous forme de statistiques le **poids de l'État français dans l'économie.** L'État contrôle en effet, à la suite des campagnes de nationalisation d'après-guerre et de 1981, nombre d'entreprises dites publiques.
- C'est une manifestation de la présence forte de l'État en France, même dans le domaine économique et malgré un contexte idéologique libéral hostile à ce poids et partisan d'un **recours étendu au secteur privé** au détriment du secteur public. Cette **résistance du secteur public** est une spécificité française dans les pays les plus développés.

Proposition de plan

I – L'État français intervient dans l'économie
II – Le recul de l'État à partir des années 1980

Pistes pour l'entretien avec l'examinateur

- Donnez des **noms de grandes entreprises** publiques.
- Précisez le **rôle de la droite et de la gauche** face à l'intervention de l'État dans l'économie.
- Évaluez l'efficacité de l'État dans la gestion des entreprises.

Sujet 42 Corrigé

› L'évolution du poids de l'État actionnaire de 1998 à 2003

Introduction

– Rappelez d'abord le rôle fort de l'État, ici abordé sous l'angle économique.
– Présentez le document.
– Annoncez le plan : un plan chronologique pour bien mettre en valeur un changement de politique.

I – L'État français intervient dans l'économie

A. Le temps des nationalisations

– Après-guerre : Conseil national de la résistance : Renault, Charbonnages de France.
– 1981 : arrivée des socialistes au pouvoir pour la première fois sous la Ve République.

B. Les objectifs

– Punir une entreprise privée collaboratrice (Renault).
– Contrôler des secteurs stratégiques de l'économie (Charbonnages de France, EDF, les banques comme Paribas-CIC).
– Instaurer de nouvelles relations sociales dans l'entreprise : en 1983, un quart des salariés travaillent dans une entreprise publique ; encore 6 millions de salariés en 1998.

II – Le recul de l'État à partir des années 1980

Appuyez-vous sur le document.

A. Le retrait de l'État initié sous le gouvernement Chirac (1986-1988)

– Idéologie libérale hostile à l'interventionnisme de l'État dans l'économie.
– Entrée dans la mondialisation.
– Privatisations : sources de revenus pour alléger la dette de l'État.

B. Le temps des privatisations

– Vague de privatisations totales (TF1, Société Générale) en 1986.
– Mouvement poursuivi sous les gouvernements ultérieurs avec des privatisations partielles, on parle d'ouverture du capital : Renault, Air France, France Télécom.
– Environ 1 700 entreprises détenues par l'État en 1998, 1 200 en 2003.
– 5,8 millions de salariés en 1998, 5,2 en 2003.

C. Un repli de l'État à relativiser

– Selon les statistiques, l'intervention de l'État dans l'économie reste forte.
– Opinion publique attachée au rôle de l'État dans l'économie.
– Relative hostilité aux privatisations : pas de nouvelles privatisations ou d'ouvertures de capital.
– Toujours plus de 1 000 entreprises publiques et plus de 5 millions de salariés dans les entreprises publiques.

Sujet 43 Les États-Unis, une puissance globale

40 min

Géographie

› Les États-Unis, une puissance globale

Les clés pour réussir

L'essentiel à connaître

- Une **puissance multiforme** : économique, politique, militaire et culturelle.
- **Influence mondiale** permise grâce à une action sur deux fronts : la **domination** (*hard power*) et l'**adhésion** (*soft power*).
- Des **limites** : antiaméricanisme, concurrence des puissances émergentes…

Analyser le sujet

- Ce sujet très classique et abordable est centré sur la **notion de puissance** illustrée par le cas américain.
- L'adjectif « **globale** » a deux sens : cette puissance s'entend à l'**échelle mondiale**, sur l'ensemble du globe ; cette puissance est également **multiforme**, elle repose sur de nombreux facteurs. La puissance américaine est la première à s'étendre sur une telle échelle et à être aussi complète.

Proposition de plan

- Adoptez un **plan thématique**.
- En introduction, définissez la notion de puissance et insistez sur le **caractère inédit de la puissance américaine** : une puissance globale donc multiforme et d'échelle mondiale.

I – La première puissance économique
II – Une puissance politique et militaire
III – Une puissance culturelle

Pistes pour l'entretien avec l'examinateur

- Précisez **l'histoire de la construction de la puissance américaine** en lien avec la question d'histoire.
- Donnez des **exemples précis de FTN** et de régions industrielles (*Manufacturing Belt, Sun Belt*).
- Faites la **comparaison avec le Brésil**, puissance émergente car c'est l'objet du chapitre.

Sujet 43 Corrigé

› Les États-Unis, une puissance globale

I – La première puissance économique

– Pôle de la Triade, 25 % du PNB mondial.
– Plus grandes FTN : pays très bien intégré à la mondialisation.
– Places boursières : New York et Chicago.
– Adaptation du territoire à la mondialisation : exemple de la frontière États-Unis/Mexique pour l'industrie.
– Concurrence des puissances émergentes : Chine et Brésil.

II – Une puissance politique et militaire

– Membre permanent du Conseil de sécurité de l'ONU.
– *Hard power :* « gendarmes du monde » grâce à une armée présente sur toutes les mers et tous les continents.
– Interventions militaires en Afghanistan (2001) et en Irak (2003) dans la lutte contre le terrorisme et pour répandre la démocratie.
– Contestation de cette hégémonie : antiaméricanisme dans certains pays musulmans, opposition de la France à la guerre en Irak.

III – Une puissance culturelle

– *Soft power :* susciter l'adhésion au modèle américain par son attractivité.
– Relative américanisation du monde (musique, cinéma, télévision, nourriture, habillement).
– Domination économique écrasante des États-Unis dans le domaine de la culture et du divertissement : 80 % du marché mondial pour le cinéma, 70 % pour la télévision en 2001.
– Replis identitaires en réaction à cette uniformisation culturelle.

Sujet 44 Les relations israélo-arabes de 1948 à nos jours

40 min

Histoire

› Les relations israélo-arabes de 1948 à nos jours

Document L'Afrique du Sud sacrée grand pays émergent

L'Afrique du Sud fait son entrée dans la cour des grands pays émergents. Le pays a confirmé avoir été officiellement invité par la Chine à intégrer le groupe des BRIC (Brésil, Russie, Inde, Chine). L'organisation sera ainsi rebaptisée BRICS, le « S » renvoyant à *South Africa*. En intégrant cet ogre africain, les pays émergents espèrent étendre leur influence sur la scène mondiale. La plus grosse économie du continent africain a de quoi séduire. Son PIB ne représente qu'un quart de celui de l'Inde mais équivaut à 25 % de celui de l'Afrique et 75 % de sa région continentale, l'Afrique australe. Moins de 20 % de ses exportations sont destinées au continent africain. L'Afrique du Sud a su ouvrir son économie au monde entier et attirer de nombreux grands groupes industriels étrangers. Après Walmart récemment, General Motors a choisi de se servir de l'Afrique du Sud pour renforcer sa présence en Afrique en y ouvrant deux directions régionales, dont une à Johannesburg. Avec ce nouveau statut, l'Afrique du Sud devrait prendre plus de poids dans la gouvernance politique et économique mondiale.

Vincent Duhem, « L'Afrique du Sud sacrée grand pays émergent », *Afrik.com*, 29 décembre 2010.

Les clés pour réussir

L'essentiel à connaître

C'est un **sujet très événementiel,** vous devez montrer votre connaissance des différents conflits entre Israël et ses voisins arabes : Syrie, Jordanie et Égypte et la résistance palestinienne. Ces relations sont marquées dans un premier temps par la **guerre**, puis par un **état de conflictualité permanent.**

Personnages-clés : Nasser, Sadate.

Dates-clés :
- **1948** : création d'Israël ;
- **1967** : guerre des Six-Jours ;
- **1973** : guerre du Kippour ;
- **1979** : accords de Camp David et paix séparée avec l'Égypte ;
- **1982** : guerre du Liban ;
- **2008** : opérations militaires à Gaza qui détériorent les relations avec les pays arabes.

Analyser le sujet

- Le sujet porte sur le chapitre traitant des conflits au Proche et Moyen-Orient et s'arrête spécifiquement sur les **relations**, essentiellement **conflictuelles,** entre Israël et les pays arabes à partir de la création de l'État hébreu.
- C'est la question de la **légitimité de l'installation d'un État juif en Palestine** qui oppose les belligérants. Même si l'on ne peut plus parler de conflit, les **tensions** restent fortes et les relations n'ont pas vraiment pris un caractère pacifique.

Proposition de plan

I – De 1948 à 1973 : des tensions incessantes

II – Un apaisement relatif des tensions à partir du tournant des années 1970-1980

III – Des relations qui se tendent à nouveau au début des années 2000

Pistes pour l'entretien avec l'examinateur

- Problème palestinien : **territoires occupés**, rôle de Yasser Arafat et de l'Organisation de libération de la Palestine (OLP) qui n'est pas incluse dans le sujet mais est liée aux tensions entre Israël et les pays arabes.
- Des questions sur les **autres foyers de tensions** (Syrie, Irak...) sont prévisibles ainsi que sur la situation actuelle du Proche et du Moyen-Orient : démocratisation relative de certains pays, montée de l'**islamisme**...

Sujet 44 Corrigé

› Les relations israélo-arabes de 1948 à nos jours

Introduction

– Rappelez le caractère conflictuel et ancien de ces relations. Le **plan** le plus cohérent est évidemment **chronologique** et insiste sur les tensions qui, néanmoins, s'apaisent à partir du début des années 1980.
– Annoncez votre plan.

I – De 1948 à 1973 : des tensions incessantes

– 1948 : création d'Israël, 1re guerre israélo-arabe et défaite des pays arabes.
– 1956 : opération franco-anglo-israélienne contre la nationalisation du canal de Suez par Nasser, fiasco politique.
– 1967 : guerre d'Israël contre certains pays arabes (Égypte, Syrie, Jordanie) connue sous le nom de guerre des Six Jours, défaite arabe et occupation de Jérusalem-est (pris à la Jordanie), du Golan (pris à la Syrie), du Sinaï et de la bande de Gaza (pris à l'Égypte), humiliation arabe terrible.
– 1973 : guerre du Kippour, pas de réel vainqueur, *statu quo* territorial, l'affront de 1967 est cependant lavé par les pays arabes.

II – Un apaisement relatif des tensions à partir du tournant des années 1970-1980

– 1978 : accords de camp David qui fondent la paix séparée entre l'Égypte et Israël.
– 1979 : traité de paix entre ces deux pays, l'Égypte et Anouar el-Sadate apparaissent comme des traîtres aux yeux des autres pays arabes ; traité mal accepté par sa population également (le Président el-Sadate est assassiné par les Frères musulmans).
– 1982 : intervention d'Israël dans la guerre du Liban : invasion du sud-Liban pour combattre les organisations palestiniennes.

III – Des relations qui se tendent à nouveau au début des années 2000

– 2000 : deuxième Intifada dans les territoires occupés.
– 2008 : opération israélienne « Plomb durci » contre la bande de Gaza et le Hamas qui est unanimement condamnée par les pays arabes.
– 2010 : les « Printemps arabes » modifient la situation et donnent plus d'audience à une opinion publique plutôt hostile à Israël, notamment en Égypte.

Sujet 45 Les défis du développement en Afrique

40 min

Géographie

› Les défis du développement en Afrique

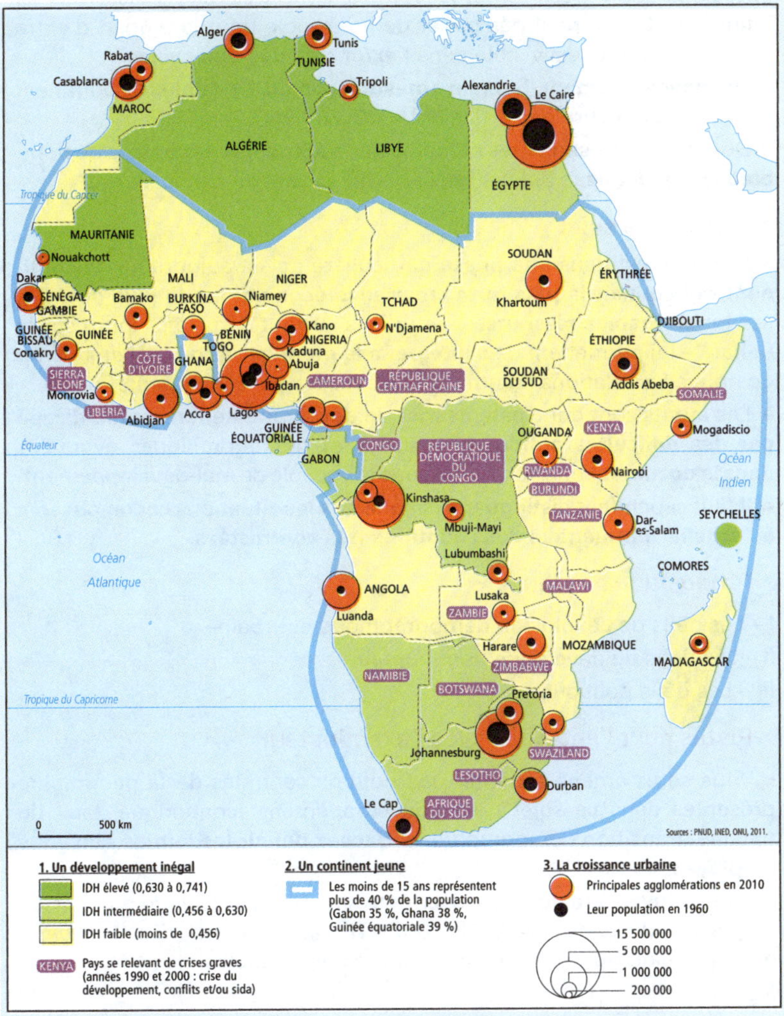

SUJETS D'ORAL

Les clés pour réussir

L'essentiel à connaître

L'Afrique doit faire face à des difficultés politiques et sociales qui l'entravent dans son développement :

- Un **taux de natalité élevé** qui cause une explosion démographique, le continent est en plein dans la **phase de transition démographique**.
- Une **urbanisation intense** due à l'explosion démographique et à un **exode rural massif** ; ces villes sont des mégapoles car elles concentrent une population très nombreuse mais sont très peu puissantes et influentes. On ne peut pas parler de métropole pour la plupart d'entre elles. La pauvreté est visible dans l'**extension des bidonvilles**.
- Un **développement humain (mesuré par l'IDH) faible**, le continent accueille la majeure partie des PMA (33 sur 49).
- Des conditions sanitaires et médicales rudimentaires sources de **nombreuses épidémies** : Sida et Ebola dernièrement en Guinée.

Analyser le sujet

- L'Afrique est dans une phase particulière : c'est aujourd'hui **le continent qui connaît la plus forte croissance économique (à plus de 5 %)**, ses **innombrables ressources** – étudiées surtout dans le chapitre sur le Sahara – lui permettent de **s'intégrer à la mondialisation** tout en nouant de nouvelles relations commerciales avec les pays émergents.
- Les atouts sont donc patents mais **le développement reste handicapé par des difficultés politiques, sociales et démographiques évoquées dans le document** que l'on réunit sous le vocable de **mal-développement**.
- Il faut cependant distinguer à chaque fois les situations car **on observe à l'échelle continentale des situations très contrastées.**

Proposition de plan

I – Les défis de l'explosion démographique et urbaine

II – Les défis du développement humain

III – Les défis politiques

Pistes pour l'entretien avec l'examinateur

- Vous serez amené à définir des notions centrales de la géographie présentes dans ce sujet : IDH, développement économique, taux de natalité, transition démographique. **Sachez définir les termes que vous employez.**
- Vous pouvez être amené à décrire la situation particulière d'un pays : un pays étudié dans le cadre de l'**étude de cas** sur le Sahara ou le Nigeria et l'Afrique du Sud, les deux puissances continentales.

Sujet 45 Corrigé

› Les défis du développement en Afrique

Introduction

– L'Afrique, malgré ses potentialités, reste un continent marqué par la pauvreté et le mal-développement.

– Notons que la situation n'est pas identique du Nord au Sud et de l'Est à l'Ouest, il existe des contrastes.

– Pour se développer, le continent doit parvenir à juguler un ensemble de défis liés à sa démographie, ses conditions sanitaires et sociales et sa situation politique.

I – Les défis de l'explosion démographique et urbaine

– Un continent pour l'instant peu peuplé avec 1 milliard d'habitants.

– La plus forte croissance démographique car le continent est en pleine transition démographique (baisse de la mortalité concomitante avec une augmentation de la natalité).

– Une population très jeune, comme l'indique le document : la majeure partie de l'Afrique subsaharienne a une part des moins de 15 ans supérieure à 40 %.

– Cette explosion démographique est principalement localisée dans les villes car la croissance démographique est couplée à un exode rural massif.

– L'Afrique voit se développer d'immenses mégapoles que le document permet de repérer : Kinshasa par exemple comptait environ 300 000 habitants en 1960 et 1 500 000 en 2010, ou Lagos avec à peu près les mêmes ordres de grandeur.

Cette question démographique constitue un défi pour le développement humain.

II – Les défis du développement humain

–Toute cette population doit être éduquée, soignée, nourrie... On peut distinguer les situations entre l'Afrique subsaharienne et le Maghreb.

– L'IDH est faible en Afrique subsaharienne comme l'indique le document : moins de 0,45 en général alors qu'il est moyen au Nord (supérieur à 0,6).

– 33 des 49 pays les moins avancés du monde sont africains : la pauvreté, les difficultés d'accès à la santé et à l'éducation sont majeurs et handicapants.

– L'espérance de vie en Afrique subsaharienne est faible, particulièrement dans les pays touchés par l'épidémie de Sida : en Zambie, elle est ainsi inférieure à 40 ans.

– La pauvreté, malgré la croissance économique de 5 % en moyenne par an, reste endémique : 300 millions d'Africains vivent avec moins de 1 dollar par jour.

– La ville, qui offre un meilleur environnement pour accéder à toutes ces prestations grâce à l'État ou les ONG lorsque le pays est trop pauvre, attire. S'y développent des bidonvilles (Kibera au Kenya par exemple).

Cette pauvreté et ses stigmates s'expliquent et entraînent des difficultés politiques.

III – Les défis politiques

– De nombreux pays ont connu et connaissent des crises politiques graves qui entravent leur développement.

– La stabilité politique est fondamentale économiquement pour assurer la sécurité des IDE et la création d'emplois.

– La « décennie du chaos » dans les années 1990 est marquée par de nombreuses guerres civiles (Sierra Leone, Liberia, Rwanda avec le génocide de 1994...), les ressources sont pillées et les populations civiles victimes de bandes armées.

– Plus récemment, le Mali, la Centrafrique subissent également ces crises politiques : les activités touristiques pour le premier et même les récoltes pour le second sont rendues impossibles par le conflit.

Sujet 46 Les flux migratoires dans le monde

Géographie

› Les flux migratoires dans le monde

Les clés pour réussir

L'essentiel à connaître

Notions-clés : flux, main-d'œuvre, *Brain Drain*, réfugié, diaspora, clandestin, émigré, immigré.

- **Direction et intensité des flux :** zones de départ et d'arrivée (Sud-Nord pour les réfugiés et les migrants économiques ; Nord-Sud pour les flux touristiques).
- **Essor des flux Sud-Sud :** flux de réfugiés, attractivité des pays arabes pétroliers (pays du Golfe, Libye...).

Chiffres-clés : 200 millions de migrants (soit 3 % de la population mondiale) dont 40 millions de migrants illégaux ; 900 millions de touristes.

Exemples à mobiliser : migrants mexicains le long de la frontière avec les États-Unis, migrations chinoises et diaspora, migrations clandestines qui traversent le Sahara.

Analyser le sujet

- Ce sujet illustre l'un des éléments de la mondialisation en fonctionnement : la **multiplication des flux de personnes**.
- Il faut d'abord définir le terme de flux : il s'agit **des déplacements liés aux activités touristiques** – des flux donc périodiques –, **aux activités économiques** avec les flux de main-d'œuvre et enfin, **aux aléas politiques avec les flux de réfugiés.**
- Dans un contexte de mondialisation, **les flux de personnes s'intensifient**, qu'ils soient favorisés (dans le cadre du développement du tourisme) ou empêchés (dans le cadre des flux migratoires clandestins).
- Le sujet invite donc, parallèlement à la description des flux, à s'interroger sur **les causes et les moyens de cet essor.**

Proposition de plan

I – Le contexte de mondialisation favorable aux flux migratoires
II – Les flux aujourd'hui, reflets des inégalités
III – Les conséquences de l'intensification des flux migratoires

Pistes pour l'entretien avec l'examinateur

- Évoquez les politiques européennes en matière de migrations.
- Montrez les conséquences positives ou négatives des flux sur les pays du Sud.
- Donnez un éclairage sur un exemple particulier étudié dans le programme.

Sujet 46 Corrigé

› Les flux migratoires dans le monde

Introduction

Rappelez le contexte de mondialisation qui se manifeste par la multiplication des flux, notamment migratoires.

I – Le contexte de mondialisation favorable aux flux migratoires

– Révolution des transports qui facilitent les déplacements.
– Révolution de l'information qui relie les pays de départ et d'accueil.
– Rôle des diasporas qui facilitent l'intégration (diaspora chinoise, par ex.).

II – Les flux aujourd'hui, reflets des inégalités

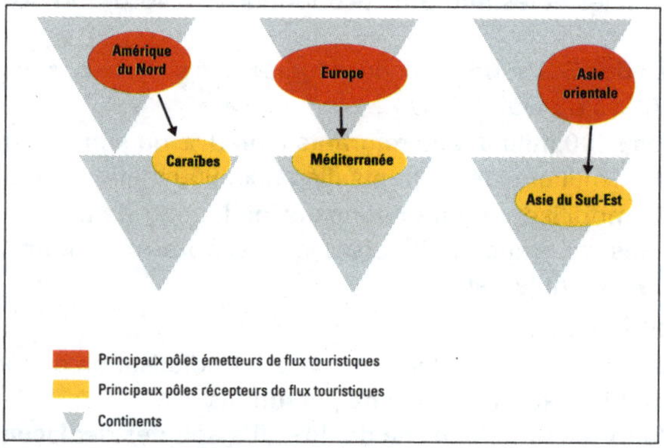

– Flux Sud-Nord de travailleurs, *Brain Drain.*
– Flux Nord-Sud de touristes.
– Essor des flux Sud-Sud : flux économiques et flux de réfugiés.

III – Les conséquences de l'intensification des flux migratoires

– Renforcement des frontières dans les pays du Nord pour limiter les flux migratoires.
– Constitution de sociétés plus cosmopolites, plus mondialisées.
– Utilisation par les pays du Sud de leurs ressortissants vivant dans les pays du Nord : *Brain Gain.*

Mémento

1 Le rapport des sociétés à leur passé

Les Français ont une passion de l'Histoire qui s'exprime notamment à travers les querelles de mémoire qui existent autour des guerres les plus récentes que sont la Seconde Guerre mondiale et la guerre d'Algérie, et qui suscitent bien peu de débats dans d'autres pays tels que l'Italie et le Japon.

Les idées essentielles

Les mémoires

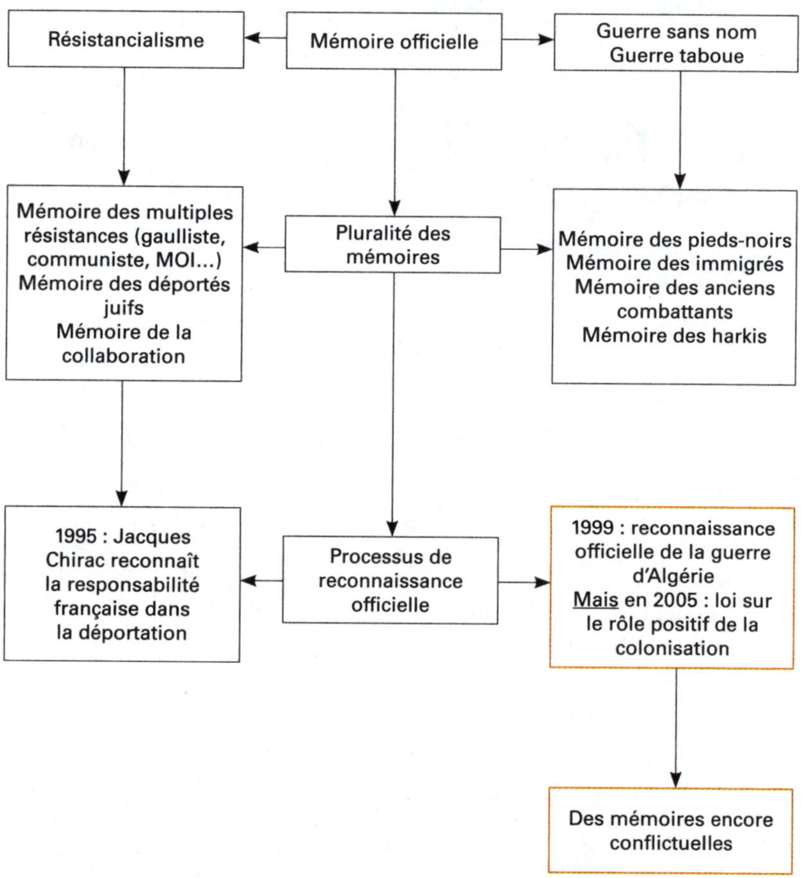

Les éléments-clés

Notions	Dates et événements	Personnages
– Résistancialisme – Négationnisme – Devoir de mémoire – Lois mémorielles	**1964** : Jean Moulin au Panthéon ; **1973** : *La France de Vichy*, de Robert Paxton ; **1990** : loi Gayssot ; **1995** : Jacques Chirac reconnaît la complicité de la France dans la déportation ; **1998** : procès de Maurice Papon ; **2001** : loi Taubira sur la reconnaissance de l'esclavage comme crime contre l'humanité ; **2005** : loi (amendée) sur le rôle positif de la colonisation ; **2011** : loi pénalisant la négation du génocide arménien.	– Charles de Gaulle – André Malraux

Pour aller plus loin

- Films :
  - *Papy fait de la résistance*, de Jean-Marie Poiré, 1983.
  - *Hors-la-loi*, de Rachid Bouchareb, 2010.
  - *Un balcon sur la mer*, de Nicole Garcia, 2010.
- BD :
  - Didier Tronchet, *Là-bas*, Dupuis, 2003.

2 Idéologies et opinions en Europe et aux États-Unis de la fin du XIXe siècle à nos jours

Ce thème illustre l'irruption des masses et des peuples dans l'histoire politique. Dans un contexte de démocratisation dans les pays occidentaux, les opinions publiques deviennent de puissants moteurs de l'histoire à travers la force des idéologies (socialisme et communisme), des mentalités (telles que la foi religieuse) et des médias.

Les idées essentielles

Socialisme, communisme et syndicalisme en Allemagne depuis 1875

Le socialisme allemand est l'expression politique de la lutte ouvrière, hésitant entre révolution et réforme, dans un contexte historique très mouvementé. L'étude s'étend du Reich à la division puis à la réunification de l'Allemagne, en passant par les deux guerres mondiales et le nazisme.

Réformisme/Révolution :

- **Événements-clés :**
  - Congrès de Gotha (1875)
  - Échec de la révolution spartakiste (1918)
- **Personnage-clé :** Rosa Luxemburg (fondatrice du spartakisme)
- **Exemples :** SPD, KPD et spartakisme

Nazisme :
Incendie du Reichstag puis interdiction du KPD et du SPD (1933)

Démocratie populaire et *Ostpolitik* :

- **Événement-clé :** division de l'Allemagne en RDA et RFA (1949)
- **Personnage-clé :** Willy Brandt (chancelier)

Agenda 2010 :
Lancement en 2003 des réformes sociales par Gerhard Schröder (chancelier)

Médias et opinion publique dans les grandes crises politiques en France depuis l'affaire Dreyfus

Les médias sont des acteurs essentiels de la vie démocratique car vecteurs de l'opinion publique et des débats qui l'animent.

Presse de masse/Presse d'opinion :

- **Événements-clés :**
  - Affaire Dreyfus (1894-1906)
  - « J'accuse » de Zola (1898)
  - Appel à manifester pour le 6 février 1934
- **Personnages-clés** : Émile Zola (écrivain et éditorialiste), Charles Maurras
- **Exemples de journaux** : *Le Petit Journal, L'Aurore, L'Action française*

Propagande :

- **Événements-clés :**
  - Annonce radiophonique de l'armistice par Philippe Pétain le 17 juin 1940
  - Appel du 18 juin 1940 par le général de Gaulle
- **Personnages-clés :**
  - Philippe Pétain (chef de l'État)
  - Charles de Gaulle (chef de la Résistance)

ORTF/Radios périphériques :

- **Événement-clé** : Mai 68
- **Personnage-clé** : Charles de Gaulle (président de la République)

Les personnages-clés

- **Willy Brandt (1913-1992)**

Homme politique allemand du SPD. Il fut le premier chancelier social-démocrate depuis 1930 et mena une politique de rapprochement entre les deux Allemagnes, l'*Ostpolitik*, à partir de 1970. À ce titre, il reçut le prix Nobel de la paix en 1971.

- **Charles de Gaulle (1890-1970)**

Officier de l'armée française devenu homme politique à l'occasion de la Seconde Guerre mondiale pendant laquelle il s'affirme avec son **appel radiophonique du 18 juin 1940** comme le chef de la France libre. Devenu président de la République en 1958, il utilise abondamment la télévision pour entretenir un lien direct avec le peuple. La mainmise du pouvoir gaullien sur les médias est abondamment contestée lors de la crise de mai 1968 avec, par exemple, la production foisonnante d'affiches aux Beaux-Arts et la grève à l'ORTF.

Pour aller plus loin

- Films :
  - *Good-bye Lenin !*, de Wolfgang Becker, 2002.
  - *La Vie des autres*, de Florian Henckel von Donnersmarck, 2006.

3 Puissances et tensions dans le monde de la fin de la Première Guerre mondiale à nos jours

Ce chapitre est l'occasion d'étudier la géopolitique, une science qui étudie les relations de pouvoirs et les rapports de force entre différents territoires, vue soit à travers l'angle de la domination et donc de la puissance, soit à travers les tensions entre différents acteurs (États ou mouvements politiques) créant une situation de conflictualités.

- Quelles sont les deux puissances majeures aujourd'hui ? États-Unis et Chine.
- À quelle région du monde pense-t-on pour évoquer des conflits latents permanents ? Le Proche et le Moyen-Orient.

Les idées essentielles

Puissance des États-Unis et de la Chine

Puissance : capacité d'un État à influencer le cours de l'histoire pour défendre ses intérêts.

États-Unis

1918-1941 : Une puissance économique **isolationniste**.

1941-1991 : Une puissance politique autour du statut de **leader du monde libre** contre l'Allemagne nazie pendant la Seconde Guerre mondiale puis l'URSS pendant la guerre froide.

Depuis 1991 : Une **hyperpuissance** dont l'hégémonie est contestée.

Chine

1949-1976 : Une **puissance politique** grâce au statut de vainqueur de la Seconde Guerre mondiale et au contexte de guerre froide. Volonté d'apparaître **comme le leader du tiers-monde.**

Depuis les années 1980 : Une **puissance économique** à l'essor fulgurant mais à la puissance politique limitée à cause d'un modèle décrié.

Tensions et conflits au Proche et Moyen-Orient

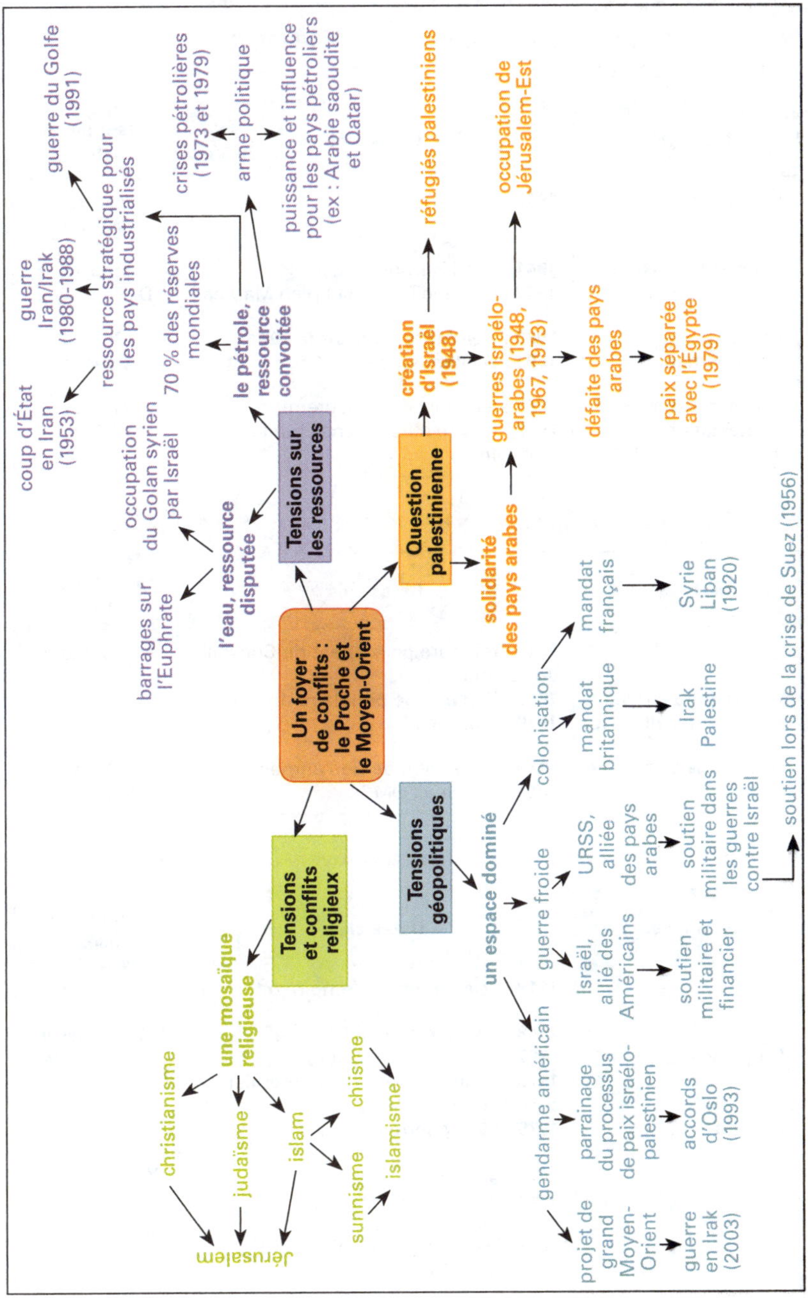

Les éléments-clés

Les États-Unis et le monde depuis les « 14 points » du président Wilson en 1918

Mots-clés	Dates-clés	Personnages-clés
Isolationnisme	**1918** : « 14 points »	Woodrow Wilson
Interventionnisme	**1941** : Pearl Harbor **1947** : doctrine Truman et plan Marshall	Franklin D. Roosevelt
Guerre froide Endiguement	**1969** : Neil Armstrong sur la Lune **1991** : éclatement de l'URSS	Ronald Reagan
Unilatéralisme Contestation	**2001** : attentats du 11 septembre **2003** : guerre d'Irak menée par les États-Unis	George W. Bush

La Chine et le monde depuis le « mouvement du 4 mai 1919 »

Mots-clés	Dates-clés	Personnages-clés
	1945 : membre permanent du Conseil de sécurité	Mao Zedong
Grand Bond en avant Révolution culturelle	**1949** : République populaire de Chine **1976** : mort de Mao	
Socialisme de marché	**1989** : répression de Tien'anmen **2001** : entrée à l'OMC	Deng Xiaoping

Tensions et conflits au Proche et au Moyen-Orient depuis 1918

Mots-clés	Dates-clés	Personnages-clés
	1918 : éclatement de l'empire ottoman	
Sionisme Naqba (catastrophe)	**1948** : création de l'État d'Israël **1967** : guerre des Six-Jours **1973** : guerre du Kippour et premier choc pétrolier	G. A. Nasser Yasser Arafat
Intifada	**1975-1989** : guerre du Liban	
Islamisme	**1991** : guerre du Golfe **1993** : accords d'Oslo **2003** : guerre en Irak **2013** : Daesh contrôle une partie de la Syrie et de l'Irak	Yitzhak Rabin

Les personnages-clés

- **Franklin D. Roosevelt (1882-1945)**

© Leemage.com

32e président des États-Unis d'Amérique élu en pleine crise économique dans les années 1930. Il s'illustre par le ***New Deal***, une politique d'inspiration keynésienne destinée à relancer l'économie. Il engage son pays dans **la Seconde Guerre mondiale en décembre 1941** après l'attaque de Pearl Harbor et rompt avec la politique isolationniste. De retour de Yalta en 1945, il rencontre le roi d'Arabie saoudite sur la mer Rouge pour sceller un accord assurant **l'approvisionnement en pétrole** des États-Unis contre leur présence dans la région.

- **Mao Zedong (1893-1976)**

© Bis/Ph. Bernard Sonneville - Archives Nathan.

Homme politique chinois dirigeant historique du parti communiste chinois. Il mène la lutte contre l'envahisseur japonais et proclame en 1949 la République populaire de Chine qu'il dirige, jusqu'à sa mort. Il redonne à la Chine sa puissance politique pendant la guerre froide (acteur incontournable des guerres de Corée, du Vietnam, leader du tiers-monde, influence forte du maoïsme dans l'intelligentsia européenne). La politique désastreuse du Grand Bond en avant n'a pas permis le décollage économique.

- **Yasser Arafat (1929-2004)**

Homme politique et activiste de la cause palestinienne. Il prend la tête des mouvements terroristes palestiniens réunis au sein de l'Organisation de Libération de la Palestine (OLP) en 1969 et mène la lutte contre l'État d'Israël. En 1974, il réussit à faire entrer l'OLP à l'ONU comme représentant des Palestiniens. Après une vie de lutte terroriste, il signe la paix avec Israël dans le cadre des accords d'Oslo de 1993 et prends la tête de l'Autorité Palestinienne créée à cette occasion.

- **Yitzhak Rabin (1922-1995)**

© akg-images / Ullstein Bild

Général puis homme politique israélien. Sa participation aux guerres de 1948 et 1967 contre les pays arabes ne l'empêche pas d'être avec Yasser Arafat l'artisan de la paix en signant les accords d'Oslo en 1993. Pour cela, il est assassiné par un extrémiste israélien en 1995.

4 Les échelles de gouvernement dans le monde de la fin de la Seconde Guerre mondiale à nos jours

La mondialisation n'a pas que des implications économiques, géographiques et culturelles.
Les prémisses d'une régionalisation et d'une mondialisation politiques sont même apparues dès la fin de la Seconde Guerre mondiale avec la multiplication d'associations d'États destinées à harmoniser les politiques menées aux échelles nationales et à favoriser l'émergence d'une gouvernance régionale et mondiale.
Cette évolution suscite des réactions d'opposition qui expliquent en partie l'essor des nationalismes en Europe actuellement, comme lors des élections européennes de mai 2014.

Les idées essentielles

- Jugé responsable des conflits européens à répétition dégénérant en conflits mondiaux, l'**État-nation**, construction politique du XIXe siècle, **est remis en cause** à l'issue de la Seconde Guerre mondiale.
- **Sont créées des institutions supranationales** avec lesquelles il entre aujourd'hui en concurrence dans la définition des politiques à mener à l'échelle nationale.
- L'étude de la **place de l'État en France** depuis 1946 permet de souligner **sa force et son omniprésence** mais aussi la **déstabilisation** qu'il connaît dans un contexte de mondialisation et de construction européenne.
- **La construction européenne est la forme de régionalisation politique la plus ambitieuse** menée jusqu'alors, bien qu'elle rencontre de **nombreux obstacles** qui font toujours douter de sa pérennité.
- Dans le cadre de la création de l'ONU en 1945 sont mises en place de nombreuses **institutions économiques supranationales** destinées à **maintenir un équilibre économique à l'échelle mondiale** (FMI, Banque mondiale...).

Les éléments-clés

Échelle de l'État-nation

Notions	Événements-clés	Personnages-clés
Centralisation État-providence	**1945** : création de l'ENA **1946** : IVe République	
État-providence	**1958** : Ve République **1981** : la gauche au pouvoir **1982** : lois de décentralisation	Charles de Gaulle François Mitterrand
Libéralisme Privatisations	**1986** : première cohabitation **2015** : réforme territoriale	Jacques Chirac

Échelle européenne

Notions	Événements-clés	Personnages-clés
Unionistes/ Fédéralistes Gouvernance	**1948** : congrès de La Haye **1951** : CECA **1957** : traité de Rome	Jean Monnet Robert Schuman (pères de l'Europe)
Approfondissement	**1992** : traité de Maastricht	Jacques Delors (président de la Commission européenne)
Europe à géométrie variable	**2002** : mise en circulation de l'euro	
Élargissement	**2004** : intégration des 10 PECO	
	2010 : crise de la dette **2015** : menace d'un Grexit **2016** : Brexit	Angela Merkel (chancelière allemande)

Échelle mondiale

Notions	Événements-clés	Personnages-clés
Gouvernance Supranationalité	**1944** : conférence de Bretton Woods **1945** : création de l'ONU **1945** : création du FMI **1947** : création du GATT (ancien OMC)	John Maynard Keynes
	1971 : fin de la convertibilité or/dollar	Richard Nixon
	1973 : 1er choc pétrolier	
	2001 : entrée de la Chine à l'OMC	
	2008 : crise des *subprimes*	Joseph Stiglitz

Les personnages-clés

- **Charles de Gaulle (1890-1970)**

Homme politique français devenu président de la République en 1958 après avoir fondé la Ve République, régime qui renforce l'autorité de l'État par une concentration des pouvoirs entre les mains du président. Cette logique de grandeur de la France l'amène également à œuvrer pour une Europe des nations conservant toute leur souveraineté aux États-membres. Il s'oppose à la CED. De même, la peur d'une mainmise américaine sur la construction européenne explique son intransigeance vis-à-vis de l'intégration du Royaume-Uni, effective seulement en 1973.

(Observez que les éléments biographiques retenus pour cette question ne sont pas les mêmes que pour celle sur les médias (→ VOIR FICHE 2)*).*

- **Jean Monnet (1888-1979)**

Homme d'affaires français, il s'illustre pendant la Seconde Guerre mondiale en coordonnant l'effort de guerre américano-britannique dans le cadre du *Victory Program*. La guerre terminée, il mobilise ses connaissances économiques au service de l'État en dirigeant la reconstruction économique du pays en tant que Commissaire au Plan de 1945 à 1952. Par ailleurs, il imagine et met en forme la CECA qu'il soumet à Robert Schuman qui l'accepte au nom de l'Allemagne. Fédéraliste convaincu, il propose également la création de la CED rejetée par de Gaulle. Ses profondes convictions européennes lui ont valu le titre de père de l'Europe.

- **Angela Merkel (née en 1954)**

Femme politique allemande de droite (CDU), chancelière fédérale depuis 2005, triomphalement désignée à ce poste pour la 3e fois en 2013 après la victoire de son parti au Bundestag. Elle est la première femme allemande à occuper ce poste. Sa popularité s'explique par les succès économiques de l'Allemagne dans une Europe en crise : faible taux de chômage, exportations et excédents commerciaux records, faible endettement... Ces succès la font souvent apparaître – notamment auprès des puissances étrangères – comme le leader incontournable de l'UE.

Pour aller plus loin

- Films :
  - *Inside Job*, de Charles H. Ferguson, 2012.
  - *La Conquête*, de Xavier Durringer, 2011.
  - *The Big short*, d'A. Mcky, 2015.
- BD :
  - Christophe Blain et Abel Lanzac, *Quai d'Orsay*, Dargaud, 2010.

5 Clés de lecture d'un monde complexe

Les éléments-clés

Un monde complexe

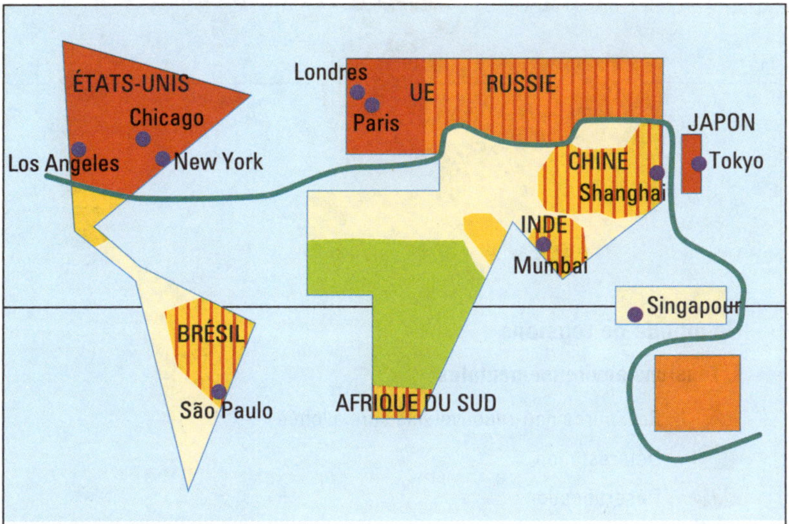

Un monde complexe

1. Des centres d'impulsion

- Triade
- Principale métropole mondiale
- Limite Nord-Sud

2. Des espaces dynamiques

- Autre pays du Nord
- Puissance émergente
- BRICS entre Nord et Sud

3. Des espaces à la marge

- PMA

Un monde de tensions

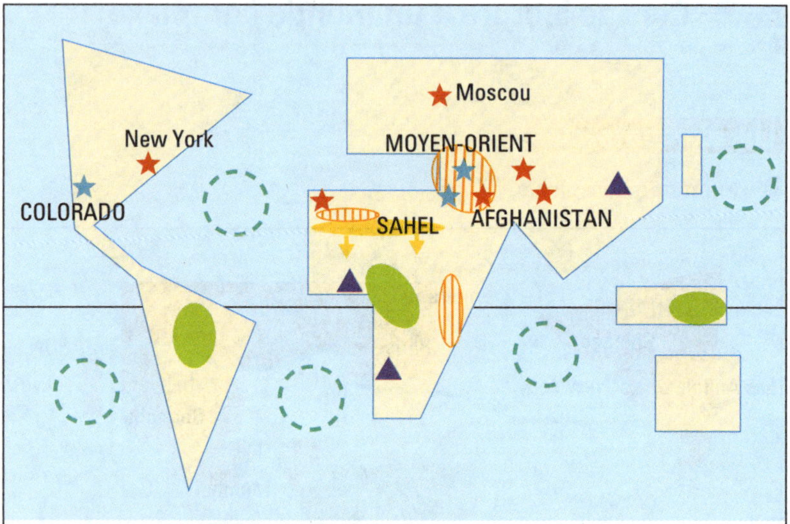

Un monde de tensions

1. Tensions environnementales

- Ressource non-renouvelable surexploitée
- Déforestation
- Désertification
- 7e continent (nappe de déchets plastiques)

2. Tensions politiques

- Tension sur les ressources en eau
- Principale zone de conflits
- Attentat terroriste

6 Les dynamiques de la mondialisation

- *La France est un pays très bien intégré à la mondialisation :*
  – ses firmes transnationales (FTN) sont puissantes dans les domaines du luxe, de la distribution, de l'agroalimentaire, de l'automobile ;
  – son territoire est attractif pour les investisseurs ;
  – ses exportations cinématographiques et gastronomiques popularisent la culture française à l'échelle mondiale.
- *Pourtant, 60 % des Français ont une image négative de la mondialisation qui marque malgré tout notre vie quotidienne. Cette méfiance rend compte des bouleversements économiques et culturels qu'engendre ce processus dans les sociétés, même parmi les plus riches.*

Les idées essentielles

Mondialisation : processus d'intégration des différents espaces du monde dans un seul espace mondial par expansion du système capitaliste.

Manifestations

– Multiplication des flux → étude de cas sur un produit mondialisé.
– Constitution d'un seul espace géographique mondial.
– Mondialisation culturelle.

Acteurs

Des acteurs aux objectifs contradictoires :
– FTN → rechercher les meilleurs avantages comparatifs ;
– États → rendre le territoire national attractif ;
– société civile (ONG...) → rendre la mondialisation plus équitable ;
– diasporas.

Conséquences spatiales

Des conséquences différentes selon les territoires :
– mise en concurrence des territoires ;
– creusement des inégalités spatiales et sociales à toutes les échelles ;
– métropolisation → étude de cas sur une ville mondiale.

Limites

– Repli identitaire ;
– Multiplication des frontières et augmentation du nombre d'États ;
– Contestations étatiques et citoyennes.

Les chiffres-clés

- Les échanges commerciaux dans le monde en 2014, en milliards de dollars :

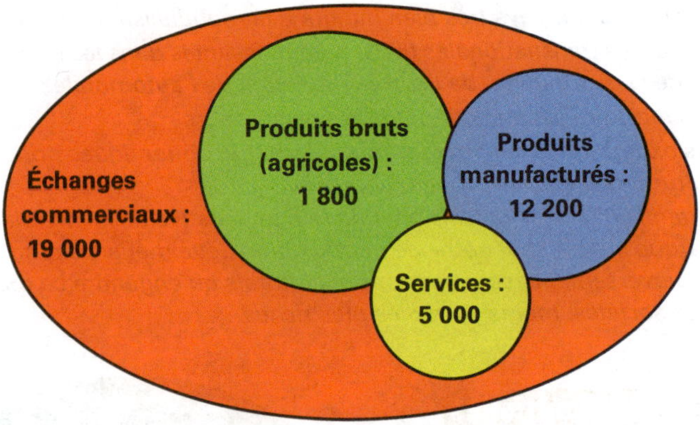

- La nationalité des 100 premières FTN au monde :

UE : 21

États-Unis : 52

Reste du monde : 12

Chine : 15

- Domination de la Triade : 75 % du PIB mondial, 80 % des échanges mondiaux.
- Flux migratoires :
  - 230 millions par an, soit 3 % de la population mondiale,
  - 10 à 15 % de flux de migrants clandestins,
  - progression de plus de 57 millions par an depuis 2000,
  - environ 60 % de migrations Sud-Sud.
- Inégalités en Chine : coefficient de Gini de 0,47 en 2016.

Les espaces-clés

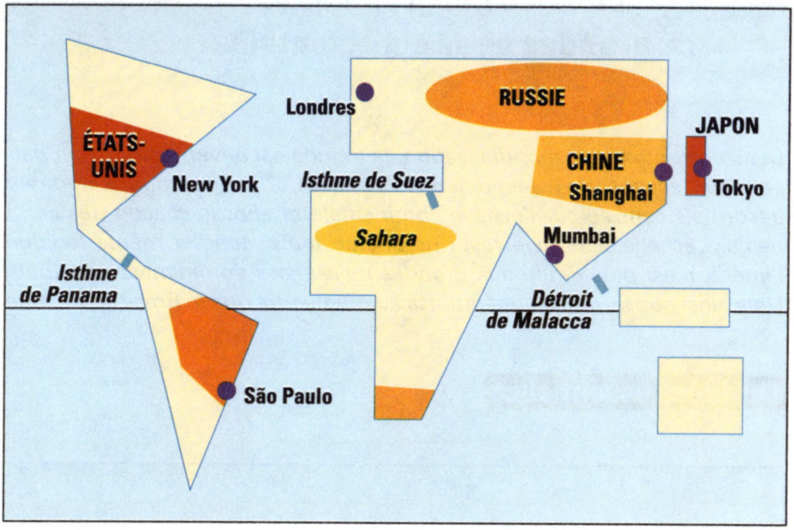

Pour aller plus loin

- Film :
  - *In This World*, Michaël Winterbottom, 2002.
- Livre :
  - Éric Orsenna, *Voyage au pays du coton, petit précis de mondialisation*, Fayard, 2006.

7 Dynamiques géographiques de grandes aires continentales

Dans un contexte de mondialisation, le monde est devenu interdépendant et aucun espace n'est réellement à la marge. C'est pourquoi l'étude est désormais centrée sur l'échelle continentale et aborde chacun des continents. L'échelle nationale reste pertinente mais, dans la même logique, l'intérêt n'est plus limité aux grandes puissances dominantes : les États-Unis ainsi que le Japon sont étudiés au même titre que le Brésil et la Chine.

Les idées essentielles

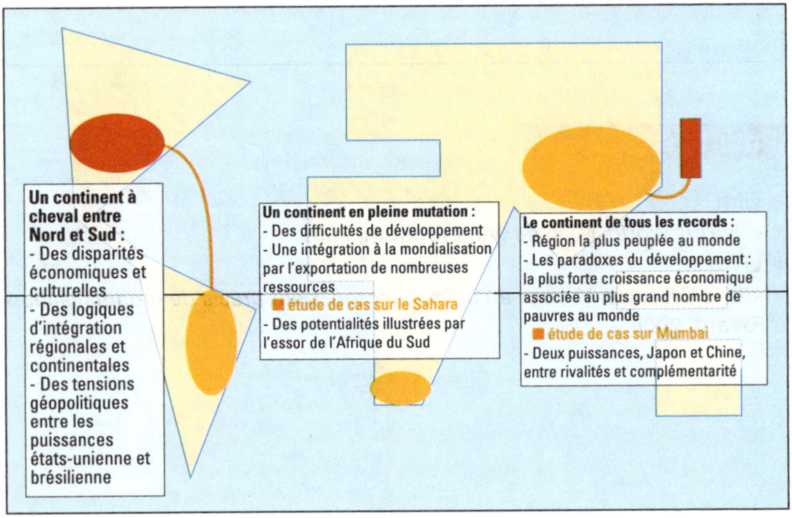

Les chiffres-clés

Amérique	**Continent**	PIB AEUMC : 22 milliards de dollars (2017) (1er rang) PIB Mercosur : 2,2 milliards de dollars (2017)
	États-Unis	1re puissance mondiale 40 % des dépenses militaires mondiales 80 % du marché cinématographique mondial
	Brésil	9e puissance mondiale (2018) 2e exportateur agricole 50e rang pour le revenu par habitant Croissance : 1 % (2017)
Afrique	**Continent**	5 % de croissance annuelle moyenne 33/48 PMA
	Sahara	5 % des réserves mondiales de pétrole
Asie du Sud et de l'Est	**Continent**	55 % de la population mondiale Croissance annuelle moyenne de 7 %
	Mumbai	1/3 de l'impôt sur le revenu de l'Inde 1 habitant sur 2 vit dans un bidonville
	Japon	3e puissance mondiale (depuis 2010) Tokyo : 37 millions d'habitants
	Chine	2e puissance mondiale (depuis 2010) Croissance : 6,5 % (2018) 1er producteur en électroménager, jouet, textile 2e producteur en matériel informatique

Pour aller plus loin

- Films :
  - *Slumdog Millionaire*, de Danny Boyle, 2008.
  - *Blood Diamond*, de Edward Zwick, 2006.
  - *The Constant Gardner*, de Fernando Mereilles, 2005.
- BD :
  - Clément Oubrerie et Marguerite Abouet, *Aya de Yopougon*, Gallimard, 2005-2010.

8 Utiliser correctement le(s) document(s) dans une étude critique

Cette fiche s'appuie sur l'exemple d'un sujet n° 20 tombé dans les centres étrangers en juin 2015 intitulé « Deux visions du projet d'une Europe politique au début des années 2010 ».

Mobiliser vos connaissances

Construisez un tableau permettant de relier apports du document et connaissances personnelles :

Informations tirées des documents	Connaissances personnelles à ajouter
Construction européennne construite autour de la paix et la prospérité	Deux projets pour y parvenir : unionisme ou fédéralisme
Élargissement de l'UE (doc. 1)	Les principales étapes, notamment en 2005 l'entrée des PECO
Eurosepticisme (doc. 2)	Rejet du traité constitutionnel Europe à géométrie variable

Faire apparaître le document dans son devoir

- Cette épreuve – l'étude critique de document(s) – ne doit pas être confondue avec une question de cours ou une composition car le document doit impérativement apparaître dans le devoir. Bien des copies sont pénalisées du fait de cette maladresse.

Exemple

Les documents sont d'abord utilisés dans l'introduction : – ils doivent être présentés, – ils doivent être reliés à la question générale

Depuis plusieurs mois, l'Union européenne est sous le feu des critiques face à l'incapacité d'apporter une réponse efficace au drame des migrants africains en Méditerranée. Cette absence d'action collective montre bien que l'Europe politique, malgré d'indéniables réussites, est encore inaboutie.

L'analyse critique de documents proposée porte sur deux documents. Le premier est un extrait d'une brochure éditée par la Commission européenne en 2011, rédigée par le commissaire européen Stefan Füle et portant sur l'élargissement de l'UE et exclusivement ses réussites, étant donné la fonction de l'auteur qui ne peut que vanter la construction européenne. Le second document est une

photographie prise à Londres en octobre 2014 d'une manifestation du parti europhobe et eurosceptique UKIP qui réclame un référendum (sous-entendu sur la sortie de l'UE). Deux visions tranchées de la construction européenne s'opposent donc.
Aujourd'hui, plus de 60 ans après le traité de Rome, où en est le projet d'une Europe politique ?

Les documents sont utilisés comme appui pour débuter une partie

Après la Seconde Guerre mondiale, l'Europe anéantie cherche à se reconstruire et à s'unir. Le projet d'une Europe politique est destiné, comme le rappelle Stefan Füle, à « favoriser la paix et la prospérité ». En mai 1948, 18 pays se réunissent à La Haye (« le Congrès de l'Europe ») sous la présidence honorifique de Winston Churchill. Ce congrès lance la construction européenne mais deux visions s'opposent. Les fédéralistes souhaitent une Europe supranationale, c'est-à-dire dans laquelle il y aurait une véritable gouvernance européenne au-dessus des États et dans laquelle ceux-ci auraient renoncé à une grande part de leur souveraineté. Face à eux, les unionistes prônent au contraire le maintien des souverainetés nationales mais dans un cadre de coopération européenne, ce qui n'induit aucune perte de souveraineté. Le débat n'est encore pas réellement tranché et constitue une pomme de discorde jusqu'à aujourd'hui. Des États-membres souhaitent une Europe à géométrie variable où chacun pourra selon son choix adopter ou non les politiques européennes, telles que l'adhésion à la monnaie unique ou à l'espace Schengen.

Le document n'est pas paraphrasé, pas recopié tel quel. Des citations courtes en sont extraites sans plus

L'UE est l'association d'États souverains dont l'intégration est la plus aboutie dans le monde.
Le document 1 se concentre sur les réussites du projet politique européen, notamment les élargissements successifs (intégration de nouveaux pays) qui ont permis que l'UE « pass[e] de six membres dans les années 1950 à 27 membres depuis 2007 » et qu'elle « compte maintenant plus de 500 millions d'habitants ». Dans les années 1970 et 1980, dans une logique qui « favorise la démocratie et les libertés fondamentales », trois pays sortis de la dictature intègrent naturellement l'UE : l'Espagne, le Portugal et la Grèce.
De même, après la chute du mur, les PECO (Pays d'Europe centrale et orientale), les anciennes démocraties populaires du bloc soviétique, rejoignent l'UE en 2005, suivis par la Roumanie et la Bulgarie en 2007 et la Croatie en 2013. Aujourd'hui, l'UE compte 28 membres et plusieurs pays sont candidats comme la Serbie, la Macédoine ou la Bosnie.
Parallèlement, l'Europe s'est approfondie politiquement ; cela signifie que les États-membres mettent en place des politiques

communes qui supplantent la souveraineté des États. On peut citer le traité de Maastricht de 1992 qui accorde une citoyenneté européenne, les accords de Schengen appliqués en 1995 qui suppriment les contrôles aux frontières et permettent la libre circulation des personnes, et enfin la création d'une monnaie unique contrôlée par une Banque centrale européenne, l'euro, mis en service en 2002. On peut noter que les deux logiques d'élargissement et d'approfondissement sont difficilement conciliables, car il est plus difficile de concevoir des politiques communes à 28 qu'à 15. D'où le développement d'oppositions à la construction européenne.

L'hostilité à la construction européenne n'a jamais été aussi forte.

Là encore, le document sert d'accroche pour débuter la dernière partie

Le document 2 en donne un exemple avec les manifestations d'un parti britannique eurosceptique fort dont l'audience électorale augmente, le UKIP (United Kingdom Independant Party).
En réaction, le Premier ministre David Cameron a proposé un référendum pour trancher la question de l'appartenance à l'UE. Ce regard critique gagne tous les peuples de l'UE. À titre d'exemple, lorsque le projet de traité constitutionnel qui entendait faciliter le fonctionnement à 27 a été proposé à référendum en France et aux Pays-Bas en 2005, il a été rejeté.

Les idées essentielles du document sont réutilisées sans les paraphraser. Elles sont reformulées

En effet, contrairement aux affirmations du Commissaire européen sur le fait que « l'Europe [...] favoris[e] la démocratie », il apparaît que ni le président de l'UE ni aucun des commissaires n'est élu par les citoyens.
L'UE est alors perçue comme un ensemble d'institutions supranationales qui imposent des politiques de réformes et d'austérité sans que les citoyens se soient exprimés sur ces orientations. De plus, l'idée que « l'UE est [...] plus prospère, plus forte et plus influente » est contredite par les crises récentes.

Adoptez un regard critique sur le document en évoquant sa postérité, ses contradictions par exemple

De nombreux pays, particulièrement la Grèce mais aussi l'Irlande, l'Espagne, le Portugal, connaissent des politiques d'austérité très douloureuses socialement. Enfin, l'influence politique de l'UE est limitée car la plupart des États refusent les interventions extérieures, et la France est par exemple bien seule pour lutter contre la menace terroriste au Sahel.

Deux visions de la construction européenne s'opposent depuis le début. Elles s'affirment lors des moments de crise lorsque le projet politique s'essouffle. Mais ce sont ces temps critiques qui ont toujours permis à l'UE d'avancer en approfondissant les liens unissant les États-membres pour y faire face.

→ Au final, le document proprement dit représente entre un tiers et la moitié du devoir, les connaissances personnelles occupant le reste.

9 Faire un brouillon de composition

Cette fiche se base sur l'exemple d'un sujet de composition qui serait intitulé : « L'État et les médias de l'affaire Dreyfus à la Seconde Guerre mondiale ».

Organiser son brouillon

- Vous avez besoin de différentes pages de brouillon : 1 page pour les connaissances ; 1 page pour le plan ; 1 page pour l'introduction et la conclusion.
- Comment procéder ?
  - Partagez votre feuille de brouillon en quatre zones.
  - Éliminez les éléments hors-sujet.
  - Regroupez les idées et éléments précis dans le but de bâtir votre plan.

Je regroupe les éléments similaires pour construire mes parties

Je raye les éléments hors-sujets

IDÉES :

3 crises :
- Affaire Dreyfus (antisémitisme)
- 6 février 1934 (antisémitisme, antiparlementarisme)
- Mai-juin 1940 (débâcle, discours radio de Gaulle contre Pétain)

Développement presse écrite

Médias contre État
- « J'accuse »
- 6 février 1934

Médias = outils de contestation
- De Gaulle 18 juin
- 6 février 1934
- « J'accuse »

État contrôle les médias
- ~~ORTF~~
- Propagande Vichy + Allemands

Problématique :

Des oppositions entre État et médias
Rapports de force

PERSONNAGES :

De Gaulle — Pétain
~~Peyrefitte~~ — Zola
~~Mitterrand~~ — Maurras

VOCABULAIRE :

État – Armée / Parlement

Propagande

Médias – Presse écrite (Action française, L'Aurore, Figaro, Le Petit Journal) / Radio (BBC, radio Paris) / ~~Télévision ORTF~~

Opinion publique
antisémitisme

DATES :

~~Mai 1968~~
10 mai 1940
« J'accuse », 13 janvier 1898
Affaire Dreyfus (1894-1906)
Dreyfusards/anti-dreyfusards
6 février 1934
17-18 juin 1940 (discours radio)
~~Mai 1958~~

Rédiger son plan au brouillon

- Vous ferez ici le choix d'un plan chronologique car, pendant la IIIe République qui a accordé la liberté à la presse (1881), ce sont d'abord les médias qui s'opposent à l'État, puis l'État qui cherche à les contrôler et à les manipuler.
- Très important ! Vos titres doivent comporter des idées, ils vous serviront ensuite de phrases d'introduction des parties et sous-parties.

Exemple

Mon titre comporte des dates →

I. AFFAIRE DREYFUS (1894-1906) : LA PRESSE DANS UNE AFFAIRE D'ÉTAT

- Développement presse écrite
- L'Aurore, Figaro, Le Petit Journal

} 1. Une presse écrite très populaire

- Dreyfusards/anti-dreyfusards
- Opinion publique
- Antisémitisme

} 2. Une presse qui prend partie = une presse partisane

- Affaire Dreyfus (1894-1906)
- «J'Accuse» 13 janvier 1898
- Zola

} 3. Une affaire judiciaire devenue affaire d'État : le rôle de la presse

Mon titre est facilement transformable en phrase d'introduction →

II. 6 FÉVRIER 1934 : LA PRESSE D'EXTRÊME-DROITE CONTRE LA RÉPUBLIQUE

- Action Française, presse d'extrême-droite antisémite (gros tirage) comme partie de l'opinion publique
- Maurras

} 1. Une presse d'extrême-droite puissante

- Parlement attaqué par manifestants
- Attaques contre Blum et Salengro (suicide) pendant le Front Populaire (1936-1937)

} 2. Un coup d'État manqué

III. DES MÉDIAS INSTRUMENTALISÉS POUR LA PROPAGANDE

J'ai rassemblé dans mes sous-parties mes connaissances dispersées sur mon brouillon →

- Propagande Vichy,
- Radio (BBC, radio Paris),
- Discours des 17 et 18 juin 1940
- Pétain

} 1. Essor de la radio comme nouveau média

- De Gaulle
- Propagande Vichy + Allemands

} 2. Propagande pour contrôler médias

10 Perfectionner une composition

Cette fiche se base sur l'exemple d'un sujet intitulé : « Tensions et conflits religieux au Proche et au Moyen-Orient depuis 1918 ».

Soigner l'introduction

- L'introduction sert à **cerner les délimitations** du sujet afin de le traiter entièrement et d'éviter le hors-sujet. C'est la **première impression** que le correcteur aura de votre travail. Elle doit donc être très soignée.
- Elle se construit autour des **étapes-clés** rappelées ci-dessous.

Exemple

L'analyse est la plus longue part de l'introduction

Les attentats et les attaques contre des communautés religieuses sont quasiment quotidiens et témoignent des difficultés de cohabitation actuelles entre les différentes confessions. Le Proche et le Moyen-Orient constituent le berceau des trois monothéismes. La région, qui s'étend de l'Égypte à l'Irak et à la Turquie, est donc centrale religieusement : elle accueille une grande diversité de cultes et de nombreux lieux saints auxquels les croyants, présents dans le monde entier, sont particulièrement attachés. L'Empire ottoman, qui dirigeait toute cette région jusqu'à sa disparition en 1919, assurait la liberté religieuse, sans difficultés ni tensions, jusqu'au génocide de 1915 contre les chrétiens arméniens.

Je vais à la ligne pour rédiger ma problématique

Pourquoi, tout au long du XXe siècle, les relations entre les différentes religions ont-elles alors été marquées par les tensions et les conflits ?

Nous présenterons dans une première partie la véritable mosaïque religieuse de la région. Nous aborderons ensuite les causes politiques de ces oppositions religieuses puis nous terminerons par la radicalisation islamiste.

Légende :

1. L'idée pour amener le sujet *(prise dans l'actualité par exemple)*.
2. L'analyse du sujet *(étapes à mener dans n'importe quel ordre)* : définition des termes du sujet et du cadre (spatial et chronologique), intérêt du sujet.
3. La problématique (le plus souvent sous forme de question).
4. L'annonce du plan (à ne pas oublier, et à rédiger).

Faire apparaître la structure de la composition

- **Chaque partie commence par une phrase d'introduction** qui précise au correcteur le thème et l'idée développés dans la partie. Chaque **sous-partie** se repère car elle **débute par un alinéa et une phrase d'introduction**.

Exemple

I - Une région caractérisée par sa complexité religieuse
Les trois monothéismes nés dans la région se sont superposés et, au gré de leurs divisions, ont créé une multitude de confessions.
[...]
L'islam, apparu au VIIe siècle, est largement majoritaire, souvent à plus de 90 %, dans la plupart des pays du Proche et Moyen-Orient, hormis au Liban où les chrétiens sont très nombreux.
[...]
La religion chrétienne reste très présente dans la région, berceau du christianisme. Jérusalem et Bethléem accueillent de nombreux pèlerins.
[...]
Première religion monothéiste dans l'histoire, le judaïsme est de tout temps resté implanté au Proche et au Moyen-Orient.

Légende :
Phrase d'introduction de la partie
Phrase d'introduction de la 1re sous-partie
Phrase d'introduction de la 2e sous-partie
Phrase d'introduction de la 3e sous-partie

Utiliser les exemples de manière pertinente

Le programme comporte beaucoup d'exemples dont on attend la restitution dans les compositions. **Les exemples rendent concrets les phénomènes étudiés.**
Méthode à adopter :
- **Utiliser un exemple précis** pour construire toute une sous-partie ou **utiliser le même exemple** tout au fil du devoir.
- Un exemple en Géographie peut être présenté sous la forme d'un schéma à toutes les échelles.

→ Ici, dans le devoir sur le Proche-Orient, deux sous-parties sont construites chacune autour d'un exemple :
B. Jérusalem, au cœur des tensions religieuses ;
C. Les conflits religieux à l'origine de la **guerre du Liban** (1975-1990).

11 Sélectionner des figurés pour un schéma ou un croquis

Les bonnes questions à se poser

Combien de figurés ?

- Pour un schéma : entre 6 et 10 figurés.
- Pour un croquis : entre 10 et 15 figurés.

Quels choix de figurés ?

- Les figurés de surface sont utilisés pour les caractéristiques d'un espace (densité, puissance, développement…).
- Les figurés ponctuels sont utilisés pour la localisation précise d'un lieu.
- Les figurés linéaires sont utilisés pour les flux, axes, séparations…

Quels choix de couleurs ?

- Il est impératif de travailler avec des crayons de qualité, sinon le coloriage aura un mauvais rendu, malgré tout votre soin.
- Chaque fois qu'une couleur s'impose, son utilisation ou non fait partie de l'évaluation :
  – le **rouge** pour la puissance ou les tensions et conflits ;
  – le **bleu** pour tout ce qui concerne la mer ;
  – le **vert** pour tout ce qui concerne la nature et l'agriculture ;
  – le **jaune** pour les espaces désertiques, les espaces en marge ou les espaces liés au tourisme.

Comment combiner les figurés ?

- **Pour représenter trois caractéristiques du Brésil :**
pays émergent + un des BRICS + membre du MERCOSUR :
→ Figurés de surface : 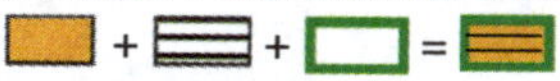
- **Pour représenter trois caractéristiques de Tokyo :**
une ville + un port + une métropole
→ Figurés ponctuels : 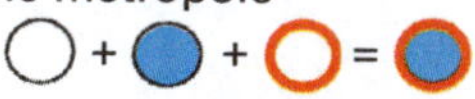
- **Pour représenter trois caractéristiques d'une production :**
production importante + production de maïs + part de la production OGM
→ Figurés ponctuels : 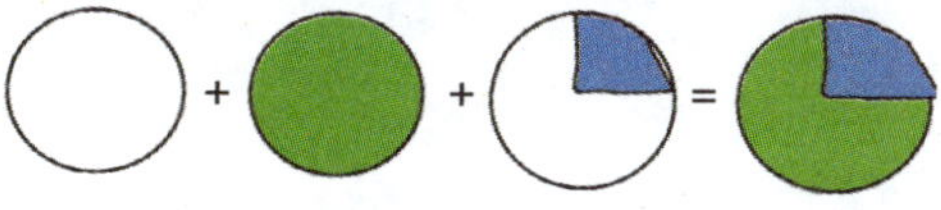

Éviter de perdre des points

L'exemple suivant se base sur un sujet de croquis sur l'organisation de l'espace mondial.

À faire	À ne pas faire
Placer les figurés à gauche : [figuré] Pays de la Triade	**Placer les figurés après l'intitulé :** Pays de la Triade [figuré]
Tracer les figurés à la règle et au normographe : [figuré] Pays émergent	**Tracer les figurés à main levée :** [figuré] Pays émergent
Choisir des couleurs contrastées : [figuré] Pays de la Triade [figuré] Pays du Nord [figuré] Pays émergent du Sud [figuré] PMA	**Utiliser des couleurs trop proches :** [figuré] Pays de la Triade [figuré] Pays du Nord [figuré] Pays émergent du Sud [figuré] PMA
Trier et hiérarchiser les flux : ⟷ Flux commerciaux principaux → Flux commerciaux secondaires → Flux migratoires économiques → Flux de main-d'œuvre très qualifiée *(Brain Drain)*	**Multiplier des flux de même importance :** → Flux commerciaux → Flux migratoires → Flux de main-d'œuvre très qualifiée *(Brain Drain)* → Flux pétroliers → Flux de drogues → Flux financiers

12 Les sujets à travailler en histoire

Nous vous proposons dans cet ouvrage un certain nombre de sujets. Pour aller plus loin, voici une liste de sujets de compositions qui pourraient tomber au bac. Vous pouvez vous entraîner à faire des plans sur ces différents sujets.
Les sujets traités dans cet ouvrage sont indiqués par un surligné jaune.

Les intitulés des compositions sont divers :
- reprise totale ou partielle de l'intitulé de la leçon ;
- forme affirmative ou négative ;
- présence d'une problématique ou pas ;
- croisement entre deux leçons...

Le rapport des sociétés à leur passé

Les mémoires : lecture historique

- L'histoire et les mémoires de la Seconde Guerre mondiale (n° 2)
- Lecture historique des mémoires de la guerre d'Algérie (n° 4)

Idéologies et opinions en Europe de la fin du XIXe siècle à nos jours

Socialisme, communisme et syndicalisme en Allemagne depuis 1875

- Socialisme et communisme en Allemagne depuis 1945
- Socialisme, communisme et syndicalisme en Allemagne de 1875 à 1933 (n° 6)
- Le mouvement ouvrier allemand depuis 1875 : réforme ou révolution ?

Médias et opinion publique dans les grandes crises politiques en France depuis l'affaire Dreyfus

- De Gaulle et les médias
- Médias et opinion publique de l'affaire Dreyfus à la Seconde Guerre mondiale
- Médias et opinion publique dans les grandes crises politiques de la Ve République (1958-1969) (n° 10)

Puissances et tensions dans le monde de la fin de la Première Guerre mondiale à nos jours

Les chemins de la puissance

- Les États-Unis et la promotion de la démocratie dans le monde depuis 1918

- Les instruments de la puissance américaine depuis le début du xxe siècle
- La puissance des États-Unis dans le monde de 1941 à 1991
- La Chine et le monde depuis 1949 (n° 14)
- L'émergence de la puissance chinoise depuis 1949

Le Proche et le Moyen-Orient, un foyer de conflits depuis la fin de la Première Guerre mondiale

- Les conflits israélo-arabes depuis 1918
- Le Moyen-Orient, région au cœur d'enjeux stratégiques depuis 1918
- Tensions et conflits religieux au Proche et au Moyen-Orient depuis 1918
- Le Proche et le Moyen Orient : un foyer de conflits depuis la fin de la Seconde Guerre mondiale

Les échelles de gouvernement dans le monde de la fin de la Seconde Guerre mondiale à nos jours

L'échelle de l'État-nation

- Gouverner la France depuis 1946. Héritages et évolutions (n° 18)
- L'État-providence en France depuis 1945

L'échelle continentale

- Le projet politique européen depuis 1948
- Le projet européen des traités de Rome jusqu'à l'Europe à 28 (n° 19)
- Origines, réalisations et limites du projet européen depuis 1948

L'échelle mondiale

- La gouvernance économique mondiale depuis 1944 (n° 22)
- Les États-Unis dans la gouvernance économique mondiale de 1944 à 1991
- Les acteurs de l'économie mondiale face aux crises (1944-2001)
- Les enjeux de la gouvernance économique mondiale depuis 1944

13 Les sujets à travailler en géographie

Nous vous proposons dans cet ouvrage un certain nombre de sujets. Pour aller plus loin, voici une liste de sujets de croquis et de compositions qui pourraient tomber au bac. Vous pouvez vous entraîner à faire des plans sur ces différents sujets.
Les sujets traités dans cet ouvrage sont indiqués par un surligné jaune.

Les intitulés des compositions sont divers :
- reprise totale ou partielle de l'intitulé de la leçon ;
- forme affirmative ou négative ;
- présence d'une problématique ou pas ;
- croisement entre deux leçons...

Clés de lecture d'un monde complexe

Des cartes pour comprendre le monde

– La complexité de l'organisation de l'espace mondial (croquis)

Les dynamiques de la mondialisation

La mondialisation en fonctionnement

Composition	Croquis
– Mobilités, flux et réseaux dans l'espace mondial (n° 25)	
– La mondialisation en fonctionnement : processus, acteurs et débats	– Pôles et flux de la mondialisation (n° 24)

Les territoires dans la mondialisation

Composition	Croquis
– Les espaces maritimes, approche géostratégique	
– Pôles et espaces majeurs de la mondialisation (en s'appuyant sur la ville mondiale étudiée)	
– L'inégale intégration des territoires dans la mondialisation (n° 28)	
– Les dynamiques des territoires dans la mondialisation	

Dynamiques géographiques de grandes aires continentales

L'Amérique : puissance du Nord, affirmation du Sud

Composition	Croquis
– Le continent américain entre tensions et intégrations régionales	
– Les États-Unis et le Brésil, deux puissances sur le continent américain	– Les dynamiques territoriales du Brésil (n° 33) – Les dynamiques territoriales des États-Unis (n° 31)
– États-Unis/Brésil : rôle mondial, dynamiques territoriales (n° 32)	

L'Afrique : les défis du développement

Composition	Croquis
– Le Sahara, ressources, conflits (étude de cas) (n° 34)	
– Le continent africain face au développement et à la mondialisation (n° 37)	– Le continent africain : contrastes de développement et inégale intégration dans la mondialisation (n° 36)

L'Asie du Sud et de l'Est : les enjeux de la croissance

Composition	Croquis/schéma
– L'Asie du Sud et de l'Est : les défis de la population et de la croissance	
– Japon, Chine : concurrences régionales, ambitions mondiales (n° 41)	
	– Mumbai : dynamiques et contrastes d'une métropole du Sud (n° 38)

HISTOIRE

■ **Administration** : ensemble des services et agents chargés d'assurer l'application des lois et la marche des services publics conformément aux directives gouvernementales.

■ **Affaire d'État** : affaire judiciaire mettant en cause des représentants de l'État et ruinant leur légitimité.

■ **Chiisme** : courant de l'islam reconnaissant la légitimité de la succession du prophète Mahomet à son gendre Ali et ses descendants.

■ **Cohabitation** : configuration particulière des institutions de la Ve République dans laquelle le président et le Premier ministre ont des orientations politiques différentes.

■ **Conflictualité** : état de tension résultant de menaces latentes et difficilement identifiables pouvant mener au conflit.

■ **Constitution** : loi fondamentale de l'État qui fixe le partage des pouvoirs.

■ **État** : personne morale de droit public qui représente un peuple, une nation au nom desquels elle dispose de la souveraineté.

■ **État-nation** : juxtaposition d'un État, en tant qu'organisation politique, à une nation, c'est-à-dire des individus qui se considèrent comme liés et appartenant à un même groupe.

■ **État-providence** : modèle d'État dans lequel ses interventions dans le domaine social visent à garantir un niveau minimum de bien-être à l'ensemble de la population, en particulier à travers un système étendu de protection sociale.

■ **Eurocepticisme** : attitude de méfiance envers la construction européenne.

■ **Fondamentalisme** : doctrine visant la pénétration des pratiques et principes religieux dans toute la société. Il existe des fondamentalismes dans toutes les religions.

■ **Grand Bond en avant** : politique économique lancée en Chine par Mao en 1958 pour stimuler la production agricole par la collectivisation et la production industrielle.

■ ***Hard power*** : puissance d'un État obtenue par des moyens de pression politiques, militaires et/ou économiques.

■ **Idéologie** : doctrine politique qui propose un système unique et cohérent de représentation et d'explication du monde.

■ **Illégitime** : gouvernement, mesure, décision, etc. qui est injuste, qui ne paraît pas normal, qui n'est pas accepté.

■ **Islamisme** : idéologie visant à fonder l'action politique sur la charia, la loi islamique.

■ **Laïcité** : principe de séparation de l'État et des Églises.

■ **Libéralisme** : ensemble des doctrines qui tendent à garantir les libertés individuelles, politiques et économiques dans la société.

■ **Maoïsme** : idéologie qui tente d'adapter le marxisme aux pays en développement par un soin équilibré à l'industrie et la paysannerie, pour laquelle est menée la réforme agraire. Ces orientations éloignent la voie chinoise de l'URSS.

■ **Médias** : supports de l'information (de la presse écrite à Internet en passant par la radio et la télévision).

■ **Mémoire** : ensemble des souvenirs qui résultent de l'expérience vécue d'individus et de groupes dans un passé récent.

■ **Nationalisation** : rachat par l'État d'entreprises privées et indemnisation des actionnaires.

■ **Nationalisme** : doctrine politique de défense des valeurs et des intérêts d'une nation.

■ **Négationnisme** : théorie niant la réalité du génocide perpétré par les nazis contre les Juifs durant la Seconde Guerre mondiale.

■ **Néolibéralisme** : idéologie politique qui dénonce l'intervention de l'État dans l'économie, et prône son désengagement.

■ **Opinion publique** : constat de ce que pense une population à un moment donné.

■ **Parité or/dollar** : indexation du seul dollar sur l'or.

■ **Politique de rigueur** : politique économique et budgétaire visant à réduire les déficits publics.

■ **Politique keynésienne** : politique économique inspirée par J. M. Keynes prônant, lors des crises économiques, une augmentation des dépenses publiques afin de relancer la consommation.

■ **Propagande** : action de diffuser, de faire admettre une doctrine en influençant l'opinion publique par une modification de sa perception des événements.

■ **Raison d'État** : ensemble des considérations qui font primer l'intérêt de l'État sur celui des individus.

■ **Résistancialisme** : mythe développé surtout par les gaullistes et communistes selon lequel les Français auraient unanimement et naturellement résisté depuis le début de la Seconde Guerre mondiale.

■ **Sionisme** : idéologie politique nationaliste née à la fin du XIXe siècle en la personne de Theodor Herzl et qui prône le retour des Juifs en terre d'Israël.

■ **Social-démocratie** : courant politique socialiste central en Allemagne représentant la tendance réformiste par opposition aux révolutionnaires.

■ **Socialisme** : idéologie née dans la première moitié du XIXe siècle afin de produire une société plus équitable, soit par des réformes législatives soit par la révolution.

■ ***Soft power* (puissance douce)** : capacité d'une puissance à étendre son influence par l'adhésion à son modèle.

■ ***Subprime*** : prêt plus risqué pour le prêteur car les emprunteurs sont moins fiables. En contrepartie, le rendement attendu (le taux d'intérêt) est plus élevé. Les difficultés voire l'incapacité de remboursement de plusieurs millions de ménages américains ont été à la base de la crise de 2008.

GÉOGRAPHIE

■ **Altermondialisme** : courant de propositions visant à modifier les règles sur lesquelles se fonde le processus de mondialisation.

■ **Anamorphose** : carte dans laquelle la surface d'un territoire est proportionnelle au phénomène représenté.

■ **Approfondissement** : renforcement des liens entre États-membres dans le cadre de l'UE.

■ ***Brain Drain* (« fuite des cerveaux »)** : flux de travailleurs hautement qualifiés vers les pays riches.

■ **Centre d'impulsion** : espace moteur de la mondialisation qui concentre les fonctions de commandements économique, politique et culturelle.

■ **Croissance** : augmentation du PIB.

■ **Décentralisation** : transfert de compétences de l'État aux collectivités territoriales.

■ **Développement** : ensemble des processus sociaux et économiques apportant aux hommes une plus grande sécurité, une plus grande satisfaction de leurs besoins.

■ **Développement durable** : développement qui répond aux besoins présents sans compromettre la capacité des générations futures à répondre aux leurs. Il repose sur trois piliers : l'économie, le social et l'environnemental.

■ **Extraversion économique** : se dit d'une économie dont la croissance est caractérisée par l'importance des exportations.

■ **Fédéralistes** : partisans d'une fédération d'États européens décidant de renoncer à une partie de leur souveraineté nationale au profit de l'Europe dans les domaines de la défense, la monnaie...

■ **Fonctions régaliennes** : tâches que l'État ne doit pas ou ne peut pas déléguer au secteur privé (par exemple la défense, la justice...).

■ **Géo-environnemental** : conception de l'environnement spécifique à la géographie, centrée autour du développement durable sans le restreindre à l'écologie.

■ **Géopolitique** : étude de l'influence des facteurs géographiques, économiques et culturels sur la politique des États et sur les relations internationales.

■ **Géostratégique** : stratégie d'un État pour s'assurer une position dominante sur un territoire pour y défendre ses intérêts.

■ **Intégration régionale** : mise en place d'une interdépendance plus étroite entre des sous-ensembles géographiques pour former un nouvel ensemble plus étendu et homogène.

■ **Interface** : zone de contact entre deux espaces différents favorisant les échanges économiques, commerciaux, financiers et humains.

■ **Isolationnisme** : attitude d'un État qui se refuse à intervenir dans les affaires du monde.

■ **Métropole** : (étymologiquement, « ville-mère ») ville disposant de fonctions de commandement lui permettant d'exercer une influence sur un territoire plus ou moins étendu.

■ **Mondialisation** : processus d'intégration des différents espaces du monde dans un seul espace mondial par expansion du système capitaliste.

■ **Multilatéralisme** : mode de relations inter-États fondé sur le consensus et l'action concertée de plusieurs États.

■ **Pauvreté multidimensionnelle** : nouvel indice utilisé par l'ONU mesurant la pauvreté en considérant 10 indicateurs (la mortalité infantile, l'accès à l'eau potable...) en lieu et place du seul revenu.

■ **Pays émergent** : pays bénéficiant d'une forte croissance économique qui fait converger son économie vers celle des pays développés.

■ **Puissance** : capacité d'un État à mobiliser des outils et ressources pour défendre ses intérêts et s'assurer une influence durable.

■ **Recomposition territoriale** : mutation de l'organisation spatiale d'un territoire.

■ **Rente** : revenu tiré de l'exploitation d'une ressource inégalement répartie (ici, le pétrole ou les ressources minières).

■ **Repli identitaire** : fait de se regrouper autour d'éléments culturels qui constituent une spécificité (religion, langue, ethnie...).

■ **Route maritime circumterrestre** : voie maritime d'orientation Est-Ouest faisant le tour du globe en desservant principalement les pôles de la Triade.

■ **Territoire** : espace délimité, approprié par une communauté, sur lequel peut s'exercer l'autorité d'un État, d'une collectivité.

■ **Unilatéralisme** : attitude d'un État voulant agir seul sur la scène internationale, sans concertation avec la communauté internationale.

■ **Unionistes** : partisans d'une simple coopération entre les États qui ne porte pas atteinte à la souveraineté nationale.

■ **Zone grise** : zone dans laquelle l'autorité de l'État n'est pas reconnue et qui accueille nombre d'activités illicites ou opaques.

SIGLES

- **ALENA** : Accord de libre-échange entre les nations nord-américaines. Il rassemble dans une zone de libre-échange le Canada, les États-Unis et le Mexique.
- **ASEAN +3** : Associations des Nations de l'Asie du Sud-Est associée à la Corée du Sud, à la Chine et au Japon.
- **ATTAC (Association pour la Taxation des Transactions financières et l'Aide aux Citoyens)** : association fondée en France, symbole des altermondialistes dont l'audience est aujourd'hui plus réduite.
- **BCE (Banque Centrale Européenne)** : créée en 1998 en lien avec la nouvelle monnaie, l'euro, mise en circulation en 2002, qu'elle est chargée d'émettre. Sa mission est de lutter contre l'inflation pour maintenir le pouvoir d'achat.
- **BRICS** : groupe des 5 pays émergents les plus puissants : Brésil-Russie-Inde-Chine-Afrique du Sud.
- **CECA** : Communauté Économique du Charbon et de l'Acier, prémisse de la construction européenne créée en 1951 par Jean Monnet et Robert Schuman.
- **CED** : Communauté Européenne de Défense, imaginée par Jean Monnet pour fédérer les défenses européennes. Elle fut rejetée par le Parlement français en 1954.
- **CEE** : Communauté Économique Européenne créée en 1957 par le traité de Rome.
- **ENA** : École Nationale d'Administration créée en 1945 pour former la haute fonction publique.
- **FEDER** : Fonds Européen de Développement Régional de l'UE destiné à financer les projets de développement des pays les moins riches de l'UE.
- **FMI** : Fonds Monétaire International créé en 1944 lors de la conférence de Bretton Woods pour gérer à l'échelle mondiale et non plus nationale les grandes crises monétaires et financières.
- **FTN** : Firme TransNationale désignant une entreprise de grande dimension implantée dans de nombreux pays pour ses activités de vente mais aussi de production.
- **GATT** : (en français Accord général sur les tarifs douaniers et le commerce) créé en 1947 pour favoriser le libre-échange, remplacé par l'OMC.
- **IDE (Investissement Direct à l'Étranger)** : création d'une entreprise, achat ou prise de participation dans le capital d'une entreprise étrangère.
- **IDH** : Indice de Développement Humain mesuré par la combinaison entre le revenu par habitant, l'espérance de vie et le taux de scolarisation.
- **MERCOSUR** : Marché Commun du Sud entré en vigueur au milieu des années 1990 entre le Brésil, l'Argentine, l'Uruguay et le Paraguay. S'y est ajouté le Venezuela.
- **OLP** : Organisation de Libération de la Palestine, créée en 1964 et dirigée de 1969 à 2004 par Yasser Arafat qui en fait un mouvement de guérilla contre Israël.
- **OMC** : Organisation Mondiale du Commerce créée en 1995, en remplacement du GATT, pour gérer à l'échelle mondiale le commerce de marchandises et de services.
- **OMD (Objectifs du Millénaire pour le Développement)** : ensemble de 8 objectifs identifiés par l'ONU à New York en 2000 destinés à améliorer

significativement le développement et donc les conditions de vie dans les pays pauvres à l'horizon de 2015.

- **ORTF** : Office de Radiodiffusion Télévision Française créée en 1964 et qui possède le monopole de l'audiovisuel sur le territoire français.
- **PIB** : Produit Intérieur Brut.
- **PMA** : Pays Moins Avancés, catégorie créée par l'ONU pour désigner les pays dont le développement humain est le plus faible.
- **ZEE (Zone Économique Exclusive)** : zone de 200 miles marins autour des côtes sur lesquels un État exerce sa souveraineté.

MIXTE
Papier issu de sources responsables
FSC® C022030
www.fsc.org

Nathan est un éditeur qui s'engage pour la préservation de son environnement et qui utilise du papier fabriqué à partir de bois provenant de forêts gérées de manière responsable.

Dépôt légal : août 2019 - N° de projet : 10252265
Imprimé en France par Maury-Imprimeur
45330 Malesherbes
N° d'imprimeur : 237983

IMPRIM'VERT
Votre imprimeur agit pour l'environnement